Zeller · Geschichte der Sozialarbeit

Geschichte der Sozialarbeit als Beruf

Bilder und Dokumente (1893–1939)

Susanne Zeller

in Zusammenarbeit mit der
Fachhochschule Fulda

Centaurus-Verlagsgesellschaft
Pfaffenweiler 1994

Zur Autorin: Dr. phil. Susanne Zeller, geb. 1951, ist Sozialpädagogin und Diplompädagogin. Nach ihrer Tätigkeit als Studienberaterin an der Fachhochschule Fulda wirkt sie heute als Professorin am Fachbereich Sozialwesen an der Fachhochschule Erfurt.

Gedruckt mit freundlicher Unterstützung
- der Fachhochschule Fulda
- der Friedrich-Ebert-Stiftung, Bonn
- der Hans-Böckler-Studienstiftung, Düsseldorf
- des Hessischen Ministeriums für Frauen, Arbeit und Sozialordnung, Wiesbaden

Die Deutsche Bibliothek – CIP-Einheitsaufnahme
Geschichte der Sozialarbeit als Beruf :
Bilder und Dokumente (1893–1939) / Susanne Zeller . –
Pfaffenweiler : Centaurus-Verl.-Ges., 1994
  ISBN 3-89085-534-2
NE: Zeller, Susanne

Alle Rechte, insbesondere das Recht der Vervielfältigung und Verbreitung sowie der Übersetzung, vorbehalten. Kein Teil des Werkes darf in irgendeiner Form (durch Fotokopie, Mikrofilm oder ein anderes Verfahren) ohne schriftliche Genehmigung des Verlages reproduziert oder unter Verwendung elektronischer Systeme verarbeitet, vervielfältigt oder verbreitet werden.

© CENTAURUS-Verlagsgesellschaft mit beschränkter Haftung, Pfaffenweiler 1994

Umschlag: DTP-Studio, Antje Philippi-Käfer, Staufen / Centaurus Verlag
Satz: Centaurus-Verlag
Druck: Fuldaer Verlagsanstalt, Fulda

Für Amrei Störmer-Schuppner, Eschwege

Vorwort

Der Fachbereich Sozialwesen der osthessischen Fachhochschule Fulda hat es begrüßt, daß mit dem vorliegenden Bild- und Dokumentenband eine Lücke innerhalb der Forschung zur Geschichte der Sozialarbeit/Sozialpädagogik als Berufszweig geschlossen wird.

Die Fachhochschule Fulda sieht dabei aus der gesellschaftlichen Verpflichtung und den der Hochschule zugewiesenen Aufgaben heraus die Notwendigkeit, wissenschaftliche Grundlagen für die Hochschullehre auf breiter Basis zu fördern.

Die Autorin ergänzt mit ihrer Arbeit gleichermaßen aktuelle Beiträge zur Frauengeschichte wie zur Professionalisierungsforschung.

Dieser historische Beitrag zur Berufsgeschichte weist in besonderem Maße auf den Umstand hin, daß ein Studium der Sozialarbeit und Sozialpädagogik, das geschichtslos vermittelt wird, also nicht nach den Wurzeln fragt, weitgehend nur an der Oberfläche seiner Professionalisierung bleibt. Dies zeigt sich nirgends deutlicher als in der Notwendigkeit, vor allem auch die Berufsgeschichte während der Zeit des Nationalsozialismus aufzuarbeiten. Im Studienfach Sozialarbeit/Sozialpädagogik sind die gesellschaftlichen Problemfelder wie auch die Menschen, die diesen Beruf später unter sozialpolitischen wie theoretisch/methodischen Rahmenbedingungen ausüben sollen, mit den historischen Entwicklungen untrennbar miteinander verknüpft.

Diese bebilderte Dokumentation zur Geschichte des sozialen Berufes in Deutschland soll deshalb als ein anschauliches Lehrbuch für das sozialarbeiterische Studium hilfreich sein.

Darüber hinaus hoffen wir, daß der vorliegende Band mit seinen zahlreichen Dokumenten auch Anregungen für die bereits in der sozialen Praxis Tätigen bietet, sich mit der eigenen Berufsgeschichte von Sozialarbeit/Sozialpädagogik auseinanderzusetzen.

Prof. Dr. Joseph Dehler
Rektor der Fachhochschule Fulda

Inhalt

Einleitung 13

1 »Einbruch« in eine bürgerliche Standespflicht
– Vom Bettelvogt zur Armenpflegerin 17

» ... verhärte nicht Dein Herz« – Jüdische Frauen und Wohlfahrtspflege 27

Eine Berufung wird zur Profession – Die ersten Ausbildungsstätten
für soziale Berufsarbeit 36

Der »Dienst am Volksganzen ist kein Klassenkampf« – Die erste
Berufsorganisation der Fürsorgerinnen (1916) 58

Fürsorgerinnen waren unentbehrlich – Bedingungen für Sozialkräfte
unter der Demobilmachungsverordnung von 1918 63

2 »Dem Hilfsbedürftigen den notwendigen Lebensbedarf«
– die Sozialreform der zwanziger Jahre und ihre Auswirkungen
auf die Ausbildung und Arbeitsbedingungen von Fürsorgerinnen 67

Vom »weiblichen Kulturwillen« – Die Soziale Frauenschule
zwischen 1920 und 1932 72

Stoffplan aus dem Richtlinien für die Lehrpläne
an Wohlfahrtsschulen 1930 75

Über die »Theorie des Helfens« – Erste Lehrbücher
für die Berufsausbildung 79

»Ritterlichkeit« statt »Väterlichkeit« – Die soziale Ausbildung von Männern 93

Soziale Ausbildung ist nicht nur »Privileg der Bürgerlichen«
– Die Arbeiterwohlfahrtsschule in Berlin (1928) 98

»Seele versus Bürokratie« – die (mißlungene) Integration
der Fürsorgerinnen in die Sozialverwaltung 106

»Die Fürsorgerin ist keine Ermittlungsmaschine«
– Die Arbeitsbedingungen bei den Sozialbehörden 114

»... und die Fortbildung der Fürsorgerinnen ?« – Die Deutsche
Akademie für soziale und pädagogische Frauenarbeit Berlin (1925) 128

3 **Die Für-Sorge wird zur Volks-Pflege – Soziale Berufsarbeit während der Zeit des Nationalsozialismus**   133

»... mit dem Willen der Regierung solidarisch« – Die Berufsorganisation wird gleichgeschaltet   139

Wohlfahrtsschule und »deutsches Volkstum« – Die Sozialen Frauenschulen nach 1933   144

Die Volkspflegerin im Dienst am »gesunden Volkstum« – Arbeitsmarkt und Berufsbedingungen während der dreißiger Jahre   160

Die Gesundheitsfürsorgerin als »Hilfskraft« des Amtsarztes   165

4 **Praxisberichte von Fürsorgerinnen 1914 – 1939**   179

Hedwig Wachenheim als Fürsorgerin beim Nationalen Frauendienst 1914   179

Bericht einer Fabrikpflegerin in der Rüstungsindustrie 1917 – 1923   182

Aktennotizen einer Familienfürsorgerin 1921 – 1926   187

Bericht einer Fürsorgerin aus dem Wohlfahrtsamt 1924   191

Bericht aus der Wohungsfürsorge der zwanziger Jahre   192

Bericht einer arbeitslosen Fürsorgerin 1928   195

Bericht einer Familienfürsorgerin 1931   196

Gesundheitsfürsorgerin und Amtsarzt im Zwiegespräch über das »Gesetz zur Verhütung erbkranken Nachwuchses« von 1933   197

Die evangelische Fürsorgerin – »Beauftragte des Staates« und »Dienerin am Wort Gottes« – Brief an einen Vormund 1934   200

Bericht der Referentin im Centralausschuß für Innere Mission über: »Die Sozialarbeiterin in der Volksgemeinschaft« 1933   203

Bericht einer Siedlungsfürsorgerin 1934   205

Bericht einer Volkspflegerin aus einer »Beratungsstelle für Erb- und Rassenpflege« 1938/1939   207

Erinnerungen einer ehemaligen Volkspflegerin – »Dieser Beruf war weder mein Wunsch- noch mein Traumberuf...«   214

5. Chroniken der drei Pioniereinrichtungen zur Ausbildung
für die Sozialarbeit 1920 – 1945 219

Chronik der ersten überkonfessionellen Sozialen Frauenschule Berlin
unter der Leitung von A. Salomon und Ch. Dietrich 219

Chronik der ersten Evangelischen Sozialen Frauenschule Berlin unter der
Leitung von B.v.d. Schulenburg und E. Nitzsche 225

Chronik der ersten Katholischen Sozialen Frauenschule Heidelberg
unter der Leitung von M.v. Graimberg 231

6 Die historische Entwicklung von der Armenpflege zur Sozialarbeit/
Sozialpädagogik 239

Eckdaten zur Geschichte der Sozialarbeit/ Sozialpädagogik
als professioneller Berufszweig (1893 – 1972) 239

Skizzierung der historischen Entwicklung von Armenpflege und
Wohlfahrtspflege seit dem Mittelalter 241

Bibliographie 245

Abbildungsnachweis 258

Einleitung

Die historische Entwicklung der Sozialarbeit und Sozialpädagogik in Deutschland umfaßt vier Hauptaspekte:

- einmal die Geschichte sozialer Institutionen, Organisationen, Vereine, Verbände und Sozialbehörden;
- zum zweiten die Entstehung einer staatlichen Sozialpolitik und Sozialgesetzgebung mit ihren jeweiligen Reformen;
- zum dritten können wir die Entwicklung von Theorien und Methoden für die Sozialarbeit/Sozialpädagogik verfolgen;
- viertens erstreckt sich die Geschichte sozialer Arbeit auf die Entwicklung eines professionellen Berufszweiges durch den gemäßigten Flügel der bürgerlichen Frauenbewegung.

Sozialinstitutionen, Sozialgesetzgebung, Theorien/Methoden sowie der Sozialberuf selbst bilden also die vier Hauptstränge einer Erforschung der Geschichte von Sozialarbeit/Sozialpädagogik, bzw. Armenpflege und Fürsorge.

Worum geht es in diesem Bild- und Dokumentenband?

Bei dem vorliegenden Bild- und Dokumentenband liegt der Schwerpunkt auf dem oben skizzierten vierten Aspekt – also der Geschichte des *Sozialberufs*.

Die vorliegende Aufarbeitung dieser Geschichte zielt weniger auf eine differenzierte wissenschaftliche Analyse und (Be-)Wertung. Dies habe ich an anderer Stelle vorgenommen (vgl. Zeller 1987b). Es handelt sich hier um eine bebilderte chronologische Dokumentation der Entwicklung des sozialen Berufszweiges. Mit dieser Form der historischen Aufarbeitung soll das Buch als ein anschauliches Lehrbuch hilfreich sein für das Studium sozialer Fachbereiche an Fachhochschulen und für die sozialpädagogischen Studiengänge an Universitäten. Seminarerfahrungen mit Studierenden lehrten mich, daß Berufsgeschichte mit Bildern und Dokumenten interessierter aufgenommen wird.

Die Entwicklung der Sozialarbeit/Sozialpädagogik als Berufszweig wird neben Bilddokumenten auch an Hand erklärender Zwischentexte, Lebensdaten führender Persönlichkeiten, Schulchroniken und Praxisberichten verdeutlicht.

Der historische Zeitraum der Aufarbeitung umfaßt hauptsächlich die letzten zwei Jahrzehnte des 19. Jahrhunderts bis zum Beginn des Zweiten Weltkrieges.

In die Jahre 1893 bis 1920 fällt der direkte Professionalisierungsprozeß des Berufs, d.h. also von den ersten Kursen für soziale Arbeit bis zur ersten Prüfungsordnung für Soziale Frauenschulen und den ersten definierten Strukturen für den Fürsorgeberuf.

Die Berufsgeschichte nach 1933

Es handelt sich bei der Aufarbeitung »nationalsozialistischer Volkpflege« um zutiefst beschämende Aspekte unserer Berufsgeschichte, denen wir uns stellen müssen. Die Bewältigung des »normalen« Fürsorgealltages bedeutete: nach außen devote Umorientierung von Fürsorgekräften bis hin zur offenen Kollaboration mit den nationalsozialistischen Volkspflege Richtlinien nach 1933. Diese Faktoren waren individuell unterschiedlich ausgeprägt und auf komplexe Weise miteinander verschränkt.

Aufgrund fehlender Mittel und aus Zeitmangel konnten Archivbesuche nach Bildern und Dokumenten während der Zeit des Zweiten Weltkrieges nicht mehr erfolgen.Die Dokumentation des Fürsorgealltages im Verlauf der Kriegshandlungen steht also noch aus. Einblicke in den Schulalltag an Fürsorgeausbildungsstätten zwischen 1939 und 1945 erhalten wir durch die Schulchroniken (vgl. Kap 5).

Armenpflege war ein Tätigkeitsfeld für Männer

Wenn wir uns diesen Beruf näher anschauen, bleibt ganz allgemein zunächst folgendes festzuhalten:

Die Beschäftigten innerhalb ehrenamtlicher wie beruflicher Sozialarbeit sind bis heute überwiegend Frauen. Sie decken vor allem jene Tätigkeitsfelder ab, die sich durch den unmittelbaren Kontakt zu den Betreuten auszeichnen, während männliche Kollegen eher Leitungs-, Organisations- oder Supervisionsfunktionen wahrnehmen.

Frauen finden wir in der Geschichte beruflicher Sozialarbeit aber erst seit dem Beginn unseres Jahrhunderts. Dies ist kein Zufall, denn öffentliche Armenpflege durfte bis zum Beginn unseres Jahrhunderts nur von Bürgern mit Wahlrecht – also nur von Männern – ausgeübt werden. Der Weg einzelner bürgerlicher Frauen in die Armenpflegedeputationen der Kommunen hing also mit der gesamtgesellschaftlichen Stellung des weiblichen Geschlechts zusammen. Dies muß bei der Berufsgeschichte der Sozialarbeit berücksichtigt werden, wenn wir diese nicht lediglich an ihren strukturellen Entwicklungslinien entlang nachvollziehen wollen.

Geschlechtsspezifische Arbeitsteilung in der Sozialarbeit

Die Aufarbeitung der Geschichte von Sozialarbeit hinsichtlich ihrer Institutionen, Theorien/ Methoden und Sozialgesetze sowie die Analyse ihrer gesellschaftlichen Funktion vollzieht sich seit etwa zehn Jahren. Dies geschieht aber in der Regel unter Ausgrenzung der besonderen Verfüg- und Verwertbarkeit der Beschäftigten dieses Berufszweiges, die vielfach unter der geschlechtsneutralen Bezeichnung Professionals »verschwunden« sind. Das gesamte Fachmaterial für Sozialarbeit suggeriert, daß die Geschlechtszugehörigkeit ein unwesentlicher Faktor im sozialen Beruf darstellt, obwohl sie doch häufig eine wesentliche Voraussetzung für soziale Tätigkeit zu sein scheint (vgl. Zeller 1989c). Die geschlechtsspezifische Arbeitsteilung innerhalb sozialer Institutionen, die das gesamtgesellschaftliche Verhältnis zwischen den Geschlechtern widerspiegelt, bleibt meist unberücksichtigt und unbegriffen.

Neben dem historischen Faktum, daß öffentliche Armenpflege bis zum Beginn des zwanzigsten Jahrhunderts ein Tätigkeitsfeld war, welches ausschließlich von Männern ausgefüllt wurde, fallen zwei weitere Aspekte einer Professionalisierungsgeschichte ins Gewicht. Zum einen entstand der Fürsorgeberuf im Zusammenhang mit dem gemäßigten Flügel der bürgerlichen Frauenbewegung zum Ende des vorigen Jahrhunderts. Zum anderen provoziert die Beobachtung, daß der Fürsorgeberuf zwar ein vorwiegend von (jüdischen) Frauen konzipierter Beruf war, daß diese aber nicht gleichzeitig ihrem hohen Anteil im Beruf entsprechend auch (sozial-)politische und administrative Entscheidungs- und Leitungsfunktionen wahrnahmen (und wahrnehmen). Die Führungspositionen z.B. im preußischen Volkswohlfahrtsministerium sowie in den kommunalen Wohlfahrts- und Jugendämtern waren bis auf wenige Ausnahmen mit Männern besetzt.

Traditionelle Methoden der historischen Forschung

Durch die traditionellen Methoden der Geschichtsschreibung blieb (und bleibt) die weibliche Hälfte der Menschheit historisch »unsichtbar« und somit von ihrer eigenen Geschichte abgeschnitten. Dies hat seinen Grund aber nicht nur im patriarchalen Ausschließungsprozeß. Frauen wurden (und werden) nicht »einfach vergessen« (vgl. Bock 1983, S. 25). Es liegt vor allem daran, daß historiographische Verfahrensweisen weibliche Menschen an den Orten, wo sie zu finden wären, gar nicht aufsuch(t)en. Dadurch herrscht auch heute noch die Überzeugung vor, es habe Frauen als handelnde Subjekte in der Geschichte kaum gegeben.

Frauenspezifische (Geschichts-)Forschung soll aber nicht einfach die Lücken einer historischen Landkarte mit Frauen füllen, also lediglich additiv »die bisherige Halbheit der Geschichtswissenschaft durch eine umgekehrte Halbheit und historiographische Dichotomie« ersetzen (Bock 1983, S. 24f.), sondern sie erhebt den Anspruch, auch einzelne Ergebnisse bisheriger *Erkenntnisse* anzuzweifeln, zu *modifizieren* und neu zu schreiben.

Findet Geschichte auch in einem Wohlfahrtsamt statt?

Die Aufarbeitung von (Sozial-)Geschichte – in diesem Fall der Sozialarbeit als Berufsfeld – bringt notwendigerweise dann neue und bisherige Ergebnisse qualitativ erweiternde Erkenntnisse hervor, wenn der historische Anteil von Frauen berücksichtigt wird. Das bedeutet also, (weibliche) soziale Erwerbsarbeit überhaupt als historischen Forschungs»Gegenstand« anzuerkennen. Frauen als historisch handelnde Subjekte aufzuspüren, bedeutet also ihren Beitrag am Zustandekommen historischer Abläufe ohne Einschränkungen herauszuarbeiten.

Um Frauen aus ihrer historischen »Subjektlosigkeit« herauszulösen, d.h. ihre Erfahrungen und Handlungen rekonstruieren zu können, müssen wir sie endlich auch dort aufsuchen, wo sie gehandelt haben und zwar in den gesellschaftlichen Bereichen, die ihnen zugänglich waren, bzw. die sie sich zugänglich gemacht haben. Wir müssen hierfür also – bildlich gesprochen – ganz konkret unseren Blick auf die Volksküche, auf die Säuglingsfürsorgestelle oder auf das Wohlfahrtsamt lenken.

1

»Einbruch« in eine bürgerliche Standespflicht
– Vom Bettelvogt zur Armenpflegerin –

Im Mittelalter übten ledige Frauen in Beginenhäusern und die Ordensangehörigen Armen- und Krankenpflege in Klöstern und Spitälern unter kirchlicher Oberaufsicht aus.

Seit der Mitte des 14. Jahrhunderts übernahmen neben der Kirche zunehmend die Städte und Gemeinden diese Funktionen. In der Regel führten ausgediente Soldaten oder Polizeidiener als sogenannte kommunale Armen- oder Bettelvögte/Gassendiener die Aufgaben zur Verteilung von Armenabzeichen an ortsbekannte Bettler durch, kontrollierten die Bedürftigkeit der Hilfesuchenden und disziplinierten diese gleichzeitig.

Die religiöse Überhöhung von Armut im Mittelalter (Almosenlehre von Thomas von Aquin) verlor durch die sich verändernden wirtschaftlichen Verhältnisse immer mehr ihre Bedeutung. Städtische »Fürsorge« beschränkte sich mit der Herausbildung einer protestantischen Arbeitsethik (Arbeit als Pflicht) und nach dem dreißigjährigen Krieg vorwiegend auf (Zwangs-)Arbeitsbeschaffung, die schließlich seit dem 17. Jahrhundert vor allem finanziellen Interessen unterlag.

Die Kommunen zogen nur stimmberechtigte Bürger, also keine Frauen, zur öffentlichen Armenpflege heran. Es gab später besoldete »Armeninspectoren« und auch von der Gemeinde gewählte unbesoldete »Revierdeputirte«, die das öffentliche Ehrenamt für drei Jahre ausübten, um die »Armeninspectoren« bei ihren Ermittlungsaufgaben zu entlasten. An die Stelle dieser »Deputirten« traten seit dem Beginn des 19. Jahrhunderts in Preußen die Armenkommissionen, die sich aus gewählten Bürgern, Bezirksvorstehern und Stadtverordneten zusammensetzten.

Es läßt sich deshalb nur privat organisierte Wohltätigkeit durch Frauen seit dem ersten Drittel des 19. Jahrhunderts finden. Ein unmittelbarer Auslöser für private weibliche Wohltätigkeit war der – nach der Niederlage Napoleons 1813 in Preußen ausbrechende – patriotische Taumel. Es bildeten sich zahlreiche Vereine zur Versorgung der Verwundeten, die sich nach Beendigung der »Befreiungskriege« in »Freiwillige Armenpflegerinnen-Vereine« unter der Schirmherrschaft jeweiliger Landesfürsten organisierten.

Amalie Sieveking (1794 – 1859), Hamburger Senatorentochter, pflegte Cholerakranke und begründete 1832 den »Weiblichen Verein für die Armen- und Krankenpflege«, den sie aber im Unterschied zu den bis dahin existierenden Vereinen keiner adligen Oberaufsicht unterstellen ließ, sondern selbst leitete.

Seit der Mitte des 19. Jahrhunderts erfolgte der Ausbruch bürgerlicher Frauen aus ihrer häuslichen Isolation. Die Zahl der ledigen und auf Erwerb angewiesenen bürgerlichen Töchter wuchs. Ungeachtet dessen blieb aber eine Erwerbsarbeit für bürgerliche Frauen in der Öffentlichkeit zunächst noch ein Tabu. Im Zusammenhang mit damals populären Emanzipationsschriften und mit den sozialen Bewegungen des 19. Jahrhunderts wurden Fragen der Mädchenbildung in bürgerlichen Kreisen diskutiert und nach einer Form der »Neuinterpretation« weiblicher Existenz gesucht.

1865 kam es in Leipzig zur programmatischen Selbsthilfeaktivität bürgerlicher Frauen in der ersten deutschen Frauenkonferenz unter der Leitung von Louise Otto (1819 – 1895, später Otto-Peters) und Auguste Schmidt (1833 – 1902). Als Ergebnis dieser Konferenz wurde der »Allgemeine Deutsche Frauenverein« gegründet, der sich 1894 zum »Bund Deutscher Frauenvereine« zusammenschloß. In diesem Bund bildeten sich zwei Hauptströmungen heraus. Es gab den »radikalen« und den »gemäßigten« Flügel. Die Entwicklung sozialer Arbeit als professioneller Berufsbereich ging in den folgenden zwei Jahrzehnten von führenden Frauen des sogenannten »gemäßigten« Flügels dieses Bundes Deutscher Frauenvereine aus.

Die ersten Arbeiterinnenvereine wurden von bürgerlichen Frauen eingerichtet. Um 1890 spalteten sich die Arbeiterinnen Vereine von der Bürgerlichen Frauenbewegung ab und es entstand die Proletarische Frauenbewegung unter Clara Zetkin, Luise Zietz und Ottilie Baader.

Um die Jahrhundertwende bildeten sich auch die konfessionell gebundenen Organisationen der deutschen Frauenbewegung heraus:

- 1894/1899 organisierte sich die Evangelische Frauenbewegung (Elisabeth Gnauck-Kühne; Paula Müller-Otfried),
- 1903 die Katholische Frauenbewegung (Emilie Hopmann; Hedwig Dransfeld) und

- 1904 die Jüdische Frauenbewegung (Bertha Pappenheim).

Gehen wir noch einmal zurück in das letzte Jahrzehnt des 19. Jahrhunderts. Das öffentliche Armenpflegewesen lag ausschließlich in den Händen von Männern. Auf der 16. Jahresversammlung des »Vereins für Armenpflege und Wohltätigkeit« 1896 kam es unter dem Einfluß der Bürgerlichen Frauenbewegung und namhafter Persönlichkeiten des öffentlichen Lebens zu dem Entschluss, auch Frauen als Armenpflegerinnen heranzuziehen. Dies bedeutete die Rekrutierung von »fähig« erscheinenden Frauen des begüterten Bürgerstandes für kommunale Armenpflegeaufgaben. Diese Absicht vollzog sich zunächst aber unter massivem Protest derjenigen Armenpfleger, die nicht den begüterten Kreisen angehörten und folglich auf den – wenn auch geringen – Verdienst angewiesen waren. Die männlichen Pflegekräfte fürchteten die Konkurrenz der Frauen, die zudem auch noch einer »höheren« Schicht entstammten. Demgegenüber zeigten sich diejenigen Armenpfleger, die auf das Arbeitsentgelt nicht angewiesen waren, aber immer weniger bereit, dieses »Ehrenamt« auszuüben, das keine erstrebenswerte Berufskarriere – sondern vor allem steigende Arbeitsbelastungen unter schlechten Bedingungen bot.

Es waren mehrere Faktoren, die schließlich doch die Ausweitung armenpflegerischer Kompetenzen für Frauen nicht mehr verhindern konnten:

- die Aktivitäten der Frauenbewegung,

- die günstigen Erfahrungen der Armenpflegedeputationen mit ersten weiblichen Kräften,

- die Einflüsse der englischen Fürsorgereformen auf den Kontinent,

- das 1900 in Kraft getretene bürgerliche Gesetzbuch, welches Frauen ermöglichte, Vormünderinnen werden zu können und

- das seit April 1901 geltende preußische Fürsorgeerziehungsgesetz.

Im Januar 1901 sprach sich auch der dritte allgemeine preußische Städtetag für die Mitwirkung von Frauen in der öffentlichen Armenpflege aus (vgl. Radomski 1917, S. 34).

Eine genaue Zahl der vor 1914 tätigen Armenpflegerinnen kann heute nicht mehr ermittelt werden. Die Angaben in den zeitgenössischen Quellen weichen zu stark voneinander ab.

Abb. 1/2: *Die Heilige Elisabeth.*
Fresko von Moritz von Schwind auf der Wartburg in Eisenach.

Die ungewöhnliche Landgräfin aus dem Mittelalter kann im weitesten Sinne zur Frühgeschichte konfessioneller weiblicher Armenpflege (und Krankenpflege) gerechnet werden. Sie sorgte – im Unterschied zu den zahlreichen adligen Frauen und Monarchinnen nach ihr – ganz unmittelbar vor Ort für Hilfsbedürftige. Sie pflegte Kranke, verteilte Kornvorräte an Hungernde und machte sich bereits Gedanken zur Beseitigung von sozialen Mißständen. Elisabeth ließ als tiefgläubige Frau – in der Nachfolge Franz von Assisis stehend – also nicht nur Hospitäler bauen, um dann nur die Oberaufsicht wahrzunehmen. Sie empfand sich – für eine Frau ihres Standes unvorstellbar – nicht zu hochstehend, individuelle Hilfsdienste zu

leisten. Das zur Formalität erstarrte Almosenwesen des Mittelalters wird durch diese Frau einmal mehr deutlich. Elisabeth nahm die christliche Nächstenliebe sehr wörtlich und stellte damit für ihre Familie wie auch die Kirche eine »untragbare« Provokation dar. Ihre Umgebung machte es ihr auf Dauer unmöglich, Fürstin, die ihr Geld für Arme ausgab, Hospitalsvorsteherin und Pflegerin zugleich zu sein. Die junge Landgräfin verzehrte sich in tragischen Konflikten mit ihrer verständnislosen Familie, mit ihrem autoritären Beichtvater und ihrem hohen religiös-ethischen Anspruch. Sie starb bereits mit 24 Jahren an seelischer und physischer Erschöpfung. Der Bekanntheitsgrad dieser sozial engagierten Landgräfin über die thüringischen Landesgrenzen hinaus, führte dazu, daß der Papst sie nur vier Jahre nach ihrem Tod heilig sprach.

Die Heilige Elisabeth (1207 – 1231) — LEBENSDATEN

1207	geboren in Ungarn als Tochter Andreas II, König von Ungarn
1211	Elisabeth wird als Vierjährige auf die Wartburg in Eisenach gebracht, da sie dem thüringschen Landgrafen versprochen war
1221	Verheiratung als Vierzehnjährige (Elisabeth wird Mutter dreier Kinder). Der Kreuzzugsprediger und Inquisitor Konrad von Marburg wird Elisabeths Beichtvater und damit praktisch auch ihr Vormund
1225/26	Hungersnot in Thüringen. Die Landgräfin Elisabeth pflegt Kranke und Aussätzige. Sie lässt die Kornkammer der Wartburg öffnen und verteilt Vorräte an Hungernde
1226	Gründung eines Hospitals am Fuße der Wartburg
1227	Elisabeth wird Witwe und muß die Wartburg verlassen
1228	Übersiedlung nach Marburg und Errichtung eines Hospitals
1231	Elisabeth stirbt mit 24 Jahren an seelischer und körperlicher Erschöpfung
1235	Heiligsprechung in Perugia und Bau der Elisabethkirche in Marburg.

Die »Versorgung« wie auch Disziplinierung und Kontrolle von Hilfsbedürftigen durch Städte und Gemeinden wurde bis zum Beginn des 20. Jhdts. ausschließlich von Bürgern mit Wahlrecht durchgeführt. Da Frauen kein Wahlrecht hatten, war öffentliche Armenpflege also Jahrhunderte hindurch alleiniges Tätigkeitsfeld von männlichen Hilfskräften. Diese wurden unterschiedlich bezeichnet, z.B. als Armen- oder Bettelvögte, Gassendiener, Almosenknechte, Almosenpfleger, Kastendiener, Polizeidiener, Polizeisoldaten, Revierdeputierte, Armeninspektoren oder Armenpfleger. Bürger waren in dem Fall ehrenamtlich in der Armenfürsorge tätig, wenn sie Mitglieder eines städtischen Rates waren. Die Armenfürsorge galt dann als bürgerliches Ehrenamt. Die männlichen Hilfskräfte bei den Kommunen wurden demgegenüber besoldet. Frauen finden wir innerhalb der freien Wohltätigkeit erst ab dem zweiten Viertel des 19. Jhdts.

Abb. 3: *Armen-»Versorgung« im Mittelalter durch die Kirche*

Abb. 4: *Gemälde von C.L. d'Unker 1857 in den staatlichen Museen zu Berlin, Nationalgalerie.*

In den Katalogen der Nationalgalerie von 1876 – 1907 lesen wir folgende Beschreibung: »Ein Beamter ... hört den Bericht des alten Polizei-Soldaten an, welcher einen blinden Geiger, der von seiner jungen Tochter geführt in die Stube tritt, verhaftet hat.« Aus diesem Motiv läßt sich die Atmosphäre jener alten polizeilichen Armenpflege erahnen, die vor allem Zwang und Disziplinierung von Hilfsbedürftigen bedeutet hatte. Die polizeiliche Armenpflege wurde erst nach dem Ersten Weltkrieg durch eine neue Sozialgesetzgebung reformiert.

Abb. 5: *Amalie Sieveking.*
Begründerin der konfessionellen weiblichen Vereinstätigkeit und Armenpflege.

Amalie Sieveking rief 1832 den ersten – von Landesfürstinnen unabhängigen – »Weiblichen Verein für die Armen- und Krankenpflege« ins Leben. Die im Anschluß an Sieveking gegründeten wohltätigen Vereine bildeten neben den konfessionellen Schwesternschaften, den Diakonissen (Th. Fliedner), die ersten von bürgerlichen Frauen organisierten sozialen Aktivitäten außerhalb des familiären Rahmens.

Amalie Sieveking (1794 – 1859) — LEBENSDATEN

1794	geboren in Hamburg in einer Senatorenfamilie
1831	pflegt Cholerakranke im Hospital eines Hamburger Armenviertels
1832	erhält sie die Oberaufsicht über das Pflegepersonal dieses Hospitals Gründung des ersten – von adligen Frauen unabhängigen – weiblichen »Verein(s) für Armen- und Krankenpflege«, dem Sieveking 27 Jahre vorsteht.
1859	In Hamburg gestorben

Aus den Schriften der Amalie Sieveking.

Fehler im Verkehr mit den Armen.

Soll aber in dem Armen das Gefühl seiner Würde geweckt werden, so müssen wir selbst sie anerkennen, und hier kann ich nicht umhin, ernstlich zu rügen, was mir als große Ungerechtigkeit gegen unsre ärmeren Brüder erscheint, und zwar eine solche, die fast notwendig einen höchst demoralisierenden Einfluß auf sie äußern muß. Ich meine die wegwerfende Weise, mit welcher sie von manchen behandelt werden, und die bei diesen hervorgeht aus dem schnell fertigen Urteil, daß sie doch eigentlich alle nichts taugen. Daher spricht sich in ihrem ganzen Verkehr mit den Armen kränkender Argwohn und stolze Geringschätzung aus. Kann aber daraus Gutes kommen? Fürwahr, ich halte es für eine schwer zu entscheidende Frage, was verderblicher einwirken möchte, ob das blinde Vertrauen, ob das ungerechte, unmotivierte Mißtrauen. Unbegründetes Mißtrauen, ungerechte Verachtung, wodurch bei dem einen eine trotzige Erbitterung hervorgerufen wird, wirkt in weicher gestimmten Seelen vielleicht nur eine tiefe Niedergeschlagenheit. Aber ist nicht auch das schon schlimm genug? Bedarf denn der Arme nicht eben besonders eines frischen und freudigen Mutes zum Kampfe wider sein Mißgeschick, und sollte nicht auch von unserer Seite alles geschehen, denselben in ihm zu erwecken und zu beleben?

Ja, durch ein gewisses ihm bewiesenes Vertrauen, das nach der Individualität verständig bemessen, ihm ein treibender Sporn wird zur Übung der in ihm schlummernden Kräfte, soll der Arme etwas auf sich halten lernen. Er soll, wie niedrig immer seine Stellung in der bürgerlichen Gesellschaft, in sich ein lebendiges Gefühl erhalten seiner als Mensch und als Christ ihm beigelegten Würde. Daß dieses Gefühl mit demütiger Anerkennung seines sündlichen Verderbens keineswegs im Widerspruch steht, das weiß jeder, der zu einer lebendigen Erkenntnis von dem Wesen des wahren Christentums gekommen ist.

(Aus: Wronsky, S., Quellenbuch zur Geschichte der Wohlfahrtspflege, Berlin 1925, S. 60)

». . . verhärte nicht Dein Herz«
– Jüdische Frauen und Wohlfahrtspflege –

Es ist kein Zufall, daß gerade zahlreiche jüdische Frauen die Entwicklung der deutschen Sozialarbeit als Berufszweig konzipiert und soziale Arbeit in Deutschland maßgeblich mitgetragen haben. Es seien hier nur die bekanntesten Namen erwähnt: Henriette Goldschmidt, Lina Morgenstern, Jeanette Schwerin, Alice Salomon, Anna von Gierke, Elisabeth Altmann-Gottheimer, Hedwig Wachenheim, Helene Simon, Siddy Wronsky, Marie Bernays, Josephine Levy-Rathenau, Henriette Fürth, Camilla Jellinek, Dorothea Hirschfeld, Clara Israel, Hedwig Landsberg und Henriette May. Im weiteren Sinne gehören natürlich auch wohlfahrtspflegerisch engagierte Frauen der Jüdischen Frauenbewegung dazu, wie z.B. die Vorsitzende Bertha Pappenheim oder Paula Ollendorff, Hannah Karminski und Cora Berliner.

Vielleicht war das programmatische Engagement dieser bedeutenden Frauen zum einen der Versuch, besonders durch soziale Leistungen der offenen wie unterschwelligen Diskriminierung jüdischer Bevölkerungskreise entgegenwirken zu wollen. Gleichzeitig ist eine weitere Erklärung denkbar. Gerade weil Jüdinnen und Juden selbst gesellschaftliche Ausgrenzung erfahren, können sie sich in andere diskriminierte Menschen einfühlen.

Zum anderen wird sich aber ein wesentlicher Grund für soziale Arbeit in der langen Tradition jüdischer Wohltätigkeit und Sozialethik finden lassen.

Die Gebote zum sozialen Handeln finden wir beispielsweise im 5. Buch Mose:

> »Wenn unter dir ein (Be)Dürftiger sein wird, einer deiner Brüder, ... so sollst du deinem Bruder, dem (Be)Dürftigen, gegenüber dein Herz nicht verhärten und deine Hand nicht verschließen, ...

> Vielmehr sollst du ihm geben, und dein Herz sei nicht böse, wenn du ihm gibst; denn um dessentwillen wird dich der Ewige, dein Gott, in allen deinen Werken und in allem, was du erwirbst, segnen. Denn es wird nie an (Be)Dürftigen im Lande fehlen; deshalb befehle ich dir: Öffne deine Hand deinem Bruder, dem Armen und (Be)Dürftigen in deinem Lande!« (Deut. 15.7 und 10/11).

»Wenn du auf deinem Felde Ernte hälst und eine Garbe auf dem Felde vergißt, dann sollst du nicht umkehren, um sie zu holen; dem Fremdling, der Waise und Witwe muß sie bleiben, auf daß der Ewige, dein Gott, dich in all deinem Händewerk segne. Wenn du deinen Ölbaum abklopfst, dann sollst du die Zweige nicht nachher absuchen; dem Fremdling, der Waise und Witwe muß es bleiben. Wenn du in deinem Weinberg die Lese hälst, dann sollst du keine Nachlese halten; dem Fremdling, der Waise und Witwe muß sie bleiben. Denke daran, daß du ein Knecht im Lande Ägypten gewesen, darum befehle ich dir dies zu tun.« (Deut. 24. 19 – 22).

(Diese Übersetzung aus der sog. »Rödelheimer Ausgabe«, die maßgebend für den jüdisch-gottesdienstlichen Ritus ist, verdanke ich Frau Weiland von der jüdischen Gemeinde Fulda, S.Z.)

Es werden dabei nun zwei Formen von (jüdischer) Fürsorge unterschieden. Die eine Form ist »Zedakah« (Gerechtigkeit), was vorwiegend die allgemeine Verpflichtung der wohlhabenden jüdischen Bürger zum Geldspenden für soziale Zwecke meint. Als höher wertige Form aber, die über das reine »Zedakah«-Spenden hinausreicht, gilt allerdings »G'milut Chessed« (Wohltat). Dies bedeutet das ganz persönlich ausgeübte soziale Engagement.

Jüdische Frauen – vom öffentlichen Leben ihrer Gemeinden weitgehend ausgeschlossen – fanden in dieser zweiten Form jüdischer Wohltätigkeit ihre speziellen Tätigkeitsfelder.

Bevor es so etwas wie Fürsorgevereine gab, waren in den jüdischen Ghettos des Mittelalters erste organisierte Formen jüdischer Wohltätigkeit notwendig geworden. Pogrome, Armut und Infektionsgefahren sowie die ständige Bedrängnis durch Behörden zwangen die jüdischen Gemeinden beispielsweise zur eigenen Krankenpflege, zur Einrichtung eigener Begräbnisorganisationen, zur Unterstützung Reisender. Die Durchführung von Armenspeisungen galt von Alters her als Erfüllung religiöser Vorschriften.

Das starke soziale Engagement galt also als ein Charakteristikum der jüdischen Frau seit vielen Jahrhunderten. Diese Tradition setzte sich zum Ende des 19. Jahrhunderts schließlich in bedeutenden sozialen Lebenswerken deutscher Jüdinnen in der jüdischen – wie auch in der deutschen – Frauenbewegung fort (vgl. Kaplan 1981; Fassmann 1986).

Abb. 6: *Eine Berliner Volksküche um 1866/67.*

Volksküchen weisen bis heute eine traurige Tradition auf. Während und nach Kriegen, bei Inflation und wirtschaftlicher Rezession war und ist die Volksküche häufig die letzte Möglichkeit für in Not geratene Menschen, eine warme Mahlzeit zu sich nehmen zu können.

Abb. 7: *Lina Morgenstern.*
Vorläuferin der Arbeiter-Wohlfahrt.

Lina Morgenstern – Schriftstellerin, Vorstandsmitglied des Allgemeinen Deutschen Frauenvereins und Initiatorin zahlreicher wohltätiger Vereine – ist bis heute vor allem als Begründerin der ersten »Berliner Volksküche« (1866) bekannt. Mit ihren Volksküchen kann Lina Morgenstern als eine Vorläuferin der 1919 durch Marie Juchacz gegründeten Arbeiterwohlfahrt angesehen werden. Sie griff den Genossenschaftsgedanken auf und organisierte Lebensmittel-Großeinkäufe. Damit war sie in der Lage, Lebensmittel in den Volksküchen zum Selbstkostenpreis anbieten zu können. Morgenstern wollte also keine Almosen vergeben, sondern die menschliche Würde von Hilfsbedürftigen wahren helfen.

Lina Morgenstern, geb. Bauer (1830 – 1909)   LEBENSDATEN

1830	geboren in Breslau in einer Fabrikantenfamilie
1848	bereits mit 18 Jahren gründet sie ihren ersten wohltätigen Verein
1854	Verheiratung und Übersiedlung nach Berlin. Beginn eines umfangreichen schriftstellerischen, frauenrechtlerischen und sozialreformerischen Lebenswerkes. Mit ihren Büchern bestreitet Lina Morgenstern zeitweise den Lebensunterhalt
1861	Als Förderin der Fröbelschen Kindergärten verfaßt sie das erste deutsche Handbuch für Kindergärtnerinnen »Paradies der Kindheit«
1866	Gründung der ersten Berliner Volksküche nach der Konzeption einer Konsumgenossenschaft, um die Volksküchen von reinen Wohltätigkeitsvereinen abzugrenzen
1869	Gründung eines der ersten Berliner Arbeiterinnenbildungsvereine und nachfolgend zahlreiche weitere Vereinsgründungen
1894	kämpft Lina Morgenstern bei der Gründung des »Bundes Deutscher Frauenvereine« für die Aufnahme der Arbeiterinnenorganisationen in die Bürgerliche Frauenbewegung
1896	Organisierung des ersten Internationalen Frauenkongresses in Deutschland
1909	in Berlin gestorben

Abb. 8: *Jeanette Schwerin. Wegbereiterin der professionellen sozialen Arbeit durch die Einrichtung von Ausbildungskursen für Frauen.*

Jeanette Schwerin gehörte zum Gründungskomitee der ersten Berliner »Frauen- und Mädchengruppen für soziale Hilfsarbeit«, in deren Vorstand sie 1896 gewählt wurde. Ihr Ziel lag darin, Frauen in der Armen- und Wohlfahrtspflege Tätigkeitsfelder zu verschaffen. Kurz vor ihrem Tod 1899 initiierte Schwerin noch den ersten »Jahreskursus zur beruflichen Ausbildung in der Wohlfahrtspflege«. Nachfolgerin wurde Alice Salomon.

Jeanette Schwerin, geb. Abarbanell (1852 – 1899) _ LEBENSDATEN

1852	geboren in Berlin in einer Arztfamilie
1892	gründet Schwerin gemeinsam mit ihrem Mann die »Deutsche Gesellschaft für ethische Kultur«
1893	Auf der Basis dieser Gesellschaft errichtet sie eine »Auskunftsstelle«, die sich für Reformen im deutschen Armenpflegewesen einsetzt und ein Handbuch herausgibt. Im gleichen Jahr gehört Jeanette Schwerin zum Gründungskomitee der Berliner »Mädchen-und Frauengruppen für soziale Hilfsarbeit«, die Vorläufereinrichtung der Sozialen Frauenschule. Schwerin gründet den ersten Berliner Hauspflegeverein
1896	Vorstandsmitglied im Bund Deutscher Frauenvereine und Einsatz (wie Lina Morgenstern) für die Zusammenarbeit zwischen der Bürgerlichen und der Proletarischen Frauenbewegung
1898	Leitung der »Kommission für Gewerbeinspektion (später Kommission für Arbeiterinnenschutz)
1899	Herausgabe des »Centralblatt(es) der Bundes Deutscher Frauenvereine. Erweitert die Berliner »Kurse« zu einem ersten »Jahreskursus zur Ausbildung für soziale Berufsarbeit«, den Alice Salomon nach dem Tod von Jeanette Schwerin übernimmt

Abb. 9: *Dr. phil. Dr. med. h.c. Alice Salomon.*
Begründerin des sozialen Berufs in Deutschland.

Alice Salomon gehörte dem sog. gemäßigten Flügel der Bürgerlichen Frauenbewegung an, der vorrangig mit der Organisierung von Wohlfahrtspflege befaßt war. Sie setzte entscheidende Maßstäbe für die soziale Arbeit als Tätigkeitfeld für Frauen seit der Jahrhundertwende. Sie war Gründerin und Leiterin der ersten zweijährigen, überkonfessionellen Sozialen Frauenschule in Deutschland. Salomon prägte damit die Entwicklung von der caritativen Liebestätigkeit des 19. Jhdts. zur professionellen Sozialarbeit. Ein wichtiges Ziel lag für sie in der Synthese von Frauenbewegung und sozialem Engagement. Salomon entwickelte eine – an humanistischen Traditionen orientierte – Berufsethik für soziale Arbeit.

Die programmatische Ausbildungseinrichtung in Berlin war die Vorläuferin unserer heutigen Fachhochschulen für Sozialarbeit und Sozialpädagogik. Salomon gab den Sozialen Frauenschulen sowie deren überregionalen Konferenzen die richtungweisenden Strukturen und Inhalte. Sie entwarf erste Theorien- und Methodenansätze während der zwanziger Jahre und gründete die erste Fortbildungsakademie für sozial tätige Frauen. Ihr Lebenswerk umfaßte darüberhinaus auch führende Positionen innerhalb der Bürgerlichen und Internationalen Frauenbewegung, der internationalen SozialarbeiterInnen – Assoziation und eine umfangreiche schriftstellerische Tätigkeit.

Alice Salomon (1872 – 1948) LEBENSDATEN

1872	geboren in Berlin in einer Kaufmannsfamilie
1893	Mitglied in den Berliner »Mädchen- und Frauengruppen für soziale Hilfsarbeit«
1899	Übernahme der Leitung der Berliner »Gruppen« und Nachfolgerin von Jeanette Schwerin bei der Durchführung des ersten »Jahreskursus zur Ausbildung für soziale Berufsarbeit«
1900	bis 1920, Schriftführerin und stellvertretende Vorsitzende im Bund Deutscher Frauenvereine (BDF)
1906	Promotion als Volkswirtschaftlerin in Berlin
1908	Leiterin der ersten zweijährigen, überkonfessionellen Sozialen Frauenschule in Deutschland
1909	Schriftführerin und später stellvertretende Vorsitzende des Internationalen Frauenbundes
1914	Konvertiert zur evangelischen Kirche
1917	Initiatorin der ersten Konferenz Sozialer Frauenschulen Deutschlands und Referentin einer Frauenarbeitszentrale des Nationalen Frauendienstes
1920	Niederlegung aller Ämter im BDF aufgrund antisemitischer Strömungen unter den Frauen in der Bürgerlichen Frauenbewegung
1921	Vorstandsmitglied im Deutschen Verein für öffentliche und private Fürsorge
1923	erste Reise als Gastrednerin in die Vereinigten Staaten
1925	Gründung der »Deutschen Akademie für soziale und pädagogische Frauenarbeit« Berlin
1927	Rücktritt als Leiterin der Sozialen Frauenschule
1928	Teilnahme an der ersten internationalen Konferenz für Sozialarbeit in Paris
1929	Gründung des Internationalen Komitees Sozialer Schulen
1932	Verleihung der Ehrendoktorwürde für Medizin durch die medizinische Fakultät der Friedrich Wilhelm Universität Berlin
1933	Niederlegung aller öffentlichen Ämter unter dem Zwang der Nationalsozialisten. Sie behält aber vorerst ihren Paß und kann noch Auslandsreisen unternehmen
1936	Leitung einer Tagung des Internationalen Komitees Sozialer Frauenschulen in London
1937	Emigration über England in die Vereinigten Staaten nach einem Verhör bei der Geheimen Staatspolizei
1945	Ehrenpräsidentin des Internationalen Frauenbundes und des Internationalen Komitees Sozialer Schulen
1948	stirbt Alice Salomon nach elfjährigem Exil in New York

Eine Berufung wird zur Profession
– Die ersten Ausbildungsstätten für soziale Berufsarbeit –

Die Pioniereinrichtungen zur Ausbildung sozialer Berufsarbeiterinnen haben sich in Deutschland im Gegensatz zur sozialen Ausbildung in den angelsächsischen Ländern außerhalb akademischer Institute entwickelt. Dies hat seine historischen Wurzeln in der Verknüpfung von sozialem Engagement bürgerlicher Frauen zum Ende des vorigen Jahrhunderts mit dem »gemäßigten« Flügel des Bundes Deutscher Frauenvereine. Eine unmittelbar auf die berufliche Praxis gerichtete Wissensvermittlung wurde an deutschen Hochschulen nicht gelehrt. Bürgerliche Frauen begriffen soziale Arbeit als spezifisch »weibliche Kulturleistung«, die – von traditionellen Universitäten – unabhängige Ausbildungseinrichtungen notwendig werden ließen.

Die Einrichtung von ersten Ausbildungskursen ab 1893 durch die Bürgerliche Frauenbewegung ging einem tatsächlichen Bedarf an ausgebildeten Armenpflegerinnen voraus. Eine spezielle Ausbildung war nämlich noch keine Voraussetzung für eine soziale Tätigkeit.

1899 wurde erstmals in Deutschland durch den 1893 in Berlin gegründeten Verein »Mädchen- und Frauengruppen für soziale Hilfsarbeit« ein »Jahreskursus zur beruflichen Ausbildung in der Wohlfahrtspflege« mit verbindlichen Teilnahmebedingungen eingerichtet. Die Kindergärtnerinnen Seminare des Pestalozzi-Fröbel-Hauses Berlin (gegr. 1873/74 durch Henriette Schrader-Breymann) dienten zunächst als Vorbilder. Für die Begründerin des Berliner Jahreskursus Jeanette Schwerin und ihrer späteren Mitarbeiterin Alice Salomon wurde eine fachliche Ausbildung für soziale Arbeit zentrales Anliegen.

1904 kam es durch den evangelischen Theologen und Mitglied des Reichstages Adolf Stöcker ebenfalls in Berlin zur Gründung eines »Kursus zur Ausbildung für christliche Liebestätigkeit im Kapellenheim«, dem sich 1905 die Innere Mission mit dem »Verein zur Fürsorge für die weibliche Jugend« anschloß.

1905 entstand in Hannover auf einer Generalversammlung des »Deutschen evangelischen Frauenbundes« eine zunächst einjährige »Christlich-soziale Frauenschule« für Frauen und Mädchen gebildeter Stände.

1908 kam es zu dem Beschluß des Deutschen Vereins für öffentliche und private Fürsorge, der Vorstände des Berliner Vereins für Volkserziehung sowie des Vereins der Mädchen- und Frauengruppen für soziale Hilfsarbeit, die erste überkonfessionelle zweijährige Soziale Frauenschule in Berlin unter der Leitung von Alice Salomon zu eröffnen.

1909 erfolgte die Gründung einer Sozialen Frauenschule der Inneren Mission in Berlin durch Bertha von der Schulenburg.

1911 kam es zur entsprechend konfessionellen Gründung auf katholischer Seite durch Maria Gräfin von Graimberg mit der Katholischen Sozialen Frauenschule Heidelberg.

Der Lehrplan der ersten Sozialen Frauenschule in Berlin umfasste theoretische Fächer wie Erziehungs- und Wirtschaftslehre, Pädagogik und Geschichte, Literatur, Hygiene, Volkswirtschaftslehre, Bürgerkunde, Sozialethik, Familienrecht, Theorie und Geschichte der Armenpflege, Volksbildung und praktische Fächer wie Hausarbeit, Hauswirtschaft, Kinderpflege, Kindergartenarbeit, Armenpflege, Jugendfürsorge und Arbeiterinnenfürsorge.

Abb. 10: *Deckblatt einer Broschüre der 1893 von Jeanette Schwerin u.a. gegründeten Berliner »Mädchen- und Frauengruppen für soziale Hilfsarbeit«.*

Diese Berliner »Gruppen« versuchten in ersten vierwöchigen Kursen jungen Frauen ein Grundlagen-Wissen über Armen- und Wohlfahrtspflege zu vermitteln. Sie bildeten zusammen mit dem 1899 durchgeführten ersten »Jahreskursus zur Ausbildung in der Wohlfahrtspflege« die Vorläufereinrichtungen für die Sozialen Frauenschulen.

Soziale Arbeit und persönliches Glück.

Ansprache, gehalten bei Beginn des neuen Arbeitsjahres der Berliner Gruppen für soziale Hilfsarbeit.

Von Alice Salomon.

Es sind ganz besonders zwei Probleme, mit denen jeder, der in der sozialen Arbeit steht, sich auseinandersetzen muß: die Frage: **Was leisten wir durch unsere Hilfstätigkeit den Armen?** und die Frage: **Was leisten wir durch unsere Arbeit uns selbst?** Die Erörterung der ersten scheint mir in einem größeren Kreis wenig geeignet, weil eigentlich nicht uns, sondern den Armen ein Urteil darüber zusteht, ob wir ihnen wirklich helfen. Außerdem aber müssen die Mitglieder eines sozialen Vereins in den ersten Jahren sehr viel lernen, ehe sie überhaupt etwas helfen können; und schließlich kann selbst die Summierung der Tätigkeit aller Vereinsmitglieder, ja der Mitglieder von unzähligen Vereinen nur ein Tröpflein aus dem großen Meer des Massenelends ausschöpfen. Es ist deshalb richtiger, wenn wir nicht zu oft von den Erfolgen und dem Nutzen unserer Arbeit für die besitzlosen Klassen sprechen, sondern uns der Schwierigkeit unserer Aufgaben bewußt werden. So möchte ich denn die Aufmerksamkeit unserer Mitarbeiterinnen heute auf das zweite, uns naheliegende Problem richten und erörtern, was wir durch unsere Arbeit für uns selbst gewinnen können.

Auch über diese Frage dürften die Anschauungen der sozialen Helferinnen keineswegs einheitliche sein. Ich weiß, und es ist mir oft ausgesprochen worden, daß viele junge Mädchen in unserer Arbeit ein volles Glücksgefühl gefunden haben, während andere vergeblich auch nur nach einer Empfindung von Befriedigung ringen. Und angesichts dieses verschiedenen Resultates möchte ich einmal prüfen, woran es liegen kann, daß die einen so viel, die anderen so wenig bei der Arbeit für sich gewinnen.

Da muß man sich denn zunächst darüber klar sein, daß die Arbeit nur dem etwas geben kann, der auch etwas in sie hineinlegt. Die Frage: „Was leisten wir uns durch die Arbeit?" dürfte also erst dann zu beantworten sein, wenn wir uns dessen bewußt sind, was die Arbeit von uns verlangt, was wir ihr geben müssen, was wir ihr schuldig sind.

Wir freiwilligen Helferinnen der sozialen Arbeit sind fast alle in der glücklichen Lage, nicht für das tägliche Brot arbeiten zu müssen. Darin liegt ein unendlicher Vorteil gegenüber allen Berufsarbeiterinnen. Aber diesem Vorteil stehen Nachteile und Gefahren gegenüber, die manch=

Abb. 11: *Zeitschriftenartikel von Alice Salomon aus dem Jahr 1905*

Alice Salomon richtete sich häufiger mit Zeitschriftenartikeln speziell an bürgerliche junge Frauen und versuchte Interesse für soziales Engagement zu wecken.

Soziale Frauenbildung
und Soziale Berufsarbeit

Von

Alice Salomon

Zweite Auflage
der Sozialen Frauenbildung

Verlag und Druck von B. G. Teubner in Leipzig und Berlin 1917

Abb. 12: *Deckblatt eines der ersten von Alice Salomon verfaßten Fachbücher, in welchem sie eine Bestandsaufnahme über den damaligen Entwicklungsstand des sozialen Frauenberufs vornahm.*

Abb. 13: *Alice Salomon (etwa um 1910/11) als Leiterin der ersten überkonfessionellen, zweijährigen Sozialen Frauenschule (1908) in Berlin.*

Abb. 14: *Das Gebäude der ersten Sozialen Frauenschule im Deutschen Reich 1914 in Berlin-Schöneberg, Karl-Schrader-Straße.*

Die ersten Schuljahre (1908 – 1914) der neuen Ausbildungsstätte fanden in den Räumen des Pestalozzi-Fröbel-Hauses (1874 von Henriette Schrader-Breymann und Karl Schrader für die Ausbildung von Kindergärtnerinnen und Hortnerinnen gegründet) statt. Alice Salomon ließ schließlich 1914 unter Einsatz persönlicher Mittel dieses Gebäude auf dem Gelände des Pestalozzi-Fröbel-Hauses errichten. Heute ist es Teil der Fachhochschule für Sozialarbeit und Sozialpädagogik Berlin-Schöneberg, die seit 1993 Alice-Salomon-Fachhochschule heißt.

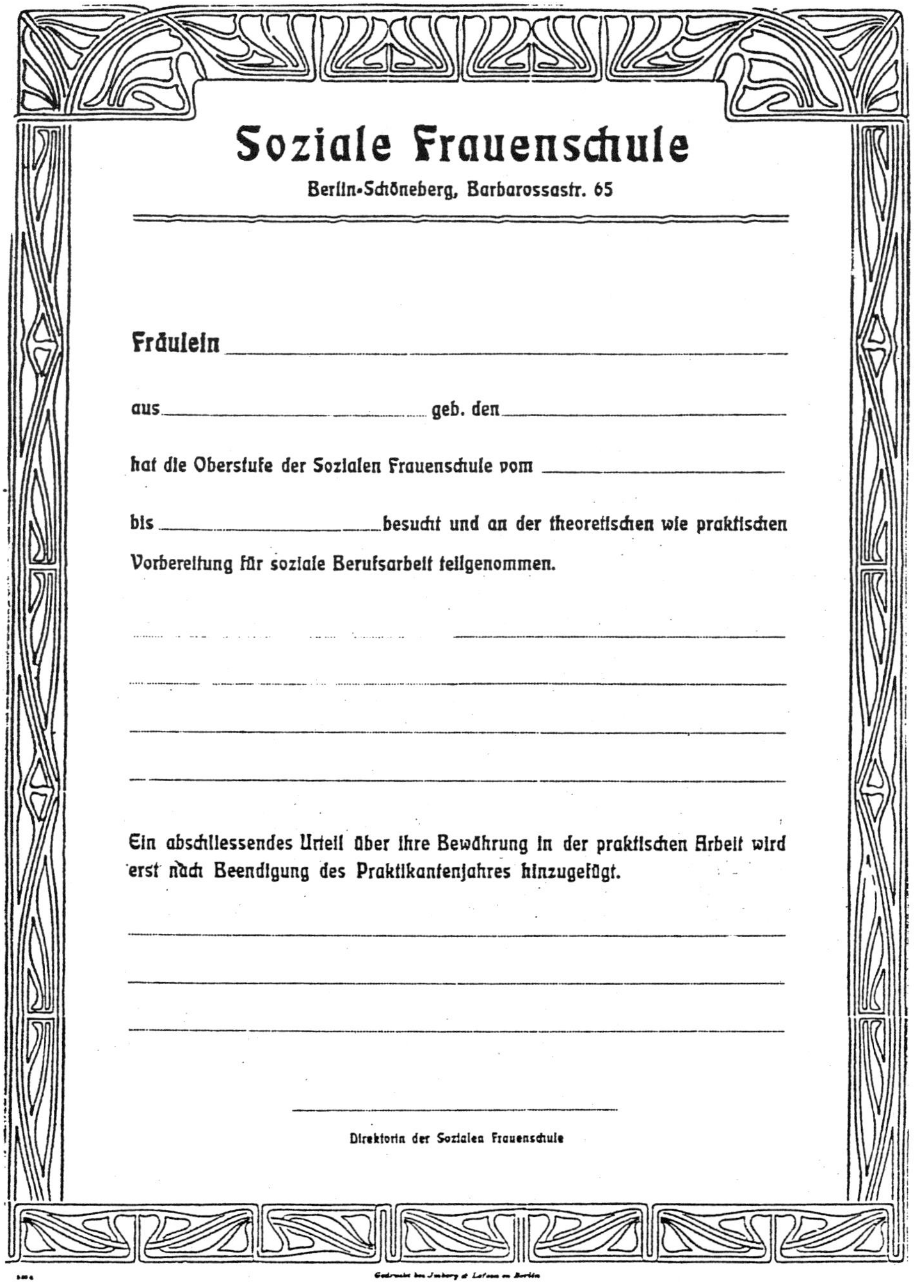

Soziale Frauenschule
Berlin-Schöneberg, Barbarossastr. 65

Fräulein _____

aus _____ geb. den _____

hat die Oberstufe der Sozialen Frauenschule vom _____

bis _____ besucht und an der theoretischen wie praktischen Vorbereitung für soziale Berufsarbeit teilgenommen.

Ein abschliessendes Urteil über ihre Bewährung in der praktischen Arbeit wird erst nach Beendigung des Praktikantenjahres hinzugefügt.

Direktorin der Sozialen Frauenschule

Abb. 15: *Formular eines der ersten Abschlußzeugnisse der Sozialen Frauenschule Berlin.*

Abb. 16: *Dr. theol. h.c. Bertha Gräfin von der Schulenburg. Gründerin und Leiterin der ersten Evangelischen Sozialen Frauenschule (1909) in Deutschland.*

Gräfin Bertha von der Schulenburg (1861 – 1940) _ LEBENSDATEN

1861	geboren in Beetzendorf Kr. Salzwedel Ausbildung als Johanniterschwester und Mitglied im (1885 durch Adolf Stöcker und Bertha von Kröcher gegründeten) »Kapellenheim«
1904	gemeinsam mit B. v. Kröcher Gründung des Berliner »Kursus zur Ausbildung junger Mädchen und Frauen in christlicher Liebestätigkeit« der Inneren Mission, deren Leitung B. v. d. Schulenburg ab 1905 übernimmt
1909	Leiterin der ersten Evangelischen Sozialen Frauenschule
1911	Stellvertretende Vorsitzende des »Verbandes der Berufsarbeiterinnen der Inneren Mission«
1918	Einberufung einer ersten Konferenz der Evangelischen Sozialen Frauenschulen Deutschlands und Mitarbeit beim Internationalen Komitee Sozialer Frauenschulen
1921	Vorsitzende des Verbandes der evangelischen Wohlfahrtspflegerinnen Deutschlands
1923	Bertha von der Schulenburg wird die Ehrendoktorwürde der Theologie durch die Universität Berlin verliehen
1925	Vorstandsmitglied in der (1925 durch Alice Salomon gegründeten) »Deutschen Akademie für soziale und pädagogische Frauenarbeit« Berlin
1933	Schulenburg wird aus ihrer Schulleitungsfunktion entlassen. Diese Entscheidung wird aber aufgrund zahlreicher Proteste wieder rückgängig gemacht. Ungeachtet dieser Situation gibt sie aber doch die Schulleitung an die Studienrätin Elisabet Nitzsche ab
1940	in Berlin gestorben

Abb. 17: *Maria Gräfin von Graimberg. Gründerin und Leiterin der ersten Katholischen Sozialen Frauenschule (1911) in Deutschland.*

Gräfin Maria von Graimberg (1879 – 1965) — LEBENSDATEN

1879	geboren in Bensheim a.d. Bergstraße
1893	Besuch des Mädchenpensionats Kloster St. Joseph auf Zangberg
1897	Abschluß als Sprachlehrerin für Französisch
1903	bis 1909 Berufstätigkeit als Sprachlehrerin im Kloster und in München
1911	Gründung der ersten Katholischen Sozialen Frauenschule in Heidelberg
1931	wird Maria von Graimberg der päpstliche Orden »pro ecclesia et pontifice« verliehen
1943	drohende Schließung der Katholischen Sozialen Frauenschule Heidelberg
1950	Übergabe der Katholischen Sozialen Frauenschule Heidelberg an den Deutschen Caritasverband Freiburg und Niederlegung der Schulleitung durch Maria von Graimberg
1959	Verleihung des Bundesverdienstkreuzes 1.Kl. an Maria von Graimberg
1964	Verleihung der Ehrenbürgerwürde durch die Stadt Heidelberg
1965	in Heidelberg gestorben

Abb. 18: *Die erste Katholische Soziale Frauenschule in Heidelberg (1911) unterhalb des Schlosses am Kornmarkt 5.*

Gründungen von ersten sozialen Ausbildungsstätten im Ausland		
England	1893	Sozialer Schulungskurs des ersten Frauensettlements in London
Amerika	1897	Erster Kursus in New York
Niederlande	1899	Interkonfessionelle private school voor Maatschappelijk Weerk in Amsterdam
Schweiz	1908	Erster Kursus für soziale Hilfstätigkeit in Zürich
Frankreich	1911	Ecole normale sociale in Paris
Österreich	1912	Erster Fachkursus für Volkspflege in Wien
Belgien	1920	Ecole centrale de service social in Brüssel

(vgl. Salomon 1927, S. 254 ff.)

Abb. 19: *Eine Säuglingsfürsorgestelle des Vaterländischen Frauen-Vereins in Hannover vor dem Ersten Weltkrieg.*

Abb. 20: *Zeichnung von Werner Zehme. Eine Sprechstunde in der Auskunftsstelle des Bundes für Mutterschutz Berlin vor dem Ersten Weltkrieg.*

Der Deutsche Bund für Mutterschutz und Sexualreform wurde 1905 in Berlin von Helene Stöcker (1869 – 1943) – einer Vertreterin des sog. radikalen Flügels der Bürgerlichen Frauenbewegung – gegründet. Der Bund setzte sich mit einer neuen Sexualethik für unverheiratete Mütter und rechtliche Besserstellung unehelicher Kinder ein. Stöcker kämpfte gegen die herrschende Doppelmoral der bürgerlichen Gesellschaft. Mit dem von ihr ins Leben gerufenen Bund für Mutterschutz und den zahlreichen Ehe- und Sexualberatungsstellen sowie Heimen für unverheiratete Mütter, setzte sie sich zahlreichen Diffamierungskampagnen seitens der Öffentlichkeit aus.

Abb. 21: *Dr. jur. Frieda Duensing (Mitte).*
Juristin und ab 1907 Leiterin der ersten Deutschen Zentrale für Jugendfürsorge Berlin sowie Dozentin an der Sozialen Frauenschule Berlin im Kreise ihrer Fürsorgeschülerinnen.

Die Fürsorge für gefährdete und verwahrloste Kinder und Jugendliche verlagerte sich neben der caritativen Vereinstätigkeit (z.B. katholische Fürsorgevereine gegr. durch Agnes Neuhaus) zunehmend auch auf kommunale Einrichtungen. Ab 1900 trat das erste Jugendfürsorgeerziehungsgesetz in Kraft. Die Entwicklung des kommunalen Jugendfürsorgewesens und des ersten Jugendwohlfahrtsgesetzes ist ohne das soziale Engagement und den juristischen Sachverstand Frieda Duensings kaum vorstellbar.

Frieda Duensing (1864 – 1921) — LEBENSDATEN

1864	geboren in Diepholz/ Niedersachsen in der Familie eines Ökonomierates
1880	nach der Höheren Töchterschule Besuch des Lehrerinnenseminars in Hannover
1888	bis 1889 Berufstätigkeit als Volksschullehrerin in Thüringen
1894	bis 1995 Bildungsreisen ins europäische Ausland
1897	holt Duensing in München das Abitur nach und studiert Jura
1902	Promotion an der Universität Zürich als eine der ersten deutschen Frauen
1904	Übernahme der Geschäftsführung der (seit 1901 bestehenden) Berliner »Zentralstelle für Jugendfürsorge« (ZSJ). Sie baut das Vormundsschafts- und Pflegschaftswesen für Frauen auf und konstituiert den ersten »Verband für weibliche Vormundschaft«
1907	Geschäftsführung des Berliner »Deutschen Zentralverein für Jugendfürsorge« und Zusammenschluß dieses Vereins mit der ZSJ zur »Deutschen Zentrale für Jugendfürsorge« (DZfJ). Frieda Duensing redigiert auch das Organ der DZfJ »Jugendwohlfahrt«. Sie baut ein Kontaktnetz zu den Vormundschaftsgerichten auf, organisiert Fachkonferenzen, erarbeitet Gesetzesvorlagen, fördert das Adoptionswesen und die Jugendgerichtshilfe, regt Schulspeisungen und die Einrichtung von Kinderhorten an.
1911	Niederlegung der Geschäftsführung des DZfJ und Dozentin an der Sozialen Frauenschule Berlin
1919	Übernahme der Leitung der Sozialen Frauenschule München
1921	in München gestorben

DIE FRAUEN

IN

DER ARMEN- UND WOHLFAHRTSPFLEGE

DEUTSCHLANDS

BERICHT

AUS ANLASS DES INTERNATIONALEN KONGRESSES
FÜR ARMENPFLEGE UND WOHLTÄTIGKEIT
KOPENHAGEN 1910

ERSTATTET VON

DOROTHEA HIRSCHFELD

BERLIN

SELBSTVERLAG DER ZENTRALSTELLE
FÜR ARMENPFLEGE UND WOHLTÄTIGKEIT
BERNBURGERSTRASSE 24/25
1909

Abb. 22: *Deckblatt des Berichtes über die Frauen in der Armen- und Wohlfahrtspflege, den die Geschäftsführerin der (von Emil Münsterberg gegründeten) »Zentralstelle für Armenpflege und Wohltätigkeit« Dorothea Hirschfeld 1909 für den Internationalen Armenpflege-Kongreß in Kopenhagen verfaßte.*

Dorothea Hirschfeld (1877 – 1966) — LEBENSDATEN

1877	geboren in Berlin
1904	bis 1919 Geschäftsführerin in der (von Emil Münsterberg gegründeten) »Zentralstelle für Armenpflege und Wohltätigkeit«
1909	Im Zusammenhang mit dieser Arbeit verfaßte sie den Bericht über »Die Frauen in der Armen- und Wohlfahrtspflege Deutschlands« für den internationalen Armenpflegekongreß 1910 in Kopenhagen
1919	Übernahme der Abteilung »Kriegerwitwen- und Kriegsweisenfürsorge« im Reichsarbeitsministerium Berlin
1920	wird Dorothea Hirschfeld zur Ministerialrätin ernannt. Vorstandsmitglied des (1916 gegründeten) »Deutschen Verband(es) der Soziabeamtinnen«
1928	Kuratoriumsmitglied und Dozentin an der Arbeiterwohlfahrtsschule Berlin
1933	bis 1945. Dorothea Hirschfeld wird (am: Datum unbekannt) nach Theresienstadt verschleppt
1945	bis 1948 ist sie Referentin in der Hauptverwaltung des Gesundheitswesens in der sowjetischen Besatzungszone
1966	in Berlin gestorben

Die Frau der Gegenwart, Deutsche Zeitschrift für moderne Frauenbestrebungen, Jahrgang XI – Der neuen Folge VI. – No. 6. – 15. März 1917. Herausgegeben von Marie Wegner.

Richtlinien des Kriegsamtes für die Frauenarbeit

Obwohl zurzeit immer noch ein Ueberangebot an weiblichen Arbeitskräften besteht, hat das Kriegsamt es doch als seine Pflicht angesehen, für eine mögliche zukünftige Entwicklung Sorge zu tragen. Es ist daher für die Frauenarbeit innerhalb des Kriegsamtes eine besondere Organisation geschaffen worden, die sich ausschließlich mit der Frage der Frauenarbeit im Kriege zu befassen hat. Schon seit geraumer Zeit bestand bei jeder Kriegsamtsstelle ein besonderes Referat für die Frauenarbeit. Jetzt ist zur Förderung der auf dem Gebiete der sozialen Fürsorge notwendigen Maßnahmen beim Kriegsamt eine Frauenarbeitszentrale geschaffen worden unter der Leitung von Frl. Dr. Marie Elisabeth Lüders, bei jeder Kriegsamtsstelle eine Frauenarbeitshauptstelle unter der Leitung der dortigen Referenten, und es besteht die Absicht, nach Bedarf Frauenarbeitsnebenstellen einzurichten.

Die unerläßliche Zusammenarbeit mit allen auf dem Gebiete der sozialen Fürsorge bisher schon tätigen Organisationen ist durch die Bildung des Nationalen Ausschusses für Frauenarbeit im Kriege, der in diesen Tagen zum ersten Male zusammentrat, gesichert worden.

Als allgemeine Richtlinien für die Tätigkeit der Frauenarbeitszentrale und ihre Unterorgane hat das Kriegsamt folgenden Arbeitsplan aufgestellt:

1. Die Frauenarbeitszentrale hat die Aufgabe, mit dem Ziele höchster Produktionssteigerung alle die Maßnahmen in die Wege zu leiten, die die Arbeitsfähigkeit und Arbeitswilligkeit der weiblichen Arbeitskräfte jederart fördern.

2. Die Frauenarbeitszentrale hat deshalb darauf hinzuwirken, daß alle Arbeitshemmnisse für die Frauen nach Möglichkeit beseitigt werden. Dazu dienen: a. Maßnahmen zum Schutz der Gesundheit, b. Bereitstellung geeigneter Erholungsräume, Wohn- und Schlafgelegenheiten, c. Beschaffung angemessener Berufskleidung, d. Verbesserung der Beförderungsverhältnisse und Verkehrsmittel, e. Verbesserung der Organisation der Nahrungsmittelbeschaffung und Verteilung für die Frauen.

3. Neben der Fürsorge für die Erhöhung der persönlichen Arbeitsfähigkeit der Frauen muß die Frauenarbeitszentrale Einrichtungen treffen, die dem Wohle der zu den Frauen gehörigen Familienmitglieder dienen und dazu beitragen, die Arbeitswilligkeit zu erhöhen: Ausgestaltung von Entlastungsstellen, Krippen, Bewahranstalten, Kindergärten, Horten, Stillstuben, Mütter-, Säuglings-, Kleinkinderberatungsstellen usw., Einstellung von Haus-, Gemeinde-, Landpflegerinnen, Kreisfürsorgerinnen usw.

4. Zur Durchführung und Sicherstellung der gekennzeichneten Aufgaben wird die Vermehrung der in der Gewerbe- und Wohnungsaufsicht sowie in der Fabrikfürsorge tätigen weiblichen Beamten nötig sein. Da die Zeit zur Ausbildung dieser Beamtinnen auf dem üblichen Ausbildungswege nicht ausreicht, wird die Frauenarbeitszentrale geeignete Frauen aus anderen Berufen gewinnen und in abgekürztem Bildungsgang für ihre neuen Aufgaben vorbereiten lassen.

5. Zur Erfüllung der vorgesehenen sozialen Fürsorge werden die Frauenarbeitszentrale bezw. die Frauenarbeitshaupt- und -Nebenstellen mit sämtlichen angeschlossenen Organisationen dauernd in Verbindung stehen, sie zum Ausbau ihrer vorhandenen Einrichtungen und zu enger Zusammenarbeit auch mit den zuständigen Behörden anregen sowie mit ihnen gemeinsam für die Gewinnung und Heranbildung der benötigten sachkundigen Hilfskräfte Sorge tragen.

Die Aufgaben, die hier gestellt sind, fallen zu einem großen Teile auch in das Arbeitsgebiet staatlicher und städtischer Behörden, mit denen selbstverständlich in engster Fühlung gearbeitet werden soll. Es soll auch in dieser Beziehung besonders betont werden, daß auf dem Gebiet der sozialen Fürsorge bisher schon bestehende Einrichtungen in keiner Weise in ihrer selbständigen Entfaltung gehemmt werden sollen. Es sollen nur in der Frauenarbeitszentrale und den Frauenarbeitshauptstellen Kristallisationspunkte ge-

⇐ **Abb. 23:** *Zeitschriftenartikel über »Richtlinien des Kriegsamtes für die Frauenarbeit« im Ersten Weltkrieg.*

Nach Kriegsausbruch sammelten sich vor allem bürgerliche Frauen in dem von Gertrud Bäumer gegründeten Nationalen Frauendienst. In Hunderten von Ortsgruppen organisierten Fürsorgerinnen und ehrenamtliche Mitarbeiterinnen Lebensmittel und führten Arbeiterinnen- bzw. Familienfürsorge und Arbeitsvermittlung durch.

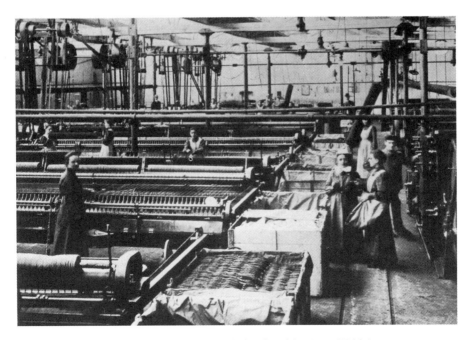

Abb. 24: *Fürsorgearbeit in der Fabrik während des Ersten Weltkrieges.*

Der »Dienst am Volksganzen ist kein Klassenkampf«
– Die erste Berufsorganisation der Fürsorgerinnen (1916) –

Während des Ersten Weltkrieges zeichnete sich ab, daß Wohlfahrtspflege immer mehr zur Angelegenheit öffentlicher Träger wurde. Die ehrenamtliche Armen- und Wohlfahrtspflege war stark zurückgegangen. In dieser Situation wuchs die Einsicht, daß soziale Berufsarbeit nicht länger jeder Rechtsgrundlage entbehren konnte.

Im April 1916 erschien ein programmatischer Artikel der jungen gewerkschaftlich engagierten Fürsorgerin Hedwig Wachenheim – der späteren bekannten sozialdemokratischen Sozialpolitikerin – in welchem sie die Schaffung einer eigenen Berufsorganisation für soziale Berufskräfte forderte.

Im November 1916 wurde dann auch der erste überkonfessionelle »Deutsche Verband der Sozialbeamtinnen« (DVS) gegründet. In diesem neuen Verband sollten nur beruflich tätige Fürsorgerinnen mit dem Nachweis der staatlichen Anerkennung einer Sozialen Frauenschule aufgenommen werden.

Die Aufgaben des Verbandes waren Auskunftserteilung, Weiterbildung der Mitglieder, Erhebungen, Einwirkungen auf die Sozialgesetzgebung, Arbeitsvermittlung, Tarifvereinbarungen, Förderung der Ausbildung an Sozialen Frauenschulen und die Einrichtung von Unterstützungskassen für in Not geratene Mitglieder. Vorsitzende dieser neuen Organisation wurde das langjährige Mitglied der »Berliner Gruppen« Adele Beerensson.

Ebenfalls 1916 war der »Verein katholischer deutscher Sozialbeamtinnen« durch Hedwig Dransfeld entstanden. Erste Vorsitzende wurde Helene Weber.

Die weiblichen Mitarbeiterinnen der Inneren Mission schlossen sich 1921 unter der Leitung von Bertha von der Schulenburg zu einem konfessionellen »Verband der evangelischen Wohlfahrtspflegerinnen Deutschlands« zusammen.

Der DVS grenzte sich von gewerkschaftlichen Positionen ab. Es wurde immer wieder betont, daß der »Dienst am Volksganzen kein Klassenkampf« sei. Aufgrund der Distanz des DVS zu den Gewerkschaften, war es für die Fürsorgerinnen der 1919 entstandenen Arbeiterwohlfahrt (AWO) problematisch, den zumindest für ihre beruflichen Interessen wichtigen Verband uneingeschränkt zu unterstützen. Die AWO-Fürsorgerinnen wiesen darauf hin, daß es eine Illusion sei, zu glauben, es gäbe eine neutrale Art Berufskämpfe zu führen. Auf dem ersten Pfingsttreffen der »sozialistischen« Fürsorgerinnen 1925 sprach sich die Mehrheit der Teilnehmerinnen aber doch für eine Organisierung im DVS aus, da es zu diesem einzigen überkonfessionellen Verband keine Alternative gab. Das Verhältnis zwischen den »bürgerlichen« und den »sozialistischen« Fürsorgerinnen blieb aber immer spannungsgeladen.

Dem DVS gehörten vorwiegend die kommunalen Fürsorgerinnen an. Die arbeits- und besoldungsrechtlichen Forderungen des DVS überstiegen in der Regel vor allem die finanziellen Ressourcen der privaten Wohlfahrtsverbände. Viele ausgebildete Fürsorgerinnen verließen auch die privaten Verbände, weil sie sich bei den Kommunen bessere Existenzsicherungen erhofften.

1918 schlossen sich der DVS und die beiden konfessionellen Berufsverbände zur »Arbeitsgemeinschaft der Berufsverbände der Wohlfahrtspflegerinnen Deutschlands« zusammen. Die Arbeitsgemeinschaft gab ab 1921 als gemeinsames Organ die »Soziale Berufsarbeit« heraus, die bis 1933 von Helene Weber redigiert wurde und unter der Schriftleitung von Annemarie Pißel noch bis 1935 erschien.

Unter den Auswirkungen der Demobilmachungsverordnungen nach dem Ersten Weltkrieg richtete die Arbeitsgemeinschaft 1918 erstmals eine offizielle Eingabe an alle preußischen Stadtverwaltungen, in der sie auf die »Eigenart« des neuen Berufs innerhalb der Sozialbehörden hinwies. Die Arbeitsgemeinschaft verlangte auch einen Stufenplan, nach welchem für die weiblichen Sozialangestellten Möglichkeiten geschaffen werden sollten, innerhalb der Behörden nach und nach auch in selbständige Positionen aufsteigen zu können. Darüber hinaus forderte die Arbeitsgemeinschaft eine – die beruflichen Belastungen berücksichtigende – Gestaltung der Anstellungsbedingungen für die Fürsorgerinnen, fanden aber unter den schwierigen sozialen, ökonomischen wie politischen Rahmenbedingungen kaum Gehör.

Abb. 25: *Fahrende Volksküche in Berlin zum Ende des Ersten Weltkrieges.*

⇒

Abb. 26: Dieser programmatische Zeitschriften-Artikel von Hedwig Wachenheim regte 1916 die Schaffung einer eigenen Berufsorganisation für die Fürsorgerinnen und Wohlfahrtspflegerinnen an. Wenige Monate später kam es dann in Berlin zur Bildung des Deutschen Verbandes der Sozialbeamtinnen.

8. Jahrgang.   1. April   1916. Nr. 4.

Blätter für Soziale Arbeit

Organ des „Deutschen Verbandes der Jugendgruppen und Gruppen für soziale Hilfsarbeit" des „Zentralvereins für Arbeiterinneninteressen", Sitz Berlin und des „Jugendbundes Prag".

Herausgegeben von Dr. Elisabeth Altmann-Gottheiner.
Verlag der G. Braunschen Hofbuchdruckerei Karlsruhe i. B. Preis für 12 Hefte bei portofreier Zustellung 1.50 Mark jährlich.
Anzeigen die viergespaltene Zeile 35 Pfg. Erfüllungsort Karlsruhe.

Die Berufsorganisation der sozialen Hilfsarbeiterin.
Von Hedwig Wachenheim.

Die soziale Lage der Angehörigen eines Berufs ist nicht nur bedeutungsvoll für ihre eigene Lebenshaltung, sondern auch für den Wert ihrer Arbeitsleistung. Darum haben nicht nur die Berufsmitglieder Interesse an der Verbesserung der wirtschaftlichen Lage bestimmter Berufsgruppen. Die Arbeit der sozialen Hilfsarbeiterin kommt hauptsächlich schutz- und hilfsbedürftigen Volkskreisen zugut. Ihre Arbeit hat also Anspruch auf das Interesse des ganzen Volks, das ihr einen Teil seiner Sorgenkinder übergibt. Also hat die soziale und wirtschaftliche Lage der Berufsangehörigen Anspruch auf Interesse aller. Nur bei regelmäßiger, nicht zu langer Arbeitszeit, angemessener Entschädigung und guter Berufsbildung, können das, was von ihnen im Interesse des Volksganzen beansprucht werden muß, leisten. Aus den Kreisen der sozialen Berufsarbeiterinnen heraus aber muß der Ruf kommen: Wir wollen im Interesse unserer Arbeitsleistung und in unserem Interesse uns erkämpfen, was wir noch nicht haben, wir wollen nicht länger dem freien Arbeitsvertrag ohne Rückhalt ausgeliefert sein! Wir wollen nicht länger mit ansehen, daß unausgebildete Kräfte unsere Arbeit übernehmen! Wir brauchen eine Berufsorganisation, die die Interessen unseres Berufs vertritt!

Tatsächlich existiert heute für Deutschland keine solche Organisation. Die sozialen Berufsarbeiterinnen gehören zum Teil dem Deutschen Verband der Jugendgruppen und Gruppen für soziale Hilfsarbeit an, dessen Zweck ist, „die in Deutschland bestehenden Jugendgruppen und Gruppen für soziale Hilfsarbeit zum Austausch ihrer Erfahrungen und zur gegenseitigen Förderung zusammenzuschließen." Eine Berufsorganisation hat außer diesem Zweck noch andere Aufgaben. Von den Berufsarbeiterinnen gehören wohl hauptsächlich Vereinsbeamtinnen diesem Verband an. Die große Zahl der städtischen Angestellten ist kaum erfaßt. Eine gesonderte Statistik über Berufsarbeiterinnen wird meines Wissens nicht geführt. Ein aus ehrenamtlich und beruflich arbeitenden Kräften zusammengesetzter Verein ist natürlich nicht in der Lage, die Berufsinteressen zu vertreten. Die in der Berufsorganisation der Krankenpflegerinnen Deutschlands und die gewerkschaftlich organisierten Krankenpflegerinnen haben das erkannt und sich von den caritativen Verbänden losgelöst. Kein Zufall bringt gerade dieses Beispiel von unzähligen anderen organisierten Berufen. Es gilt hier dasselbe Vorurteil zu überwinden wie dort, die Anschau-

ung, daß gerade diese Berufe freiwillige Hingabe verlangen. Das aber ist falsch. Wie jeder Beruf verlangt der soziale Beruf Liebe zur Arbeit. Aber er braucht gute Vorbildung, gute Entlohnung und gesundheitlichen Schutz für die, die ihn ausführen. Auf den Kampf um diese Dinge verzichten, heißt nicht, eine Auslese der Tüchtigsten und Aufopferungsfähigsten treffen. Es liegen da die Verhältnisse noch anders, als bei der Krankenschwester, die als Rückhalt immer das Mutterhaus hat. Die Rechtslage der sozialen Berufsarbeiterin muß geklärt werden. Wie weit ihr Dienstvertrag, ihre Arbeitszeit, ihre Versicherung dem Gesetz unterliegen, muß festgelegt werden. Auch das ist Aufgabe einer Berufsorganisation. Es wäre ferner ihre Aufgabe, darüber zu wachen, daß nur vorgebildete Kräfte die sozialen Berufe ausüben. Die Berufsorganisation könnte auf die Gestaltung der sozialen Schulen und Seminare einwirken. Diese müssen sich den Bedürfnissen der Zeit anpassen. Der soziale Beruf ist noch jung und durch den Krieg werden plötzlich qualitativ und quantitativ ganz andere Anforderungen an ihn gestellt. In der Praxis können die Mängel der Ausbildung am besten festgestellt werden. So können Schulen und Organisation zum besten der Arbeit einander fördern. Die Arbeitsverhältnisse im sozialen Beruf bedürfen einer gründlichen Verbesserung. Die Ausbildung geschieht durch theoretischen Unterricht verbunden mit praktischer Arbeit und dauert in einzelnen Anstalten drei Jahre. Einer so langen und kostspieligen Ausbildungszeit entspricht die spätere soziale Lage keineswegs. Erhebungen sind darüber noch nicht gemacht, ebenso wenig wie über die Arbeitszeit, ein Zeichen dafür, wie vernachlässigt das Gebiet ist. Die Arbeitszeit ist besonders bei den Vereinsangestellten für die körperlich und geistig anstrengende Arbeit oft viel zu lang.

Der Krieg bedeutet einen wichtigen Wendepunkt für die soziale Berufsarbeit. Zu den alten Arbeitsgebieten kommen die neuen Kriegsaufgaben, und zu gleicher Zeit gewinnen die alten Aufgaben an Bedeutung. Denn es gilt im Interesse der Volkswohlfahrt nicht nur die neuen Wunden zu heilen, sondern auch zu verhindern, daß die alten stärker bluten, als zuvor. Gleichzeitig aber gehen viele der wichtigsten Berufsgebiete von den Vereinen in die Verwaltung der Gemeinden über. Diesen Augenblick darf die soziale Berufsarbeiterin nicht vorübergehen lassen, ohne dafür zu kämpfen, daß nur vorgebildete gesundheitlich, wirtschaftlich und rechtlich sicher gestellte Kräfte die neuen und alten Aufgaben übernehmen. Diesen Kampf kann nur eine Berufsorganisation führen.

Adele Beerensson (1879 – 1940)   LEBENSDATEN

1879	geboren in Bradfort (England) Geschäftsführerin der Berliner »Mädchen- und Frauengruppen für soziale Hilfsarbeit«
1908	Kuratoriumsmitglied und Lehrkraft an der (im gleichen Jahr von Alice Salomon gegründeten) Sozialen Frauenschule Berlin
1916	bis 1925 Vorsitzende des ersten überkonfessionellen Berufsverbandes der Fürsorgerinnen, dem »Deutschen Verband der Sozialbeamtinnen« (DVS)
1923	Kuratoriumsmitglied des ersten von Carl Mennicke eingerichteten Seminars für männliche Fürsorgekräfte in Berlin
1925	bis 1933 Hauptgeschäftsführerin des DVS
1929	Zweite Vorsitzende des Bundes der Berufsorganisationen des Sozialen Dienstes Lehrkraft an der Gesundheitsfürsorgeschule Berlin – Charlottenburg
1933	Emigration nach England. Dort leitet sie ein Heim für junge Arbeiterinnen
1940	gestorben in London

Fürsorgerinnen waren unentbehrlich
– Bedingungen für Sozialkräfte unter der Demobilmachungsverordnung von 1918 –

Unter der Demobilmachung des Heeres drängten 1919 etwa 10 Millionen deutsche Soldaten auf den Arbeitsmarkt zurück. Detaillierte Demobilmachungsvorschriften regelten die Rückführung von weiblichen Arbeitskräften in frühere Tätigkeitsbereiche, vor allem zurück in die Landwirtschaft und die Familien.

Die Einbeziehung von weiblichen Arbeitskräften in den Kriegsproduktionsprozeß führte mit der arbeitsmarktpolitischen Entwicklung nach dem Ersten Weltkrieg ungeachtet der ab 1919 verfassungsrechtlich verankerten staatsbürgerlichen Gleichstellung der Frau nicht zu realen Ausbildungs- und Berufschancen für weibliche Erwerbstätige. Das ansatzweise gewachsene Selbstbewußtsein von Frauen während des Krieges hatte nicht zu einer möglichen Bewußtseinsveränderung geführt. Frauenbewegung, Gewerkschafterinnen und Parteifrauen zeigten sich weitgehend hilflos. Sie rieten lediglich, den Verdrängungsprozeß weiblicher Erwerbstätiger so lange zu akzeptieren, bis wieder »geordnete Zustände« eingetreten seien. Die gleiche Logik einer kostengünstigen Verwertbarkeit weiblicher Arbeitskraft innerhalb der Familie galt ebenso für jede soziale Tätigkeit innerhalb des öffentlichen Fürsorgewesens bzw. in der freien Wohlfahrtspflege.

Die Arbeitslosigkeit von Fürsorgerinnen war nach dem Ersten Weltkrieg im Vergleich zu den anderen Erwerbsbereichen allerdings nicht so dramatisch ausgefallen. Das war nicht zufällig. Als nämlich klar wurde, daß die ausgebildeten Sozialkräfte im Wohlfahrtswesen durch ungeschulte männliche Arbeitskräfte nicht zu »ersetzen« waren, wandte sich sogar das Reichsarbeitsministerium gegen die rücksichtslosen Entlassungspraktiken in den Fürsorgeämtern (siehe Brief des Reichsarbeitsministers vom 15.5.1919). Ausgebildete und berufserfahrene Fürsorgerinnen hatten es also nicht schwer, wieder Arbeitsplätze vor allem in den neu entstehenden Sozialbehörden zu bekommen.

Reichsarbeitsministerium.   Berlin, den 15.Mai 1919.

Nr. I D III 511/19.

REGIER. BROMBERG
I   21. Jun. 1919

4353

Aus den Kreisen der Sozialbeamtinnen ist an mich die Bitte gerichtet worden, die Demobilmachungsausschüsse bei der Freimachung von Arbeitsstellen auf Grund der Verordnung vom 28.März 1919 (RGBl.S.355) zu besonderer Rücksichtnahme auf die gegenwärtigen Verhältnisse der Sozialbeamtinnen zu veranlassen. Hierbei ist geltend gemacht worden, daß gerade die Sozialbeamtinnen (Kriegsamtsreferentinnen, Arbeitsnachweisbeamtinnen, Fabrikpflegerinnen usw.) während des Krieges zum Teil auf ausdrückliche Veranlassung des Kriegsamts, ihren Beschäftigungsort vielfach gewechselt haben, sodaß sie auf Grund des § 5 Ziffer 3 der Verordnung vom 28. März 1919 zu entlassen wären. Eine solche Maßnahme würde aber häufig nicht nur zu Härten für die Sozialbeamtinnen, sondern auch zu schweren Unzuträglichkeiten für die Betriebe führen Sozialbeamtinnen sind, wenn sie sich einmal in eine Tätigkeit eingearbeitet haben, die örtlichen Verhältnisse kennen und das Vertrauen der Schutzbefohlenen oder der Behörden und Vereine gewonnen haben, schwer zu ersetzen; es bedarf oft eines jahrelangen Einlebens, bis die Beamtin Verhältnisse so beherrscht, wie es der Beruf erfordert. Jede Unterbrechung der Stetigkeit der Arbeit kann zu ihrer Lahmlegung führen. Endlich ist zu beachten, daß der Arbeitsmarkt der Sozialbeamtinnen bei der geringen Zahl der in Frage kommenden Stellen örtlich nicht zu eng begrenzt werden darf.

Ich bitte, die unterstellten Demobilmachungsausschüsse auf diese Gesichtspunkte aufmerksam zu machen, und darf erwarten, daß bei vorkommenden Fällen im Sinne des § 7 der erwähnten Verordnung entsprechend schonend vorgegangen wird.

gez. Bauer

An die Zentralstellen für wirtschaftliche Demobilmachung

Der Minister
für Handel und Gewerbe.
J Nr. III 4276.

Berlin W.9, den 2. Juni 1919.
Leipziger Straße 2

Abdruck zur Kenntnis und mit dem Ersuchen, die unterstellten Demobilmachungsausschüsse entsprechend in Kenntnis zu setzen.

Abdrücke sind beigefügt.

Jm Auftrage.

Meyeren

An
die Herren Regierungspräsidenten
und den Herrn Oberpräsidenten als
Demobilmachungskommissar für Groß-
Berlin,   h i e r.

Abb. 27: *Brief des Reichsarbeitsministers an die Zentralstellen für wirtschaftliche Demobilmachung vom März 1919 in bezug auf den Personalabbau von Fürsorgerinnen. Als deutlich wurde, daß ausgebildete Fürsorgerinnen nach dem Ersten Weltkrieg nicht zu ersetzen waren, wandte sich sogar das Reichsarbeitsministerium gegen die rücksichtslosen Entlassungspraktiken in den Sozialbehörden.*

2

»Dem Hilfsbedürftigen den notwendigen Lebensbedarf«
– Die Sozialreform der zwanziger Jahre und ihre Auswirkungen auf die Ausbildung und Arbeitsbedingungen der Fürsorgerinnen –

Die nach dem Krieg stattfindende Auseinandersetzung zwischen der zur Macht gelangten Sozialdemokratie, den Wohlfahrtsverbänden und den bürgerlichen Reformern über die Gestaltung der neuen Sozialpolitik und des Fürsorgewesens mündete in sozialen Reformen. Die neue Fürsorgegesetzgebung hatte mit der subsidiären Aufgabenverteilung zwischen öffentlicher und freier Fürsorge, mit der Fortführung des Individualisierungsprinzips und mit der Rechtskonstruktion einer Durchführungshoheit der kommunalen Körperschaften tiefgreifende Folgen auch für die Arbeitsbedingungen des weiblichen Außendienstpersonals in den Wohlfahrtsbehörden.

Die sozialpolitischen Kompromisse, die in der Weimarer Reichsverfassung ihren Niederschlag fanden, verwiesen die Fürsorge weiterhin in ihre defensive Funktion gesellschaftlichen Krisen gegenüber. Notwendige politische und strukturelle Bedingungen wurden nicht geschaffen, unter denen die Zielsetzung des Artikels 151 der Verfassung – ein »menschenwürdiges Dasein für *alle*« StaatsbürgerInnen zu schaffen – hätte in Angriff genommen werden können. Die Durchsetzung sozialpolitischer Prinzipien im Sinne des Artikels 151 wäre nur durch die forcierte Einrichtung »wirksamer staatlicher Instrumente und energischer (Kompetenz-)Eingriffe vor allem in die Bereiche der Wirtschaft und Innenpolitik möglich gewesen« (vgl. Münchmeier 1981, S. 72 u. 77).

Sozialpolitik nach dem Ersten Weltkrieg war nach dem Scheitern der Sozialisierung schließlich auch für die Sozialdemokratie die Fortsetzung sozialer Reformen mit dem Ziel eines »versöhnenden« Ausgleichs der Klassen unter der verfassungsmäßig verankerten »Gleichberechtigung« der Arbeitnehmer- und der Arbeitgeberorganisationen.

Die Sozialpolitik der Weimarer Republik war also nicht wesentlich mehr als die Fortsetzung dessen, was bürgerliche Sozialreformer der wilhelminischen Ära bereits vorbereitet hatten und von der Sozialdemokratie und den Gewerkschaften weitgehend übernommen wurde (vgl. Preller 1949).

Auf kommunaler Ebene wurden Verwaltungseinheiten in Form von Wohlfahrtsämtern eingerichtet, die die Ausführungsorgane der Fürsorgeverbände waren. Einzelne Wohlfahrtszentralen hatte es in großen Städten bereits seit der Jahrhundertwende gegeben. Die Kriegsereignisse führten ab 1916 zur Einrichtung von größeren Kriegsfürsorgeämtern durch die Zusammenfassung von Armen- und Weisenpflege, Kriegsbeschädigten- und Kriegshinterbliebenenfürsorge. Neben den eigentlichen Fürsorgeaufgaben hatten die Wohlfahrtsämter die zentrale Funktion, Mittel zu beschaffen, Stiftungen einzurichten und Kontakte zwischen einzelnen Trägern der Fürsorge herzustellen. Darüber hinaus galt es die Bevölkerung zu »erziehen, über Mißstände aufzuklären und über Ziele moderner Wohlfahrtspflege zu unterrichten« (Memelsdorff 1926).

Die Wohlfahrtsämter waren als städtische Deputationen organisiert und setzten sich nach den jeweiligen Gemeindeverfassungsregelungen aus Fachdezernenten, Haupt- und Fachausschüssen, ausführenden Kräften des Außen- und Innendienstes, ehrenamtlichen Helfern und Helferinnen und Mitgliedern der freien Wohlfahrtsverbände zusammen. Hauptaufgaben der Deputationen waren die Formulierung von konkreten Fürsorgeaufgaben und ihrer Fürsorgemethoden, die Festsetzung von Sachleistungen und Richtsätzen, Prüfungen des Haushaltsplanes und die Kontakte zu den Mittel bewilligenden städtischen Körperschaften. Unmittelbar leitende Vorgesetzte von Wohlfahrtsämtern waren Mitglieder des Magistrats (Verwaltungsfachleute, Juristen, vereinzelt auch Ärzte oder Gewerkschaftsbeamte), also in der Regel Kräfte, die keine soziale Ausbildung hatten.

Soziale Reformen sollten durch die Wohlfahrtsämter ein wirksames und dauerhaftes soziales Dienstleistungsnetz sicherstellen. Dieses Ziel stieß aber gleich mit dem Kriegsausgang und der Inflation auf Realisierungsschwierigkeiten. Die durch den Weltkrieg entstandenen hohen Schulden des deutschen Reichs addierten sich in der bis 1924 andauernden Demobilmachungsperiode zur Inflation und zur Arbeitslosigkeit, zu den sozialen und politischen Unruhen, Versorgungskatastrophen, Reparationszahlungen, begrenzten Rohstoffen, dem Mangel an gesunden Arbeitskräften und zur Vernachlässigung von Landwirtschafts- und Produktionsgütern – zugunsten der Rüstungsindustrie während des Krieges. Die armenpflegerischen Prinzipien des alten Unterstützungswohnsitzgesetzes von 1870/71 blieben aufgrund dieser Situation zunächst weiter bestehen.

Durch das Ermächtigungsgesetz vom Dezember 1923 und die Steuernotverordnung vom April 1924 erschloß die Reichsregierung den Ländern und Gemeinden erst wieder Einnahmequellen. Diese Verordnung ermöglichte erst die Neuorganisation des bis dahin stark zersplitterten Fürsorgesystems und damit die Inkraftsetzung der neuen Fürsorgegesetzgebung und zwar der Reichsfürsorgepflichtverordnung vom 13. Februar 1924 (in Kraft getreten zum 1. April 1924) mit den Reichsgrundsätzen über Vorraussetzung, Art und Maß der öffentlichen Fürsorge vom 4. Dezember 1924 (in Kraft getreten zum 1. Januar 1925) und dem Reichsgesetz für Jugendwohlfahrt vom 9. Juli 1922 (in Kraft getreten zum 1. April 1924).

Da die Reichsgrundsätze erst zum Januar 1925 in Kraft traten, begann die Umstrukturierung des Weimarer Fürsorgesystems also in vollem Umfang 1925. Einige diskriminierende Prinzipien der alten Armenpflege blieben aber durch das nie abgeklärte Abgrenzungsverhältnis zwischen Versorgungs- und Versicherungsregelungen und durch die Auskunfts- und Gehorsamspflicht der Bedürftigen gegenüber dem Wohlfahrtsamt weiterhin bestehen.

Die Reformen stellten zum einen zwar unbestreitbar eine Verbesserung der alten Armenpflegeprinzipien dar. Zum anderen »befriedeten« sie aber auch drohende Klassenauseinandersetzungen einer durch Krieg und Inflation psychisch wie physisch erschöpften und politisch gespaltenen Bevölkerung. Arbeitskräfte, die nicht mehr durch Familie, Versicherungen oder Selbsthilfeaktivitäten zur Reproduktion ihrer Arbeitskraft in der Lage waren, sollten durch staatliche Reproduktionshilfen auf niedrigstem Niveau »aufgefangen« werden.

Für die Finanzierung der entstehenden Fürsorgekosten mußten neben geringen Personalkosten, Vereinfachungen bürotechnischer Arbeitsvorgänge, Heranziehung Unterhaltspflichtiger, Einschränkungen teurer Anstaltsbetriebe, Individualisierung und Kontrolle vor allem auch effektive Fürsorgemethoden entwickelt werden. Dieser Prozeß der Umstrukturierung der alten Armenpflege verlief analog mit der allgemeinen Rationalisierungswelle in der Wirtschaft der zwanziger Jahre. Rationalisierung bedeutete nicht nur Erhöhung der industriellen Produktivität, sondern auch Neuorganisationen in den Verwaltungen durch Schematisierung, Arbeitsintensivierung, Disziplinierung und Kontrolle der Beschäftigten. Kostenintensive Spezial-Fürsorgezweige wurden schrittweise in die umfassendere Einheits- bzw. Familienfürsorge umstrukturiert und stellten damit eine Sparmaßnahme dar.

Die neue Organisationsform der Familienfürsorge war von einer doppelten Funktion gekennzeichnet. Einerseits stellte sie eine Reform alter Armenpflegeprinzipien dar. Zum anderen war sie eine gezielte kommunale Sparmaßnahme, denn die bis dahin zersplitterten Fürsorgebereiche wurden zusammengefasst. Die Familienfürsorge war gleichzeitig auch eine effektive Kontrollmöglichkeit von unterstützten Familien, in denen sich häufig gleich mehrere Spezialfürsorgerinnen die Klinke in die Hand gegeben – und meist ohne Kenntnis voneinander doppelte Arbeitsgänge durchgeführt hatten. Ideologisch begründet wurde die Familienfürsorge damit, daß die Familie als kleinste Zelle des Staates und aufgrund ihrer vermittelnden gesellschaftlichen Grundwerte menschlichen Lebens den Schutz von Staat und Fürsorge beanspruchen konnte. Den Auflösungserscheinungen der traditionellen Familienstrukturen durch die sozialen Erschütterungen (Industrie, Krieg, Inflation) wollte man sozialpolitisch durch eine – die »atomisierten« Familienmitglieder wieder zusammenfügenden – Familienfürsorge entgegenwirken.

Letztlich hieß das aber für die Familienfürsorgerinnen nicht viel anderes, als daß unter dem Sparzwang der Kommunen die neue Organisationsform bei annähernd gleichbleibender oder sogar reduzierter Personaldecke nur durch Arbeitsintensivierungen realisierbar war (vgl. Preußer 1983). Die Familienfürsorgerinnen hatten vor Ort gesellschaftlich erzeugte soziale Erschütterungen durch Überarbeit aufzufangen. Gleichzeitig wehrten sich aber Fürsorgeärzte und Verwaltungskräfte gegen die – mit der neuen Fürsorgemethode verbundenen – sozialpädagogischen Ansprüche der Familienfürsorgerinnen, die folgerichtig mehr Kompetenzen verlangten. Solche Widersprüche mußten Fürsorgerinnen allerdings mit sich allein austragen. Die Folge war ein erschreckend hoher Krankenstand der Fürsorgerinnen mit psychosomatischen Beschwerden, vor allem nervösen Erschöpfungszuständen.

Die Frau in der Gemeinde

Neue Bahnen, begründet im Jahre 1866 von Luise Otto-Peters und Auguste Schmidt.

Monatsblatt des Allgemeinen Deutschen Frauenvereins

(zugleich Verband für Frauenarbeit und Frauenrechte in der Gemeinde)

Herausgegeben von der Zentralstelle für Gemeindeämter der Frau, Frankfurt am Main

Schriftleitung: Jenny Apolant, Frankfurt a. M., Hochstr. 49 II. — Verlag: H. L. Brönner's Druckerei, Frankfurt a. M., Niddastr. 81
Jahres-Bezugspreis Mark 6.— / Einzelnummer 60 Pfennig — Anzeigen: einspalt. Klein-Zeile 80 Pfg., Wiederholungen Rabatt

Nr. 5   15. Mai 1920   55. Jahrg.

Akademisch gebildete Sozialbeamtinnen.

Von Alice Salomon.

Den ersten Frauen, die sich in Deutschland dem Studium der Nationalökonomie oder der Jurisprudenz zuwandten, erschien es ganz selbstverständlich, daß ihr Studium zu einer sozialen Betätigung führen müsse. Waren doch die Motive, die die ersten Frauen zum Studium trieben, in dem Wunsch verankert, den eigenen Geschlechtsgenossinnen in ihrem Kampf um bessere Daseinsbedingungen helfen zu können. Dabei dachten sie naturgemäß vor allem an eine Betätigung im Rahmen großer Wohlfahrtsorganisationen oder gemeinnütziger Unternehmungen. Die Möglichkeit, ein staatliches oder städtisches Amt zu erhalten, war außerordentlich begrenzt. Hie und da wurde eine Akademikerin als Fabrikinspektorin eingestellt. Einige Wohnungsinspektorinnen folgten. Darüber hinaus mußte die akademisch gebildete Frau sich selbst ihren Weg schaffen und innerhalb des sozialen Arbeitsfeldes ihre Stellung gestalten. Frieda Duensing hat einmal den sehr treffenden Ausspruch getan: „Die soziale Arbeit ist das Amerika der Frau." Die starke Persönlichkeit setzte sich auch in einem privaten Kreise durch, schuf ein Werk und fand durch das Werk die Stellung, die ihrem Können entsprach.

Die letzten 20 Jahre haben das Frauenstudium auf eine breitere Grundlage gestellt. Die Zahl der Nationalökonominnen und Juristinnen ist außerordentlich gewachsen. Aus einem Pionierstudium ist eine normale Berufsarbeit geworden. Die Anstellungsmöglichkeiten haben sich erweitert. Das Vorurteil gegen Frauenarbeit ist nicht nur bei den gemeinnützigen Körperschaften, sondern auch bei wirtschaftlichen Interessenvertretungen, bei Stadtverwaltungen und Behörden theoretisch überwunden. Die Kriegsjahre mit ihrem Männermangel haben schließlich die Stellung dieser Frauen geradezu revolutioniert. Selbst die Akademikerin, die soeben erst ihr Doktorexamen bestanden hatte, konnte leicht eine angesehene und gut bezahlte Stellung finden. Sie hatte die Auswahl. Sie konnte Bedingungen stellen.

Nach diesen Erfahrungen ist den Akademikerinnen der Gedanke, daß das Ziel ihres Studiums die soziale Berufsarbeit sei, würde, keineswegs mehr selbstverständlich. Andere Beweggründe treiben sie. Andere Möglichkeiten eröffnen sich ihnen. Dazu kommt noch, daß sie auf sozialem Gebiet heute mit einer Konkurrenz zu kämpfen haben, die vor 20 Jahren überhaupt nicht vorhanden war, mit der Konkurrenz der ausschließlich für den sozialen Beruf vorbereiteten, durch die sozialen Frauenschulen oder Wohlfahrtsschulen hindurch gegangenen Sozialbeamtin. Diese ist für junge Akademikerin häufig in der sozialen Berufsarbeit überlegen, jedenfalls sofern die Akademikerin sich nicht neben dem Universitätsstudium noch praktisch für den sozialen Beruf ausgebildet und besondere, für diese Arbeit notwendige sozialwissenschaftliche Kenntnisse angeeignet hat. Denn für die soziale Arbeit schlechthin ist das Studium nicht die geeignetste Vorbildung. Es bedarf unter allen Umständen der Ergänzung in praktischer Richtung. Auch falls diese vorhanden, kann man nicht ohne weiteres sagen, daß die Sozialbeamtinnen, die durch soziale Frauenschulen oder Institute vorgebildet sind, für die mittleren, die Akademikerinnen für die leitenden Posten in der Wohlfahrtspflege geeignet sind. Das akademische Studium vermittelt nicht im eigentlichen Sinne leitende Fähigkeiten, sondern eine umfassende wissenschaftliche Schulung, als die sozialen Frauenschulen mit ihren ausschließlich praktischen Zielen es können und beabsichtigen.

Aber gerade weil das akademische Studium eine umfassendere wissenschaftliche Ausbildung gibt, kann die Akademikerin für bestimmte Gebiete der sozialen Arbeit gar nicht entbehrt werden, soweit diese nämlich wissenschaftliche Methoden und wissenschaftliches Können erfordern. Es ist dabei vor allen Dingen an einzelne Posten in der behördlichen Wohlfahrtspflege zu denken, die noch alten Traditionen, aber auch nach dem Inhalt ihrer Aufgaben bisher in den Händen akademisch gebildeter Männer geruht haben, und die unter allen Umständen von Frauen besetzt werden müssen, wenn der Sinn des Frauenstimmrechts Erfüllung finden soll. Es handelt sich beispielsweise um die Dezernate in den Kommunalverwaltungen, die wie die Leitung der Wohlfahrtsämter, der Jugendämter, der Arbeits- und der Wohnungsämter die pflegende, fürsorgende Tätigkeit zu organisieren haben. Hier ist der gegebene Platz für die Frau, die wissenschaftliche Kenntnisse und soziale Erfahrung vereint. Hier ist der Platz, an dem die Frauenkraft sich am allerstärksten von gehobener Stelle für die Gemeinschaft nutzbar erweisen kann. Hier ist die Arbeit, um derentwillen die Frauen letzten Endes das Stimmrecht erstrebt haben. Hier ist die Möglichkeit gegeben, das mütterliche Wirken in das Gemeindeleben, das dessen so dringend bedarf, einzugliedern. Dem darüber muß man sich ganz klar sein, für den Mann bleiben diese Aufgaben in der Regel eine Berufsarbeit wie jede andere. Für ihn ist häufig das Dezernat Steuerwesen mindestens so angenehm wie das Waisenverwaltung. Diese Dezernate werden in den meisten Fällen nur von Frauen mit warmem, pulsierendem Leben, mit der ganzen Hingabe der Persönlichkeit erfüllt werden.

Wenn aber diese Gedanken, von denen die Frauenbewegung ausging und von denen ihr Streben dauernd erfüllt war, Wirklichkeit werden sollen, dann muß die junge Generation um diese Posten kämpfen und für diese Posten Opfer bringen. Auch die Früchte, für die der Samen von anderen gelegt worden ist, fallen

Abb. 28: *Zeitschriftenartikel von Alice Salomon über die professionelle Ausbildung von Fürsorgerinnen.*

Vom »weiblichen Kulturwillen«
– Die Soziale Frauenschule zwischen 1920 und 1932 –

Die Pioniereinrichtungen zur Ausbildung von Fürsorgerinnen waren vor dem Ersten Weltkrieg entstanden. Alice Salomon hatte angesichts einer Flut von Nachfolgeschulen Anfang 1917 die erste Konferenz Sozialer Frauenschulen initiiert, um eine Vereinheitlichung des sozialen Ausbildungswesens voranzutreiben. Auf dieser Konferenz entschloß man sich, Kriterien über Mindestforderungen für den Besuch einer Sozialen Frauenschule aufzustellen. Zur Erlangung der staatlichen Anerkennung der Schulen mußten auch verbindliche curriculare Vorstellungen für einen Lehrstoffkatalog formuliert werden.

Im Oktober 1920 entstand die erste gültige Prüfungsordnung für Soziale Frauenschulen in Preußen durch das neugebildete Ministerium für Volkswohlfahrt Berlin. Dieser Prüfungsordnung schlossen sich nach und nach die Schulen anderer Länder an.

Die Ausbildung an Wohlfahrtsschulen – wie die Sozialen Frauenschulen künftig auch genannt wurden – umfaßte nach dieser Ausbildungs- und Prüfungsordnung zwei Jahre Theorie und ein Jahr Praxis, eine Struktur also, die sich bis zum Ende der 60er Jahre erhalten hat. Die staatliche Anerkennung erhielten die Absolventinnen allerdings erst mit dem vollendeten 24. Lebensjahr. Dies war ein Ausdruck von Erwartungen an die seelische und ethische Reife der zukünftigen Fürsorgekräfte.

Die Entwicklung einer einheitlichen Ausbildungskonzeption mit verbindlichen Lehrplänen zur Erlangung der staatlichen Anerkennung der Sozialen Frauenschulen vollzog sich nach 1920 in enger Zusammenarbeit zwischen den Schulleiterinnen und dem neuen 1919 gegründeten Ministerium für Volkswohlfahrt unter den beiden Volkswohlfahrtsministern Adam Stegerwald und ab 1921 bis 1932 Heinrich Hirtsiefer.

Die Wohlfahrtsschulen waren von ihrem Selbstverständnis her an Problemen gesellschaftlicher Not orientierte Fachschulen für Frauen und damit Institutionen explizit »weiblichen Kulturwillens«. Sie wollten zum einen die Verbindung von Fachkenntnissen und Problemen der Fürsorgepraxis herstellen und zum andern die charakterliche Persönlichkeitsentfaltung der Schülerinnen mit der Perspektive eines sozialen Berufsethos entwickeln. Alice Salomon hatte sich immer dagegen verwahrt, lediglich perfekte Sozialtechnikerinnen für einen Beruf auszubilden, der für die Not aufgeschlossene Frauen brauchte. Die Motivation einer Fürsorgerin zur sozialen Arbeit bestand nach Salomon in einem zutiefst humanistischen Grundbekenntnis zur ausgleichenden Gerechtigkeit und Menschenliebe.

Im Gegensatz zu den alten Armenpflegeprinzipien und der Konzentration der Kriegswohlfahrtspflege auf Gesundheits- und Wirtschaftsfürsorge lag der Schwerpunkt der Weimarer Fürsorgetheorien bei einer über die materiellen Hilfsmaßnahmen hinausgehenden sozialpädagogischen Fürsorgeintention. Dementsprechend hatten die Fächer Pädagogik und Psychologie Gewicht erhalten. Die Unterrichtsinhalte wurden vor allem durch die geisteswissenschaftlich orientierte Pädagogik und Psychologie Hermann Nohls, Eduard Sprangers, Charlotte Bühlers, Sigmund Freuds und Alfred Adlers beeinflußt. Zur Ausbildung der Fürsorgerinnen gehörte jetzt also die »praktische Seelenkunde«, deren Erkenntnisse über die Persönlichkeitsstrukturen durch systematische psychologische Beobachtungen zu (sozial-)pädagogischen Schlußfolgerungen und damit zur Lösung eines Problems führen sollten.

Die Kommissionsentwürfe der Lehrplankonferenz 1928 bildeten die Grundlage für die 1930 vom Ministerium für Volkswohlfahrt herausgegebenen »Richtlinien für die Lehrpläne«. Wohlfahrtspflege, Volkswirtschaftslehre, Sozialpolitik, Psychologie, Pädagogik, Gesundheitslehre und Gesundheitsfürsorge, Rechts- und Verwaltungskunde und geschlossene Erziehungsfürsorge wurden als Kernfächer für eine soziale Ausbildung an Wohlfahrtsschulen verbindlich. Es wurde eine Mindeststundenzahl von 1260 theoretischen Unterrichtsstunden im Verlauf der zweijährigen Ausbildung festgelegt sowie ein Grundschema für die Lehranordnung von 8½ Monaten Theorie in der Unterstufe, 6 Monaten Praxis und 7 Monaten Theorie in der Oberstufe entworfen.

1932 existierten im gesamten Deutschen Reich 33 und in Preußen 21 (davon allein in Berlin 5 staatlich anerkannte) Soziale Frauenschulen (vgl. Statistisches Jahrbuch für den Freistaat Preußen 29/1933; Salomon 1927).

Die Sozialen Frauenschulen konnten nur existieren, indem die Fürsorgeschülerinnen auch Schulgeld aufbrachten. Zu diesem Schulgeld kamen für die auswärtigen Schülerinnen noch die Finanzierung der Unterkunft in einem Schulinternat hinzu. So mußte die soziale Ausbildung, die später im Beruf geringe Entlohnung und enormen physischen wie psychischen Verschleiß der Fürsorgerinnen mit sich brachte, noch in der Regel von diesen selbst finanziert werden. (vgl. zu der Entwicklung dieser Ausbildungsstätten die Schulchroniken der ersten drei Pioniereinrichtungen in Kap. 5).

Abb. 29: *Unterrichtsraum an der Katholischen Sozialen Frauenschule Heidelberg zum Beginn der zwanziger Jahre. Im Hintergrund (stehend) die Gründerin und Leiterin der Schule Maria Gräfin von Graimberg.*

Stoffplan aus den Richtlinien für die Lehrpläne an Wohlfahrtsschulen 1930

»(Unterstufe.)

I. Grundlegung für das Gesamtgebiet der Wohlfahrtspflege.

1. Einführung in das Ziel des Unterrichts und Darlegung des Zusammenhangs zwischen den verschiedenen Lehrfächern.

2. Kurze geschichtliche Einführung zum Verständnis der Wohlfahrtspflege der Gegenwart.

3. Wesen, Aufgaben und Ziel der Wohlfahrtspflege.
Der Begriff der Wohlfahrtspflege. Abgrenzung gegen Kultur-, Wirtschafts-, Sozialpolitik; die Wohlfahrtspolitik.
Die Aufgaben der Wohlfahrtspflege: Erhalten und Entwickeln der Kräfte, Verhüten, Heilen, Versorgen. Das Ziel der Wohlfahrtspflege: Befähigung des Hilfsbedürftigen zur Selbsthilfe, Sicherung der Persönlichkeit, ihre innere und äußere Festigung in der Kulturgemeinschaft des Volkes.

4. Der Mensch als Mittelpunkt aller wohlfahrtspflegerischen Maßnahmen.
Die verschiedenen Erscheinungsformen der von der Wohlfahrtspflege zu bekämpfenden Nöte und Gefahren. Ihre Verknüpfung im Einzelmenschen, in der Familie. Ursachen und Folgen der wirtschaftlichen, gesundheitlichen, geistigen und seelischen Not: allgemeine, im hilfsbedürftigen Menschen selbst liegende Ursachen; besonders in den Zeitverhältnissen und der Umwelt liegende Ursachen.
Folgen der Not: für den Einzelmenschen, für die Gesellschaft.

5. Triebkräfte der Wohlfahrtspflege.
Die Realfaktoren.
Die Ideen: Die religiöse Nächstenliebe in jüdischer, katholischer und evangelischer Auffassung. Die humanitäre Idee. Sozialistische Idee. Grundideen der staatlich geförderten und staatlichen (einschließlich kommunalen) Wohlfahrtspflege. Gedanken des Volkstums in der Wohlfahrtspflege.

6. Die aus diesen Triebkräften erwachsenden Organisationsformen und Träger.
Freie und öffentliche Träger der Wohlfahrtspflege.

7. Die Hauptzweige der Wohlfahrtspflege.
   a) Überblick über die Aufgaben der Gesundheitsfürsorge.
   b) Überblick über die Aufgaben der Jugendwohlfahrt und der Gefährdetenfürsorge.
   c) Überblick über die Aufgaben der wirtschaftlichen Wohlfahrtspflege.
   d) Überblick über die soziale Arbeit auf dem Gebiet des Arbeits- und Berufslebens.
   e) Überblick über die Aufgaben der Wohnungsfürsorge.

8. Formen und Methoden der Wohlfahrtspflege.
Formen der Hilfe: Rat, Beeinflussung, Dienstleistung, wirtschaftliche Unterstützung, offene, halboffene, halbgeschlossene Fürsorge, Anstaltsfürsorge.
Methoden: Individualisierende Fürsorge, Gruppenfürsorge, Versorgung.

II. Einführung in die wesentlichen Gesetzesbestimmungen.

Fürsorgepflichtverordnung.

Reichsjugendwohlfahrtsgesetz.

Sozialversicherung.

Versorgungsgesetzgebung.

(Oberstufe.)

III. Die Wohlfahrtspflege der Gegenwart nach Einzelgebieten.

A. Gesundheitsfürsorge.

B. Jugendwohlfahrtspflege und Gefährdetenfürsorge.

Anknüpfung an die in der Unterstufe erworbenen Kenntnisse über das Reichsjugendwohlfahrtsgesetz. Ausführliche Behandlung der Einzelgebiete:

Die Fürsorge für vormundschaftsbedürftige Kinder unter besonderer Berücksichtigung der unehelichen Kinder.

Der Pflegekinderschutz.

Die Fürsorge für sittlich verwahrloste und gefährdete Kinder und Jugendliche.

Die Jugendhilfe bei der Polizei.

Die Einrichtungen der halbgeschlossenen bzw. halboffenen Jugendwohlfahrtspflege.

Die Einrichtungen der geschlossenen Jugendwohlfahrtspflege.

Praktische Zusammenarbeit von offener, halboffener und geschlossener Jugendfürsorge.

Die Fürsorge für erwerbstätige Jugendliche.

Der Jugendschutz.

Die Jugendpflege.

Die Fürsorge für die weiblichen und männlichen Gefährdeten.

Soziale Gerichtshilfe. Strafgefangenen- und Entlassenenfürsorge.

C. Die allgemeine wirtschaftliche Wohlfahrtspflege.

Fortführung der in der Unterstufe erworbenen Kenntnisse über die Fürsorgepflichtverordnung und Versorgungsgesetzgebung.

Aufgabe, Organisation, Ausführung.

Einführung in die Aufgaben für Sondergruppen von Bedürftigen, z.B. Obdachlose, Wanderer.

D. Soziale Arbeit auf dem Gebiet des Arbeits- und Berufslebens.

Allgemeiner Überblick unter Hervorhebung der eigentlich fürsorgerischen Maßnahmen in bezug auf das Berufsleben, z.B. der Schwerbeschädigtenfürsorge und dergleichen.

IV A Die Wohlfahrtspflege in ihren sachlichen und organisatorischen Zusammenhängen.

Die Vereinheitlichung der Gesetzgebung in der öffentlichen Wohlfahrtspflege.

Die sozialen Ämter in Gemeinden, Gemeindeverbänden, Ländern und Reich. Aufbau und Zusammenwirken.

Der Aufbau der Wohlfahrtspflege unter dem Gesichtspunkt des Ideengehalts der verschiedenen Organisationen.

Die Bildung von Arbeitsgemeinschaften zwischen Fürsorge- und Versicherungsträgern. Zusammentreffen verschiedener Zweige der Wohlfahrtspflege in den öffentlichen Instanzen.

Das Wohlfahrtsamt für Stadt- und Landkreis und größere Bezirke als Typus der Zusammenfassung von Zweigen der Wohlfahrtspflege.

Die Familienfürsorge als Typus der Zusammenfassung in der Behandlung der Einzelfälle.

Neueste Entwicklungstendenzen in der Wohlfahrtspflege.

IV B Methoden der Praxis in der offenen Fürsorge und in der Anstaltsfürsorge.

Ermittlung und pflegerische Behandlung in der offenen Fürsorge. Durcharbeitung von Fällen unter dem Gesichtspunkt des sozialen Tatbestands und der individuellen Bedürfnisse einerseits, der Durchführung der Hilfe andererseits.

Methoden der Anstaltsfürsorge.«

(Abschrift aus: Richtlinien für die Lehrpläne an Wohlfahrtsschulen, Hrsg. Preußisches Ministerium für Wohlfahrt 1930)

Über die »Theorie des Helfens«
– Erste Lehrbücher für die Berufsausbildung –

Die Fachliteratur für den Unterricht an Sozialen Frauenschulen bestand zum einen aus – von den Lehrkräften selbst zusammengetragenen – Fachartikeln und einschlägigen Materialien zur Fürsorgegesetzgebung. Zum andern gab es erste spezielle Fachbücher mit Systematisierungsversuchen von Frauen wie Alice Salomon, Siddy Wronsky und Marie Baum.

Die Schaffenskraft Alice Salomons ruft heute noch Bewunderung hervor. Neben ihren zeitraubenden Aufgabenbereichen vor allem als Wohlfahrtsschulleiterin, Sozialreformerin und Frauenrechtlerin fand sie immer noch Zeit, schriftstellerisch und auch wissenschaftlich tätig zu sein. Sie verfaßte Hunderte von Fachartikeln und zahlreiche Fachbücher. Bereits 1909 schrieb sie eine erste »Einführung in die Volkswirtschaftslehre« als Lehrbuch für die soziale Ausbildung. Salomon zeigte darin einmal die engen Verflechtungen zwischen der Volkswirtschaft und sozialen Problemen auf. Zum andern behandelte sie Themen wie Arbeiterbewegung, Frauenbewegung und die Arbeiterinnenschutzgesetzgebung.

Das Buch »Leitfaden der Wohlfahrtspflege« verfaßte Alice Salomon 1921 für den berufskundlichen Unterricht der Frauenschulen. Sie arbeitete darin zunächst die Geschichte der Wohlfahrtspflege und des Fürsorgewesens nach dem Ersten Weltkrieg auf. Im dritten Teil systematisierte sie erstmals die bis dahin entwickelten unterschiedlichen Formen der Hilfestellungen in der geschlossenen, halbgeschlossenen und offenen Fürsorge für den Unterricht.

1923 gab Alice Salomon den Ratgeber »Öffentliche und private Wohlfahrtspflege« für Fürsorgeärzte, Sozialhygieniker, Versicherungsbehörden, Wohlfahrtsämter, Krankenkassen, Gewerkschaften und für Mitglieder der öffentlichen und privaten Fürsorgeträger heraus. Die Leiterin der Zentrale für private Fürsorge und des ersten (noch heute in Berlin existierenden) Archivs für Wohlfahrtspflege, Siddy Wronsky, stellte 1925 ein historisch hochinteressantes Lehrbuch »Quellenbuch zur Geschichte der Wohlfahrtspflege« der Fürsorgeöffentlichkeit vor, das an Sozialen Frauenschulen ein Grundlagenwerk wurde.

Eins der wichtigsten Bücher Salomons, »Soziale Diagnose«, erschien 1926. Das Buch gilt als der erste Ansatz einer »Theorie des Helfens«. Auf Vortragsreisen in die Vereinigten Staaten von Amerika zum Beginn der zwanziger Jahre hatte Alice Salomon das amerikanische social work kennengelernt und die Entwicklung von methodischen Ansätzen für professionelle Sozialarbeit verfolgt. Sie hatte dort auch die beiden Grundlagenwerke »Social diagnosis« und »What is social case work?« von Mary Richmond – Begründerin der amerikanischen Einzelhilfe – studiert.

Salomon unternahm mit ihrem Lehrbuch den Versuch, ihre Erfahrungen mit der amerikanischen Einzelhilfe für deutsche Wohlfahrtsverhältnisse zu verarbeiten.

Im selben Jahr gab Alice Salomon mit Siddy Wronsky das zweite Lehrbuch »Soziale Therapie. Ausgewählte Akten aus der Fürsorge-Arbeit« heraus. Hier wurde erstmals der Versuch unternommen, Aktenmaterialien aus der neu entwickelten Familienfürsorge, aus der Gesundheitsfürsorge und aus der Alkoholkrankenfürsorge für Unterrichtszwecke systematisch aufzuarbeiten. Ein ähnlich spannendes Lehrbuch für dieses Lehrgebiet »Sozialtherapie und Psychotherapie in den Methoden der Fürsorge« stellte Wronsky ein paar Jahre später (1932) mit Arhur Kronfeld zusammen.

1927 erschien ein weiteres programmatisches Werk, das für zukünftige Fürsorgerinnen wichtig wurde. Mitte der zwanziger Jahre legte Marie Baum – Oberregierungsrätin beim badischen Arbeitsminiserium – im Zuge der Umstrukturierung des zersplitterten Fürsorgewesens in einen umfassenden Fürsorgezweig, ein Konzept vor. In ihrem Buch »Familienfürsorge« führte Marie Baum theoretisch die drei bestehenden Bereiche Gesundheits-, Wirtschafts- und Jugendfürsorge zur Einheitsfürsorge zusammen, was in der Umsetzung in die Praxis der Weimarer Fürsorgebürokratie allerdings mit großen Schwierigkeiten verbunden blieb. Siddy Wronsky und Hans Muthesius verfaßten 1928 ein Lehrbuch über »Methoden individualisierender Fürsorge in Deutschland«. Schließlich führte sie zwei Jahre später die Ergebnisse noch einmal in einem Buch »Methoden der Fürsorge« zusammen.

Diese Lehrbücher stellten die ersten sozialpädagogischen und methodischen Systematisierungsversuche der zwanziger Jahre dar.

Darüber hinaus verwendeten die Lehrkräfte auch selbst zusammengestelltes Unterrichtsmaterial aus den zahlreichen Fürsorge-Fachzeitschriften und aus der damaligen psychologischen, pädagogischen, juristischen, philosophischen wie auch volkswirtschaftlichen Fachliteratur.

Lehrplan aus einer Ausbildungsbroschüre 1925

Stundenverteilungsplan 1. Jahr			Stundenverteilungsplan 2. Jahr		
Lehrfächer	Wochenstunden 1. Halbj.	2. Halbj.	Lehrfächer	Wochenstunden 1. Halbj.	2. Halbj.
Geschichte des deutschen Geistes- u. Verfassungslebens unter besonderer Berücksichtigung der politisch-wirtschaftlichen Entwicklung	2	2	Spezielle Volkswirtschaftslehre	2	2
Allgemeine Volkswirtschaftslehre	3	3	Arbeiterschutzgebung		2
Bürgerliches Recht, ausgewählte Kapitel aus Familien-, Vormundschafts-, Straf- und Prozeßrecht	2	2	Arbeitsmarktpolitik		2
Verfassung und Verwaltung von Gemeinde, Staat und Reich		2	Wohnungswesen und Wohnungsfürsorge	1	1
Geschichte und Theorie der Wohlfahrtspflege	1	2	Organisation und Aufgaben der Klein- und Schulkinderfürsorge		2
Geschichte und Geist der kirchlichen Fürsorgearbeit		2	Jugendpflege und Jugendbewegung		2
Kommunalpolitik	2		Wohlfahrtspflege, Organisation und Praxis der öffentlichen und privaten Fürsorge		2
Armenwesen und Übungen	2	1	Kriegswohlfahrtspflege		2
Sozialversicherungen	1	1	Fürsorge für Tuberkulöse, Trinker usw.		1
Psychologie und Pädagogik	2	2	Sozialversicherung mit Übungen	1	1
Ethik		1	Medizinal- und Sanitätspolizei		2
Allgemeine Hygiene	1	1	Einführung in die soziale Literatur		2
Infektionslehre		1	Volksbildungswesen		2
Physiologie und Hygiene der Ernährung	1	1	Sozialethik, soziale Ideen in der Entwicklung der Weltanschauungen	1	1
Methode und Technik der Statistik, Berufs- und Bevölkerungsstatistik		1	Psychologie des Nichtnormalen		2
Bürotechnik, Protokollführung, Akten- und Vereinsbuchführung	2	2	Übungen: 1. aus der Wohlfahrtspflege	1	1
Besichtigungen			2. aus der sozialen Hygiene	1	1
			3. aus dem bürgerlichen Recht	1	1
			4. aus Psychologie und Pädagogik	1	1
			5. aus Politik und Wirtschaftsgeschichte	1	1
			Besichtigungen Jugendfürsorge		2

Abb. 30: *Fächerkanon einer Sozialen Frauenschule um 1925.*

Abb. 31: *Einband des 1926 von Alice Salomon verfaßten Lehrbuches für Soziale Frauenschulen. Salomon legte hier erste konzeptionelle Ansätze einer »Theorie des Helfens« und Grundzüge einer sozialpädagogischen Methodenlehre vor.*

Abb. 32: *Alice Salomon zum Ende der zwanziger Jahre.*

Die Fürsorge

Zeitschrift für alle Zweige der öffentlichen und freien Wohlfahrtspflege

Schriftleiter:

E. Kürste
Direktor des Wohlfahrtsamtes des Berliner
Verwaltungsbezirkes Neukölln

Fr. Lembke
Oekonomierat, Geschäftsf. d. Deutschen Vereins
f. ländl. Wohlfahrts- u. Heimatpflege

Unter ständiger Mitarbeit von Fr. Ruppert, Ober-Regierungs-Rat im Reichsministerium des Innern, Mitglied des Bundesamts für das Heimatwesen

Die Zeitschrift erscheint am 5. und 20. jedes Monats. Der Bezugspreis beträgt vierteljährlich 4,50 Reichsmark, einzelne Nummern 1 Reichsmark. Man bestellt bei allen Postanstalten. Emil Hartmann, Buchdruckerei und Verlag G. m. b. H. Berlin SW. 68, Friedrichstr. 235

Zuschriften sind an den Verlag zu richten. Anzeigen: Die 4 gespaltene Millimeterzeile 15 Pfg., auch bei allen Anzeigenvermittlungen. Bei Wiederholungen Nachlaß. Beilagen in Ueberanzahl. Für unverlangte Manuskripteinsendungen muß Porto beigefügt werden.

(Nachdruck des Inhalts ist nur mit Genehmigung des Verlages und unter Quellenangabe gestattet.)

2. Jahrgang   Berlin, 20. September 1925   Nr. 18

Inhalt

Amerikanische Methoden der Ausbildung für die Wohlfahrtspflege. Von Dr. Alice Salomon ... 275
Das 3. Gesetz zur Abänderung des Reichsversorgungsgesetzes und anderer Versorgungsgesetze vom 28.7.25. Von Dr. E. Claeßens, Berlin ... 277
Noch einmal: Umstellung der Wohlfahrtsämter. Von Dr. rer. pol. Grabe, Geschäftsführer des Stadtjugendamts in Burg ... 278
Mitteilungen ... 280
Gesetzgebung und Verwaltung ... 282
Rechtsprechung ... 284
Zeitschriften- und Bücherschau ... 286
Rechtsauskünfte ... 287

Amerikanische Methoden der Ausbildung für die Wohlfahrtspflege.

Von Dr. Alice Salomon, Berlin.

Man kann die amerikanischen Schulen für soziale Arbeit nicht besuchen, ohne von einem grundlegenden Unterschied gegenüber den deutschen Unterrichtsmethoden beeindruckt zu sein. Er liegt in der viel stärkeren Betonung der geistigen Anleitung zur praktischen Arbeit, in der Entwicklung des Fachs, das man als Theorie der Fürsorgepraxis, als methodische Anleitung in der Technik der Ermittlung und Fürsorge bezeichnen kann. In Deutschland werden die Fächer „Wohlfahrtspflege, Jugendfürsorge" u. dgl. viel stärker unter dem Gesichtspunkt der geschichtlichen Entwicklung, der vorhandenen Gesetze und Einrichtungen, der beherrschenden Grundsätze behandelt. Einzelne Fürsorgefälle werden gleichsam zur Illustration des Grundsätzlichen gelegentlich herangezogen.

In Amerika ist der Unterricht vor allem auf die Erörterung der Fälle eingestellt. An ihnen werden die vorhandenen Hilfsmaßnahmen erläutert, die Gesetzesbestimmungen interpretiert, Richtlinien für die Behandlung im allgemeinen aufgestellt. Es ist induktive an Stelle der deduktiven Methode. Es ist ein Ausgehen von der Praxis — nicht die Praxis, die der einzelne Schüler jeweilig erlebt, sondern von der Praxis, die in den Akten der verschiedenen Wohlfahrtsstellen aufgezeichnet ist und die man der Gesamtheit der Schüler zugänglich macht, die man sie im Geist erleben läßt. Will man einen Vergleich mit der Ausbildungsmethode anderer Berufe ziehen, so handelt es sich um die Darstellung des einzelnen Falles innerhalb der Vorlesung oder Uebung — um einen Unterricht, bei dem an praktischen Fall demonstriert wird, so wie der Mediziner den Studenten seines Faches das Krankheitsbild und die Arten der Behandlung am einzelnen Fall demonstriert; so wie in der juristischen Ausbildung die Bedeutung und Handhabung des Gesetzes an einzelnen Fällen dargestellt wird.

Dieser Unterricht steht in Amerika im Mittelpunkt des gesamten Lehrplans. Man kann sich dort die Ausbildung zur Wohlfahrtspflege ohne diesen Ausgangspunkt gar nicht vorstellen. Jede andere Methode scheint dem Amerikaner zu „abstrakt".

Es spiegelt sich in dieser verschiedenen Betonung des Einzelfalls beim Unterricht eigentlich nur die Verschiedenartigkeit des Volkscharakters. Der Deutsche ist nachdenklicher, philosophischer. Es entspricht einem Bedürfnis unserer Schüler, für alles nach einer grundlegenden Theorie, nach der Entwicklung zu fragen. Es entspricht auch der Geistesart des Lehrenden, den Stoff weltanschaulich-unmäßig und historisch zu fundieren. Die praktische Seite der Sache wird bei uns nur zu leicht vom Unterricht weggeschoben und den Leitern der praktischen Arbeit überlassen. Nicht immer zum Nutzen der Sache. Denn im Drang ständiger Ueberlastung fehlt diesen oft die Möglichkeit, sich allgemeine Grundsätze für ihr Handeln zu bilden und ihre Erfahrungen zu sichten.

Der Amerikaner ist dagegen so sehr auf das Praktische und Zweckmäßige in all seinem Denken und Tun eingestellt, daß er auch der Vermittlung von Wissen, das sich im praktischen Leben auswirken soll, gar nicht anders als konkret anpacken kann. Das Systematische ist ihm nicht notwendige Voraussetzung, nicht Anfang und Endpunkt, nicht Selbstzweck, sondern steht in zweiter Linie.

Mit dieser Feststellung ist kein Werturteil über diese verschiedenen Methoden verbunden. Jede hat sicherlich ihre Vorzüge. Die Beschäftigung mit fremden Einrichtungen darf nie dazu führen, daß man sie ohne weiteres zu übertragen versucht. Denn sie sind auf einem bestimmten Boden erwachsen, entsprechen bestimmten Bedürfnissen. Aber es ist gut, zu prüfen, wie weit man aus ihren Anregungen entnehmen kann, ob Gedanken aus der frem-

Abb. 33: *Einband des von Alice Salomon und Siddy Wronsky 1926 herausgegebenen Lehrbuches für Soziale Frauenschulen.*

Abb. 34: *Siddy Wronsky, Leiterin des »Archiv(s) für Wohlfahrtspflege« Berlin (heute: »Deutsches Zentralinsitut für soziale Fragen«).*

Siddy Wronsky war neben Alice Salomon eine der innovativen Wegbereiterinnen der beruflichen Sozialarbeit der zwanziger Jahre in Deutschland (und später auch in Palästina). Das Bild zeigt Siddy Wronsky wahrscheinlich einen Tag vor ihrem Tod 1947 in Jerusalem.

Siddy Wronsky, geb. Neufeld (1883 – 1947)   LEBENSDATEN

1883	geboren in Berlin
1903	Lehrerin für behinderte Kinder und Mitglied bei den Berliner »Mädchen-und Frauengruppen für soziale Hilfsarbeit«
1908	Geschäftsführerin des »Archiv für Wohlfahrtspflege« Berlin, das sie bis 1933 leitet
1912	beginnt ein umfangreiches sozialreformerisches Lebenswerk mit zahlreichen Veröffentlichungen zur sozialen Arbeit
1917	Dozentin an der Sozialen Frauenschule Berlin
1919	organisiert Wronsky die »Lehrgänge in der Wohlfahrtspflege« zur Fortbildung von Lehrkräften an Sozialen Frauenschulen und Gründung eines Kinderheimes in Berlin
1920	bis 1923 Vorsitzende im deutschen Landesverband des Weltbundes Zionistischer Frauen (WIZO)
1922	Vorsitzende der Berliner »Zentrale für private Fürsorge« und damit auch Mitglied im Hauptausschuß des Deutschen Vereins für öffentliche und private Fürsorge
1925	bis 1933 Dozentin und Vorstandsmitglied an der von Alice Salomon gegründeten »Deutschen Akademie für soziale und pädagogische Frauenarbeit« Berlin. Redaktion der Fachzeitschrift »Deutsche Zeitschrift für Wohlfahrtspflege«. Vorstandsmitglied in der Jüdischen Kinderhilfe, der Jüdischen Arbeits-und Wandererfürsorge und in der Zentralwohlfahrtsstelle der deutschen Juden. Arbeitet gemeinsam mit Alice Salomon an der Entwicklung einer Methodenkonzeption für soziale Arbeit
1933/34	verliert Siddy Wronsky unter dem Zwang der Nationalsozialisten alle Ämter und emigriert nach Palästina. Sie kann ihre Privatbibliothek retten, die den Grundstock der central libary for social work in Jerusalem bildet. Sie richtet beim Waad Leumi eine »Zentralstelle für Kinderfürsorge« ein und ist in der Jugend-Alijah tätig
1934	eröffnet Wronsky in Jerusalem nach dem Vorbild der Alice Salomon Schule die erste SozialarbeiterInnen-Ausbildungsstätte in Palästina
1936	bis 1947. Sie verfaßt 1936 den Bericht über Sozialarbeit in Palästina für das Internationale Komitee Sozialer Frauenschulen in London. Später gründet sie den Berufsverband der SozialarbeiterInnen Palästinas und gibt die erste hebräischsprachige Fachzeitschrift für Sozialarbeit heraus
1947	in Jerusalem gestorben

Abb. 35: *Dr. rer. nat. Marie Baum.*

Marie Baum war als Oberregierungsrätin im badischen Arbeitsministerium Karlsruhe zuständig für die Prüfungen der badischen Fürsorgeschülerinnen. 1927 legte sie ihr programmatisches Konzept einer integrativen Familienfürsorge vor.

Marie Baum (1874 – 1964) — LEBENSDATEN

1874	geboren in Danzig. Studium der Chemie und Mathematik in Zürich
1899	Promoviert zum Dr.rer.nat. und arbeitet in einem Labor der Forschungs- und Patentabteilung der AGFA Berlin. Sie beginnt sich für soziale Fragen zu interessieren.
1902	erste Gewerbeinspektorin in Baden/ Karlsruhe
1907	bis 1916 Geschäftsführung des Vereins für Säuglingsfürsorge im Regierungsbezirk Düsseldorf.
1917	gründet und leitet Baum zusammen mit Gertrud Bäumer die »Soziale Frauenschule und sozialpädagogisches Institut« in Hamburg
1919	Dozentin an einer Jugendpflegeschule in Berlin. Abgeordnete der DDP in der Weimarer Nationalversammlung und Reichstagsmitglied bis 1921
1922	Oberregierungsrätin beim badischen Arbeitsministerium/ Abteilung Wohlfahrtspflege in Karlsruhe. In dieser Funktion ist sie bis 1926 für die Prüfungen der badischen Fürsorgerinnen zuständig
1925	Vorstandsmitglied in der (1925 von Alice Salomon gegründeten) »Deutschen Akademie für soziale und pädagogische Frauenarbeit« Berlin
1927	legt sie ihr richtungsweisendes Konzept der integrierten Familienfürsorge vor
1928	bis 1933 Lehraufträge an der Universität Heidelberg
1930	gibt sie zusammen mit Alice Salomon die über 200 Familien-Monographien heraus, die ein Teil des umfangreichen Forschungsprojektes der »Deutschen Akademie für soziale und pädagogische Frauenarbeit« waren
1946	1952 Lehraufträge an der Universität Heidelberg
1964	in Heidelberg gestorben

Zusammenstellung

der geltenden Vorschriften über die

staatliche Prüfung von Wohlfahrtspflegerinnen

in Preußen nach dem Erlaß vom 22. Oktober 1920
und den in Betracht kommenden
Ergänzungsbestimmungen.

*

Bearbeitet und zusammengestellt im Auftrage des

Deutschen Verbandes der Sozialbeamtinnen

von

Adele Beerensson

März 1926

Abb. 36: *Deckblatt einer Zusammenstellung der geltenden Prüfungsvorschriften für die Sozialen Frauenschulen der zwanziger Jahre.*

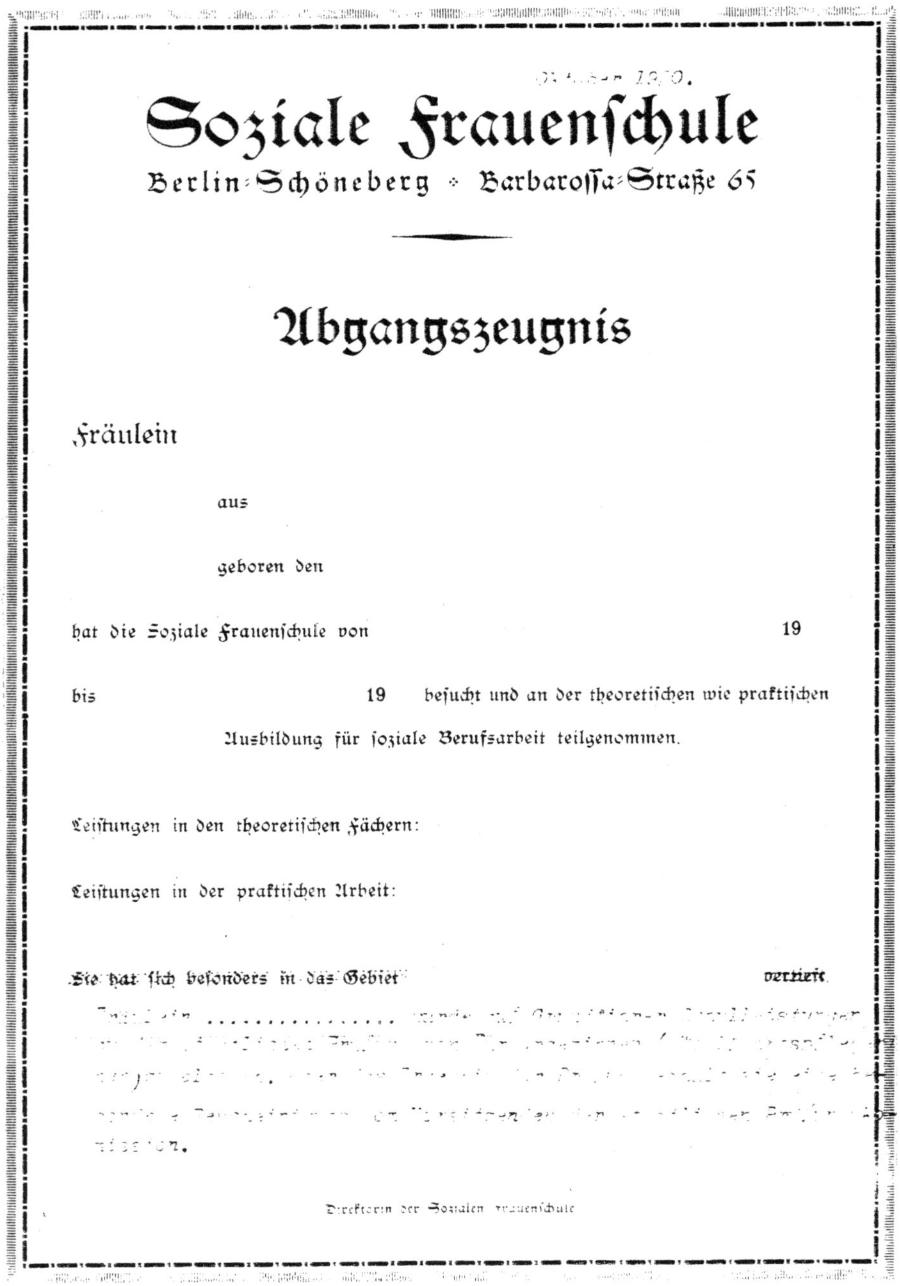

Soziale Frauenschule
Berlin-Schöneberg · Barbarossa-Straße 65

Abgangszeugnis

Fräulein

aus

geboren den

hat die Soziale Frauenschule von   19

bis   19   besucht und an der theoretischen wie praktischen Ausbildung für soziale Berufsarbeit teilgenommen.

Leistungen in den theoretischen Fächern:

Leistungen in der praktischen Arbeit:

Sie hat sich besonders in das Gebiet   vertieft

Direktorin der Sozialen Frauenschule

Abb. 37: *Formular eines Abgangszeugnisses der Sozialen Frauenschule Berlin/ »Alice-Salomon-Schule« während der zwanziger Jahre.*

Abb. 38: *Dr. hc. Helene Weber.*

Ehemalige Leiterin der Katholischen Sozialen Frauenschule Köln, Vorsitzende des Berufsverbandes der katholischen Fürsorgerinnen, Reichstagsabgeordnete und erste Ministerialdirigentin im preußischen Volkswohlfahrtsministerium. In Helene Weber besaßen die Leiterinnen der Sozialen Frauenschulen eine sozialpolitisch erfahrene und engagierte Referentin für die Studien- und Prüfungsordnungen. Nach dem Zweiten Weltkrieg gehörte Helene Weber zu den vier »Müttern« des Grundgesetzes der Bundesrepublik Deutschland.

Helene Weber (1881 – 1962) — LEBENSDATEN

1881	geboren in Elberfeld in einer Lehrer- und Politikerfamilie
1900	Lehrerinnenexamen in Aachen
1905	bis 1909 Studium in Geschichte, französische Philosophie und Sozialpolitik in Bonn und Grenoble
1909	bis 1916 Studienrätin in Bochum und Köln. Führendes Mitglied im Katholischen Deutschen Frauenbund
1916	gründet und leitet Weber die Katholische Soziale Frauenschule Köln (später Aachen)
1917	Herausgabe des ersten Berufsorgans der katholischen Fürsorgerinnen
1919	Mitglied der Zentrumsfraktion in der Weimarer Nationalversammlung und von 1924 – 1933 des Reichstages, Referentin im (1918 gegründeten) preußischen Ministerium für Volkswohlfahrt Berlin. In dieser Funktion war sie viele Jahre für die Studien- und Prüfungsordnungen der staatlich anerkannten Sozialen Frauenschulen zuständig.
1920	bis 1933 erste Ministerialrätin des Dezernats »Soziale Ausbildung und Jugendfragen«
1921	bis 1933 Redakteurin des überkonfessionellen Berufsorgans der Fürsorgerinnen »Soziale Berufsarbeit«
1922	Mitglied des preußischen Landtages
1925	Vorstandsmitglied in der im gleichen Jahr von Alice Salomon gegründeten »Deutschen Akademie für soziale und pädagogische Frauenarbeit« Berlin
1930	Ehrendoktorwürde der Universität Münster
1931	Erste Vorsitzende des »Bundes der Berufsorganisationen des sozialen Dienstes«
1933	Entlassung aus allen Ämtern nach dem Berufsbeamtengesetz
1934	bis 1945 in der katholischen Frauenarbeit aktiv, z.B. Vorsitzende des kirchlichen Vereins »Hedwig Bund«
1946	Mitglied des ersten von der britischen Militärregierung eingesetzten Landtages von Nordrhein-Westfalen
1948	Mitglied des Parlamentarischen Rates und eine der vier »Mütter« des Grundgesetzes der Bundesrepublik Deutschland. Vorstandsmitglied des Katholischen Deutschen Frauenbundes. Vorsitzende des Berufsverbandes der katholischen Fürsorgerinnen
1952	Vorsitzende des Müttergenesungswerkes
1953	Vorstandsmitglied im Deutschen Verband für öffentliche und private Fürsorge
1956	und 1961 Verleihung des Großen Bundesverdienstkreuzes mit Stern und mit Schulterband
1962	in Bonn gestorben

»Ritterlichkeit« statt »Väterlichkeit«
– Die soziale Ausbildung von Männern –

Erste geschlossene Kurse für männliche Betreuer in der freien Wohlfahrtspflege waren die Brüder- und Diakonenschulen der Inneren Mission durch Hinrich Wichern (1808 – 1881). Männer konzentrierten sich – von den ausschließlich ermittelnden Aufgaben als Armenpfleger bis zum Ersten Weltkrieg abgesehen – entweder auf sozialreformerisches Engagement, auf administrative Tätigkeiten als Vereinssekretäre, Anstaltsleiter, Verwaltungsbeamte oder auf die Arbeit in Erziehungsanstalten, Lehrlingsheimen oder Kinderschutzkommissionen. In der Regel kamen die Leiter von Jugend- und Wohlfahrtsämtern aus dem Rechts- oder Verwaltungssektor, hatten also keine soziale Ausbildung.

1923 richtete der Theologe Carl Mennicke in Berlin erstmals fünfzehnmonatige Jugendpflegekurse für Männer an der deutschen Hochschule für Politik ein. Hauptfächer waren Jugendpsychologie und Pädagogik, die von dem Psychologen Siegfried Bernfeld, dem Jugendrichter Herbert Franke, dem Juristen und Jugendamtsleiter Walter Friedländer und dem Stadtrat Hans Muthesius gelehrt wurden.

Ursprünglich waren diese Kurse nicht als Dauereinrichtung konzipiert worden, sondern Mennicke wollte lediglich vorübergehend männliche Kräfte für die Durchführungsaufgaben durch das neue Reichsjugendwohlfahrtsgesetz ausbilden. 1925 erweiterte man die Kurse zur Wohlfahrtsschule durch Wirtschafts- und allgemeine Fürsorge, die aber erst ab April 1927 als erste Ausbildungsstätte für Männer in Preußen versuchsweise die staatliche Anerkennung durch das Volkswohlfahrtsministerium erhielt.

Wenn in zeitgenössischen Schriften von der Ausbildung männlicher Wohlfahrtspfleger die Rede war, fällt auf, daß der Wohlfahrtspfleger neben jugendpflegerischen, also erzieherischen Tätigkeiten vor allem als für Leitungsfunktionen von Vereinen und Anstalten geeignet angesehen wurde und nicht für die unmittelbaren sozialpflegerischen Aufgaben des Außendienstes. Begründet wurde dies mit den Familienvaterpflichten der Männer und deren »anderen« Aufgaben in der Gesellschaft. Auch für Alice Salomon lag die geschlechtsspezifische Arbeitsteilung in der Fürsorge »in der Natur« wohlfahrtspflegerischer Aufgaben, bei denen es sich vorwiegend um eine Verknüpfung von betreuenden und pflegenden Tätigkeitselementen handelte, die auf das »Wesen« der Frau zugeschnitten seien.

Dabei berücksichtigte Salomon allerdings nicht, daß der Fürsorgerinnenberuf die Männer aufgrund der schlechten Arbeitsbedingungen, der fehlenden Aufstiegsmöglichkeiten und des geringen gesellschaftlichen Prestige kaum anzog. Salomon konnte sich männliche Fürsorger – wenn überhaupt – nur in einigen wenigen Bereichen (z.B. Anstalten für männliche Jugendliche) und in Leitungspositionen vorstellen.

Nachdem aber der soziale Beruf nach dem Ersten Weltkrieg langsam definierbarere Formen annahm, die neue Fürsorgegesetzgebung auch neue soziale Aufgaben nach sich zog und zahlreiche Männer des Kleinbürgertums aufgrund der Kriegs- und Inflationsereignisse beruflich entwurzelt und ökonomisch ungesichert waren, gewann der Beruf zunehmend an Attraktivität für Männer, die aus den »kulturell weniger entwickelten Schichten« stammten und/oder ehrenamtlich im Rahmen der Jugendbewegung in Erziehungsheimen, Strafanstalten etc. tätig waren. Es handelte sich also überwiegend um solche männlichen Kräfte, die aus der Jugendbewegung kamen, durch lange Heeresdienste keine Ausbildung hatten, in einer bürgerlichen Berufskarriere »gescheitert« waren oder aus dem unteren Verwaltungsdienst kamen.

Die Berufsaussichten für männliche Wohlfahrtspfleger waren angesichts der zahlreichen Absolventinnen Sozialer Frauenschulen – außer in den neu errichteten Jugendämtern, im jugendfreizeitpflegerischen Bereich und vereinzelt in der Alkoholkranken- und Kriegsbeschädigtenfürsorge – wenig günstig. Im Außendienst der Wirtschafts- und vor allem der Gesundheitsfürsorge blieben nach wie vor fast ausschließlich Fürsorgerinnen beschäftigt.

Ungeachtet des – in Relation zu den Frauen gesehenen – geringeren Interesses von Männern für den Wohlfahrtspflegeberuf begann sich allerdings eine Form des beruflichen Selbstverständnisses der vorwiegend jugendpflegerisch tätigen männlichen Sozialkräfte zu entwickeln. Die Form eines sozialen Berufsethos bei Männern in der Jugendpflegearbeit wurde unterschiedlich akzentuiert. Nach einem Aufsatz über »Seele und Technik« in der Fürorge war auch für männliche Fürsorger »Gefühlswärme« berufsethische Voraussetzung. Es wurde dabei allerdings einschränkend betont, daß es für einen Mann im Gegensatz zum weiblichen Geschlecht sehr viel schwieriger sei, sich in Hilfsbedürftige hineinzuversetzen. Nach Hermann Nohl konnte eine männliche Berufshaltung nicht eine »väterliche« – als Äquivalent zur mütterlichen – , sondern nur eine »ritterliche« sein, da das soziale Ethos bei der Frau auf spezifisch geschlechtlichen Kräften« – der Mütterlichkeit – basiere; Väterlichkeit im sozialen Beruf lehnte Nohl aus dem Grund ab, weil sie den Schutzbefohlenen gegenüber »onkelhaft« und »peinlich« wirke. Nohl war zu dem erstaunlichen Ergebnis gelangt, daß sich die patriarchale Gesellschaftsform überlebt habe und die daraus resultierende Väterlichkeit deshalb ein Anachronismus darstelle. So zeichne den männlichen Sozialbeamten – ähnlich den mittelalterlichen Ritterorden – Hilfsbereitschaft und Ritterlichkeit aus (vgl. Nohl 1926).

Die Konferenz Sozialer Frauenschulen Deutschlands hatte sich auf ihrer Lehrplankonferenz 1924 nicht für eine gemeinsame Ausbildung von Männern und Frauen ausgesprochen. Die Leiterinnen der Wohlfahrtsschulen befürchteten durch den männlichen Einfluß die Überfrachtung des Lehrplans mit verwaltungstechnischem Wissensstoff. Darüber hinaus befürchteten sie – nicht zu unrecht –, daß durch das Anwachsen männlicher Schülerzahlen künftig auch die Besetzung der Schulleitungspositionen an den Wohlfahrtsschulen durch Männer erfolgen könnte. In männlichen Schulkreisen wurde immer weniger akzeptiert, daß Soziale Frauenschulen mehrheitlich unter der Führung von Frauen standen. Auch die Leitung einer solchen Schule setze nach Auffassung männlicher Kollegen Führungsfähigkeiten voraus, die eigentlich nur bei Männern vorhanden seien.

Preußen nahm ab 1927 nur vereinzelt Männer in die Klassen der Sozialen Frauenschulen auf. Lediglich die Berliner Arbeiterwohlfahrtschule förderte ausdrücklich die gemeinsame Ausbildung von Männern und Frauen.

Es kam erst im April 1927 zu einem vom Volkswohlfahrtsministerium für Preußen herausgegebenen Erlaß über die staatliche Anerkennung von Wohlfahrtspflegern. Mit Rücksicht auf die unsicheren Berufsaussichten für männliche Fürsorger wurden zunächst nur wenige Schulen als Versuchsausbildungsstätten für Männer zugelassen. Voraussetzungen zum Schulbesuch waren analog den Sozialen Frauenschulen die Obersekundareife bzw. die schulwissenschaftliche Prüfung für Volksschulabsolventen, der Nachweis einer Berufsausbildung oder einer mehrjährigen Tätigkeit in der Wohlfahrtspflege und das abgeschlossene zwanzigste Lebensjahr. Die staatliche Anerkennung wurde wie bei den Fürsorgerinnen erst mit dem 24. Lebensjahr verliehen. Hauptfächer waren ebenfalls Jugend- und Wirtschaftsfürsorge. Lediglich Gesundheitsfürsorge wurde durch das Fach »Allgemeine Wohlfahrtspflege« ersetzt, da Männer in der Gesundheitsfürsorge in der Regel nicht eingesetzt wurden.

1932 existierten in Preußen vier staatlich anerkannte Wohlfahrtsschulen für Männer (zwei in Berlin, Hannover und Rostock).

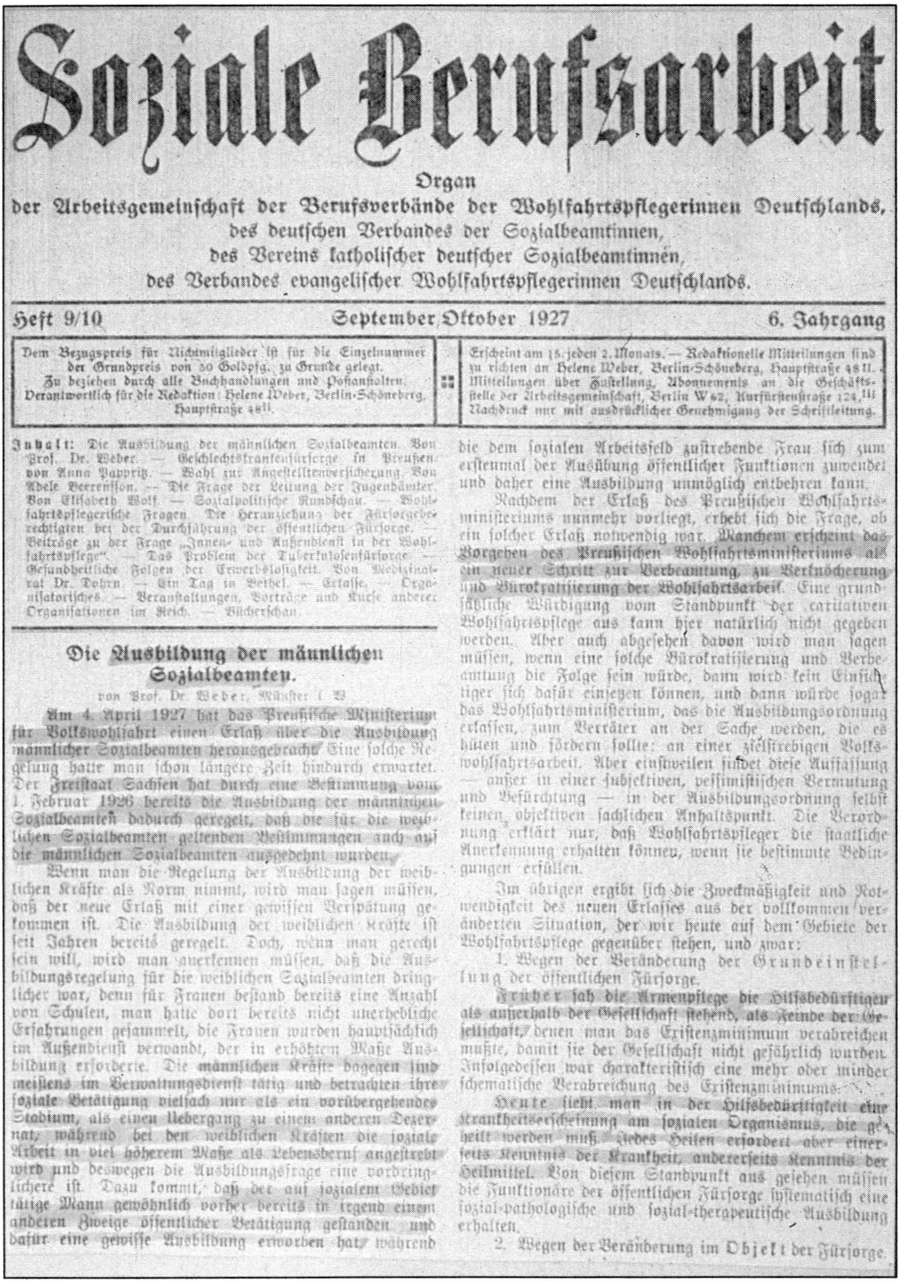

Soziale Berufsarbeit

Organ
der Arbeitsgemeinschaft der Berufsverbände der Wohlfahrtspflegerinnen Deutschlands,
des deutschen Verbandes der Sozialbeamtinnen,
des Vereins katholischer deutscher Sozialbeamtinnen,
des Verbandes evangelischer Wohlfahrtspflegerinnen Deutschlands.

Heft 9/10 September/Oktober 1927 6. Jahrgang

Dem Bezugspreis für Nichtmitglieder ist für die Einzelnummer der Grundpreis von 50 Goldpfg. zu Grunde gelegt. Zu beziehen durch alle Buchhandlungen und Postanstalten. Verantwortlich für die Redaktion: Helene Weber, Berlin-Schöneberg, Hauptstraße 48 II.

Erscheint am 15. jeden 2. Monats. — Redaktionelle Mitteilungen sind zu richten an Helene Weber, Berlin-Schöneberg, Hauptstraße 48 II. Mitteilungen über Zustellung, Abonnements an die Geschäftsstelle der Arbeitsgemeinschaft, Berlin W 62, Kurfürstenstraße 124 III. Nachdruck nur mit ausdrücklicher Genehmigung der Schriftleitung.

Inhalt: Die Ausbildung der männlichen Sozialbeamten. Von Prof. Dr. Weber. — Geschlechtskrankenfürsorge in Preußen. von Anna Pappritz. — Wahl zur Angestelltenversicherung. Von Adele Beerensson. — Die Frage der Leitung der Jugendämter. Von Elisabeth Wolf. — Sozialpolitische Rundschau. — Wohlfahrtspflegerische Fragen. Die Heranziehung der Fürsorgeberechtigten bei der Durchführung der öffentlichen Fürsorge. — Beiträge zu der Frage „Innen- und Außendienst in der Wohlfahrtspflege". — Das Problem der Tuberkulosenfürsorge. — Gesundheitliche Folgen der Erwerbslosigkeit. Von Medizinalrat Dr. Dohrn. — Ein Tag in Bethel. — Erlasse. — Organisatorisches. — Veranstaltungen, Vorträge und Kurse anderer Organisationen im Reich. — Bücherschau.

Die Ausbildung der männlichen Sozialbeamten.

von Prof. Dr. Weber, Münster i. W.

Am 4. April 1927 hat das Preußische Ministerium für Volkswohlfahrt einen Erlaß über die Ausbildung männlicher Sozialbeamten herausgebracht. Eine solche Regelung hatte man schon längere Zeit hindurch erwartet. Der Freistaat Sachsen hat durch eine Bestimmung vom 1. Februar 1926 bereits die Ausbildung der männlichen Sozialbeamten dadurch geregelt, daß die für die weiblichen Sozialbeamten geltenden Bestimmungen auch auf die männlichen Sozialbeamten ausgedehnt wurden.

Wenn man die Regelung der Ausbildung der weiblichen Kräfte als Norm nimmt, wird man sagen müssen, daß der neue Erlaß mit einer gewissen Verspätung gekommen ist. Die Ausbildung der weiblichen Kräfte ist seit Jahren bereits geregelt. Doch, wenn man gerecht sein will, wird man anerkennen müssen, daß die Ausbildungsregelung für die weiblichen Sozialbeamten dringlicher war, denn für Frauen bestand bereits eine Anzahl von Schulen, man hatte dort bereits nicht unerhebliche Erfahrungen gesammelt, die Frauen wurden hauptsächlich im Außendienst verwandt, der in erhöhtem Maße Ausbildung erforderte. Die männlichen Kräfte dagegen sind meistens im Verwaltungsdienst tätig und betrachten ihre soziale Betätigung vielfach nur als ein vorübergehendes Stadium, als einen Uebergang zu einem anderen Dezernat, während bei den weiblichen Kräften die soziale Arbeit in viel höherem Maße als Lebensberuf angestrebt wird und deswegen die Ausbildungsfrage eine vordringlichere ist. Dazu kommt, daß der auf sozialem Gebiet tätige Mann gewöhnlich vorher bereits in irgend einem anderen Zweige öffentlicher Betätigung gestanden und dafür eine gewisse Ausbildung erworben hat, während die dem sozialen Arbeitsfeld zustrebende Frau sich zum erstenmal der Ausübung öffentlicher Funktionen zuwendet und daher eine Ausbildung unmöglich entbehren kann.

Nachdem der Erlaß des Preußischen Wohlfahrtsministeriums nunmehr vorliegt, erhebt sich die Frage, ob ein solcher Erlaß notwendig war. Manchem erscheint das Vorgehen des Preußischen Wohlfahrtsministeriums als ein neuer Schritt zur Verbeamtung, zu Verknöcherung und Bürokratisierung der Wohlfahrtsarbeit. Eine grundsätzliche Würdigung vom Standpunkt der caritativen Wohlfahrtspflege aus kann hier natürlich nicht gegeben werden. Aber auch abgesehen davon wird man sagen müssen, wenn eine solche Bürokratisierung und Verbeamtung die Folge sein würde, dann wird kein Einsichtiger sich dafür einsetzen können, und dann würde sogar das Wohlfahrtsministerium, das die Ausbildungsordnung erlassen, zum Verräter an der Sache werden, die es hüten und fördern sollte: an einer zielstrebigen Volkswohlfahrtsarbeit. Aber einstweilen findet diese Auffassung — außer in einer subjektiven, pessimistischen Vermutung und Befürchtung — in der Ausbildungsordnung selbst keinen objektiven sachlichen Anhaltspunkt. Die Verordnung erklärt nur, daß Wohlfahrtspfleger die staatliche Anerkennung erhalten können, wenn sie bestimmte Bedingungen erfüllen.

Im übrigen ergibt sich die Zweckmäßigkeit und Notwendigkeit des neuen Erlasses aus der vollkommen veränderten Situation, der wir heute auf dem Gebiete der Wohlfahrtspflege gegenüber stehen, und zwar:

1. Wegen der Veränderung der Grundeinstellung der öffentlichen Fürsorge.

Früher sah die Armenpflege die Hilfsbedürftigen als außerhalb der Gesellschaft stehend, als Feinde der Gesellschaft, denen man das Existenzminimum verabreichen mußte, damit sie der Gesellschaft nicht gefährlich wurden. Infolgedessen war charakteristisch eine mehr oder minder schematische Verabreichung des Existenzminimums.

Heute sieht man in der Hilfsbedürftigkeit eine Krankheitserscheinung am sozialen Organismus, die geheilt werden muß. Jedes Heilen erfordert aber einerseits Kenntnis der Krankheit, andererseits Kenntnis der Heilmittel. Von diesem Standpunkt aus gesehen müssen die Funktionäre der öffentlichen Fürsorge systematisch eine sozial-pathologische und sozial-therapeutische Ausbildung erhalten.

2. Wegen der Veränderung im Objekt der Fürsorge.

Abb. 39: *Zeitschriftenartikel über die Berufskurse für männliche Sozialkräfte, die erstmals 1923 durch den Theologen Carl Mennicke an der Berliner Hochschule für Politik initiiert wurden.*

> Die neugeschaffene Stelle eines
>
> # Stadtfürsorgers
>
> beim Wohlfahrtsamte ist baldmöglichst zu besetzen. Der Fürsorger soll insbesondere in der Jugendfürsorge, in der Wohnungspflege und in der allgemeinen Familienfürsorge, soweit eine Ergänzung der Arbeit der Stadtfürsorgerinnen erforderlich ist (Strafentlassenen-, Trinkerfürsorge usw.), tätig sein. Erwünscht ist eine energische arbeitsfreudige Persönlichkeit, die in der Wohlfahrtspflege Ausbildung und Erfahrung und für die Bestrebungen der Jugendbewegung und der Körperkultur Verständnis hat.
>
> Bewerbungen mit selbstgeschriebenem Lebenslauf, Zeugnisabschriften, Angabe der Gehaltsansprüche, Bild und einem selbstverfaßten Aufsatz über „Die Aufgaben eines Stadtfürsorgers" sind bis spätestens 25. Juni 1925 zu richten an den
>
> Zittau, 22. Mai 1925.
>
> ## Stadtrat Zittau.

Abb. 40: *Stellenanzeige für einen Stadtfürsorger 1925.*

Auffällig an dieser Stellenausschreibung (gegenüber denjenigen für die Fürsorgerinnen) ist die Aufforderung nach Überlegungen des Bewerbers in bezug auf Gehaltsansprüche und inhaltliche Tätigkeitsvorstellungen. Es gab damals noch kaum Erfahrungen mit ausgebildeten männlichen Fürsorgekräften.

Soziale Ausbildung ist nicht nur »Privileg der Bürgerlichen«
– Die Arbeiterwohlfahrt-Schule in Berlin (1928) –

Die Arbeiterwohlfahrt veranstaltete ab Januar 1920 regelmäßig Kurse in Wohlfahrtspflege für ihre etwa 12 000 ehrenamtlichen, meist weiblichen Kräfte, die als Ermittlerinnen bei Jugend- und Wohlfahrtsämtern, im Waisenrat, als Schöffen an Jugendgerichten oder in Stadtkommissionen tätig waren. In dem Maße, in welchem Vorstellungen der Sozialdemokratie über Fürsorgegesetzgebung, deren Ausführungsbestimmungen und eine andere politische Zusammensetzung der Wohlfahrtsverwaltungen durchgesetzt werden sollten, wurde auch die Forderung nach einer eigenständigen sozialen Ausbildung für die AWO-Kräfte aktuell. Auf der ersten SPD-Reichsfrauenkonferenz in Görlitz 1921 wurde ein Antrag angenommen, nach welchem die Mitglieder der AWO sich künftig verstärkt dafür einsetzen sollten, daß den AWO-Fürsorgern und Fürsorgerinnen mehr Stellen geschaffen würden.

Durch die fehlenden Mittel konnte der Hauptausschuß für Arbeiterwohlfahrt aber erst im Oktober 1928 in einigen Räumen der SPD-Parteizentrale im Berliner Vorwärts-Gebäude die erste und auch einzige staatliche anerkannte Arbeiterwohlfahrtschule einrichten. Die Leitung der Schule lag in den Händen eines Kuratoriums, dem die Regierungsrätin und Mitglied des Hauptausschusses Hedwig Wachenheim, Marie Juchacz als Vorsitzende des Hauptausschusses und seine Geschäftsführerin Lotte Lemke, die Mitglieder des Reichstages Louise Schroeder und Gertrud Hanna, die Ministerialräte Dorothea Hirschfeld und Hans Maier, die Stadträte Klara Weyl und Walter Friedländer, die Stadtverordnete Minna Todenhagen und die beiden Lehrerinnen der Wohlfahrtsschule Erna Magnus und Suse Hirschberg angehörten.

Die AWO, die sich bewußt der Ausbildung von Menschen aus der Arbeiterschicht widmete, war durch die staatlichen Prüfungsvorschriften des Volkswohlfahrtsministeriums an die Form einer sozialen Ausbildung für Wohlfahrtspflegerinnen gebunden, hatte sich aber im Unterschied zu den bestehenden Sozialen Frauenschulen die politische Aufgabe einer grundsätzlichen »Demokratisierung der Wohlfahrtsverwaltungen« zum Ziel gesetzt.

Die Arbeiterwohlfahrt-Schule begann ihren Unterricht im Oktober 1928. Als für soziale Arbeit geeignet galten diejenigen Bewerber und Bewerberinnen, die sich bereits durch die Mitarbeit bei öffentlichen Aufgaben ausgezeichnet hatten. In den drei Lehrgängen der Arbeiterwohlfahrts-Schule zwischen 1928 und Ende 1931 mit insgesamt 137 Schülern, waren 115 Frauen und 22 Männer vertreten (vgl. Arbeiterwohlfahrt 6/1931, H. 8, S. 243).

Das Durchschnittsalter der TeilnehmerInnen war höher als das an den Sozialen Frauenschulen, da die meisten vor der Ausbildung bereits lange berufstätig waren und dies auch häufig während ihrer Ausbildungszeit sein mußten, um die Ausbildung finanzieren zu können. Im Unterschied zu den Sozialen Frauenschulen wurde deshalb die Notwendigkeit der Existenzsicherung insofern berücksichtigt, als der Unterricht in den Nachmittags- und Abendstunden stattfand.

Die AWO-Schule verstand sich als ein Teil der Arbeiterbewegung. Erklärte Absicht war die Durchsetzung sozialistischer Fürsorgeprinzipien. Die gemeinsame politische Schulung war deshalb zumindest während der Ausbildungsphase ein wichtiger Faktor. Es fanden z.B. regelmäßig Abendveranstaltungen statt, auf denen führende Sozialdemokraten Vorträge über die aktuelle politische Lage, zur Finanz- und zur Handelspolitik oder auch über Studienreisen in die Sowjetunion hielten. Erste Mai-Demonstrationen und Parteitage wurden gemeinsam besucht.

Das erste Examen fand im September 1930 vor dem Lehrkörper und zwei Staatskommissaren statt.

Angesichts der Erfolge dieser ersten staatlich anerkannten Ausbildungseinrichtung der Arbeiterbewegung hatte Hedwig Wachenheim noch 1931 voll Hoffnung geschrieben, daß die Schule nicht die einzige Ausbildungsstätte bleiben dürfe. Sobald sich die politische und wirtschaftliche Lage wieder entspannt hätte, sollten weitere Gründungen erfolgen.

Der vierte Ausbildungslehrgang der AWO-Schule 1931 – 1933 konnte nicht mehr zu Ende geführt werden, da im Juli 1933 unter dem Gleichschaltungszwang der Nationalsozialisten die Arbeiterwohlfahrt aufgelöst wurde.

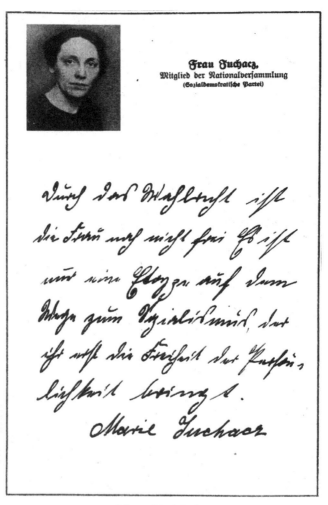

Abb. 41: *Marie Juchacz.*
[Text: Durch das Wahlrecht ist / die Frau noch nicht frei Es ist / nur eine Etappe auf dem / Wege zum Sozialismus, der / ihr erst die Freiheit der Persönlich- / keit bringt. / Marie Juchacz]

Marie Juchacz war zentrale Frauensekretärin der SPD, Reichstagsabgeordnete und 1919 Gründerin der Arbeiterwohlfahrt. Der »Hauptausschuss für Arbeiterwohlfahrt« verstand sich zum einen als eine Selbsthilfeorganisation der sozialistischen Arbeiterschaft. Zum andern setzte sich dieser freie Wohlfahrtsverband der Sozialdemokratie für eine Demokratisierung der Wohlfahrtsverwaltungen – sowie für Veränderungen staatlicher und kommunaler Fürsorgepolitik ein.

Marie Juchacz, geb. Gohlke (1879 – 1956)   LEBENSDATEN

1879	geboren in Landsberg a.d. Warthe in einer Handwerkerfamilie Die junge Marie Gohlke bringt sich durch als Hausangestellte, Fabrikarbeiterin, Krankenwärterin und Näherin
1906	Übersiedlung nach Berlin
1908	tritt sie der sozialdemokratischen Partei bei
1911	Delegierte bei der SPD-Reichsfrauenkonferenz in Jena
1917	wird Juchacz zentrale SPD-Frauensekretärin in Berlin und übernimmt die Schriftleitung der SPD-Frauenzeitschrift »Die Gleichheit«
1919	Mitglied der Weimarer Nationalversammlung und gehört von 1920 – 1933 dem Reichstag an. Gründung des »Hauptausschuss(es) für Arbeiterwohlfahrt«
1928	Mitglied im Gründungskuratorium der ersten sozialen Ausbildungsstätte der Arbeiterwohlfahrt in Berlin
1933	Flucht über das Saargebiet nach Frankreich und 1941 Emigration in die Vereinigten Staaten von Amerika. Unterstützt von Quäkern engagiert sie sich politisch in SPD-Emigrantenkreisen und ist sozialpolitisch aktiv
1949	Rückkehr nach Deutschland. Ehrenvorsitzende der Arbeiterwohlfahrt
1956	in Bonn gestorben

Abb. 42: *Hedwig Wachenheim.*

Hedwig Wachenheim, ehemalige – bei Alice Salomon ausgebildete – Fürsorgerin, Vorstandmitglied beim »Hauptausschuss für Arbeiterwohlfahrt« und sozialdemokratische Sozialpolitikerin. Sie war 1928 Leiterin und Dozentin der Arbeiterwohlfahrtsschule Berlin.

Hedwig Wachenheim (1891 – 1969)   LEBENSDATEN

1891	geboren in Mannheim in einer Bankiersfamilie
1912	bis 1914 Ausbildung als Fürsorgerin bei Alice Salomon
1914	Berufstätigkeit in der Mannheimer Fürsorge und im Nationalen Frauendienst in Berlin
1916	Aufruf zur Bildung einer eigenen Berufsorganisation der Fürsorgerinnen
1919	bis 1928 Stadtverordnete der SPD von Groß-Berlin. Mitglied im Gründungskomitee des »Hauptausschuss(es) für Arbeiterwohlfahrt«
1922	Regierungsrätin in der Reichsfilmprüfstelle Berlin
1926	Redakteurin der neugegründeten Zeitschrift »Arbeiterwohlfahrt«
1928	Leiterin und Dozentin an der ersten Ausbildungsstätte der Arbeiterwohlfahrt Berlin. Mandat im preußischen Landtag bis 1933
1933	Hedwig Wachenheim verliert alle Ämter und emigriert über die Schweiz und Frankreich 1935 in die Vereinigten Staaten von Amerika
1946	Rückkehr nach Deutschland. Mitglied der amerikanischen Militärregierung in der Wohlfahrtsverwaltung in Stuttgart und Frankfurt/M. Forschungsaufenthalt in Kalifornien
1969	gestorben in Hannover

Abb. 43: *Erste-Mai-Demonstration der Arbeiterwohlfahrtsschule vor dem Berliner Dom 1930.*

PRAXIS DER FÜRSORGE

Psychologische Schwierigkeiten und Möglichkeiten sozialistischer Wohlfahrtsarbeit.

Von Clara Henriques.

Die Arbeiterwohlfahrt legt mit Recht Wert auf die Mitwirkung einer möglichst großen Zahl von sozialdemokratisch oder freigewerkschaftlich organisierten Arbeitern männlichen und weiblichen Geschlechts bei der unmittelbaren Durchführung der öffentlichen Wohlfahrtspflege, und sie ist bestrebt, aus dieser Mitwirkung den höchstmöglichen Nutzen für eine zeitgemäße Entwicklung der Wohlfahrtspflege und zugleich für eine Befruchtung der gesamten politischen Arbeit zu ziehen. Gerade deshalb muß sie sich ernsthaft und eingehend mit allen Einwendungen befassen, die gegen diese Art der Betätigung erhoben werden.

Die Zweckmäßigkeit, ja Notwendigkeit einer Ergänzung der beruflichen Fürsorge durch ehrenamtliche Leistungen bedarf der Prüfung in einer besonderen Abhandlung und sei hier kurzerhand als bestehend vorausgesetzt. Auch sind in diesen Blättern bereits eine Reihe von Gründen angeführt worden, die den Proletarier als besonders geeignet für diese wohlfahrtspflegerische Ehrenarbeit erscheinen lassen*): vor allem der aus eigener Erfahrung gewonnene Einblick in die Lebensverhältnisse der Bevölkerungsschicht, der die meisten Hilfsbedürftigen entstammen. Demgegenüber wurden die Hemmnisse in der Hauptsache in äußeren Umständen gesehen, wie berufliche Arbeitsbelastung, eigene wirtschaftliche Sorgen, Ansprüche der Partei-, Gewerkschafts- und Genossenschaftsarbeit.

Was aber darüber hinaus immer wieder die Bereitwilligkeit der klassenbewußten Arbeiterschaft zur Mitwirkung in der Wohlfahrtspflege lähmt, das ist nicht allein eine überkommene, durch die moderne Gesetzgebung überholte Vorstellung von Wesen und Zweck der Wohlfahrtspflege, sondern wesentlich die, zwar meist nur von Kommunisten klar formulierte, aber doch auch in sozialdemokratischen Kreisen vertretene Anschauung, die Tätigkeit in der Wohlfahrtspflege trage die Gefahr der „Verbürgerlichung" in sich und entziehe nicht nur für den Augenblick der im engeren Sinne politischen Arbeit wertvolle Kräfte, sondern mache diese

Abb. 44: *Zeitschriften-Artikel einer Fürsorgerin der Arbeiterwohlfahrt 1927.*

»Seele versus Bürokratie«
– Die (mißlungene) Integration der Fürsorgerinnen in die Sozialverwaltung –

Im Selbstverwaltungsprinzip der Wohlfahrtsbehörden lag eine Wurzel für die gänzlich unterschiedlichen Anstellungsbedingungen von Fürsorgerinnen in den einzelnen Ländern des deutschen Reiches. Der Integrationsprozeß der weiblichen Sozialangestellten in die zügig ausgebauten kommunalen Sozialbehörden war für die häufig idealistischen Frauen äußerst desillusionierend. Sie mußten von Anfang an mit starker Ablehnung seitens der Verwaltungsbeamten fertig werden. Die Fürsorgerinnen brachten auch direkt nach dem Krieg noch wenig vergleichbare Ausbildungsbedingungen in ihre soziale Berufstätigkeit bei den Behörden mit, was ihre dienstliche Einordnung zusätzlich erschwerte. Sie hatten Tätigkeiten zu verrichten, die sich nicht unter bürokratische Prinzipien fassen ließen und schon deshalb auf Widerstand bei den Verwaltungsbeamten stoßen mußten. Der Beruf paßte nach dem Ausbau des öffentlichen Fürsorgesystems nicht in die dienstmäßigen Kategorien der unteren, mittleren oder höheren Verwaltungsdienstgrade hinein. Diese Sonderstellung der Fürsorgerinnen als »Fremdkörper« innerhalb der Verwaltungshierarchie war für die berufliche Stellung dieser Frauen in den 20er Jahren charakteristisch. Bis zum Ersten Weltkrieg wies eine Armenpflegeverwaltung nicht die bürokratischen Ausmaße auf, wie wir sie seit dem Ausbau der kommunalen Fürsorge kennen. Armen-, Weisen-, Säuglings-, Tuberkulosen-, Wohnungspflegerinnen etc. hatten neben ihren Hausbesuchen und Sprechstunden schriftliche Arbeiten bis in die Zeit des ersten Weltkrieges hinein noch vielfach selbst erledigt. Die Trennung von Fürsorge und Verwaltungstätigkeiten vollzog sich nach und nach unter dem enormen Zuwachs der Kriegsfürsorgeaufgaben während der zweiten Hälfte des Krieges und unter der Umsetzung von Fürsorgereformen.

Für die dienstliche Integration von weiblichen Sozialangestellten nach dem Krieg fehlten den Behörden noch Maßstäbe, wie sie sich für die Laufbahn von Verwaltungsbeamten hinsichtlich Vor- und Ausbildung, Bezahlung, Aufstiegsmöglichkeiten etc. bereits herausgebildet hatten. Die Sozialverwaltung ordnete ihre weiblichen Sozialangestellten zunächst in die untersten Stufen der Verwaltungshierarchie ein. Diese sogenannten »Gehilfinnenstellen« entsprachen dienst- und besoldungsrechtlich den kurzfristig angelernten Schreibkräften, städtischen Parkwächtern oder Tierpflegern. Bei den Großberliner Magistraten wurden akademisch ausgebildete Sozialdezernentinnen angestelltenrechtlich formal zwar mit den männlichen Kollegen (obere Sozialsekretäre, Inspektoren) gleichgestellt, aber praktisch finanziell um zwei bis drei Gehaltsklassen niedriger als diese eingestuft.

Der Berufsverband machte Eingaben an alle Stadtverwaltungen, diese Praxis der Einstufung ausgebildeter Fürsorgerinnen mit Schreibkräften künftig nicht einreißen zu lassen. Der Verband erarbeitete 1921 einen Forderungskatalog für die Integration der Fürsorgerin in die kommunalen Selbstverwaltungskörperschaften.

Hinsichtlich der Anstellungsbedingungen der preußischen Fürsorgerinnen herrschten zwischen den einzelnen Ländern und Städten des deutschen Reichs, zwischen Großstädten und den ländlichen Gegenden sowie zwischen Ost- und Westpreußen zum Teil erhebliche Unterschiede, die auf das bereits ausgeführte Selbstverwaltungsprinzip der Kommunen zurückzuführen sind.

An der hohen Anzahl der nicht ständig angestellen Frauen dokumentiert sich die Personalpolitik der Sozialbehörden. Bei den ständig angestellten älteren Fürsorgerinnen wurde vielfach versucht, diese Frauen möglichst nicht in das Dienstalter kommen zu lassen, in welchem die Übernahme in eine ruhegehaltsberechtigte Stellung hätte erfolgen müssen. So versuchten Behörden häufig, den älteren Fürsorgerinnen kurz vor Erreichung ihrer zehnjährigen Dienstzeit mit nichtigen Anlässen Kündigungsgründe zu unterschieben. Wenn Stadtverwaltungen einer geeigneten Sozialdezernentin die Leitung einer Wohlfahrtsabteilung nicht übergeben wollten und ein männlicher Kollege nicht zur Verfügung stand, wurde die Abteilung einfach einer anderen Abteilung zugeordnet, dessen Vorgesetzter das Ressort dann zusätzlich mit zu übernehmen hatte. Den kommunalen Verwaltungen wurde geraten, Fürsorgerinnen nicht mehr Kompetenzen einzuräumen als ihnen »zustanden«. Alle Tätigkeiten, die mehr waren als schlichte Ermittlungen von Notlagen, sollten von den Fürsorgerinnen nicht ausgeführt werden.

Die Fürsorgerinnen wurden auch nicht zu den Beratungen über organisatorische Fragen oder über die Art der jeweiligen Fürsorgeleistung des Wohlfahrtsamtes hinzugezogen. Sie arbeiteten fast ausschließlich weisungsgebunden als Ermittlerinnen im Außendienst. Dieser auf die Ermittlungstätigkeit beschränkte Dienst und die damit verbundene Arbeitsaufteilung zwischen Innendienst (männliche Verwaltungsbeamte) und Außendienst (Fürsorgerinnen) wurde von den Frauen immer wieder beklagt, allerdings ohne Erfolg.

Die Berufsorganisationen der Verwaltungsbeamten hatten sich immer wieder mit allen Mitteln gegen die Eingliederung der Fürsorgerinnen unter vergleichbare Gehalts- und Aufstiegsmöglichkeiten gewehrt. Die Fürsorgerinnen wurden mehr oder weniger als Konkurrentinnen betrachtet. Die realen Ursachen dieser Konkurrenzfurcht der Beamten lag aber in der vollständig desolaten Lage der Staatsfinanzen nach dem Krieg. Die Finanzsituation hatte sich während der Inflation mit einer rigiden Steuer- und Sparpolitik tiefgreifend auf die Gehälter vor allem der unteren und mittleren Beamten und Angestellten des öffentlichen Dienstes ausgewirkt. Löhne und Gehälter waren auf die Hälfte des Vorkriegseinkommens eingefroren worden. Mit der Personalabbauverordnung vom Oktober 1923 kam es auch für männliche Beamte zu einer Entlassungswelle, zu Versetzungen und weiteren Herabgruppierungen. So spürten die Erwerbstätigen des öffentlichen Dienstes ganz massiv die allgemeine Not nach dem Kriegsende. Weibliche und männliche Erwerbstätige wurden in dieser Situation gegeneinander ausgespielt. Der Mythos über die weibliche »Schmutzkonkurrenz«, der sich hartnäckig durch die gesamte Geschichte weiblicher Erwerbstätigkeit zieht, ignoriert die Gesetzmäßigkeiten geschlechtsspezifischer Arbeitsteilung, die sich in der Segmentierung des Arbeitsmarktes in »Frauen«- und »Männer«-Arbeitsplätze dokumentieren.

Bürodienstanweisungen schrieben vor, daß die Fürsorgerinnen alle Verhandlungen über Fälle oder Probleme mit dem übergeordneten Wohlfahrtsdezernenten nicht ohne Wissen ihres Bürovorgesetzten führen durften. Damit war jede direkte Einflußnahme auf die Gestaltung der Arbeit blockiert, da die Frauen nur über die wenig solidarischen Verwaltungsbeamten berufliche Ansprechpartner hatten. Der deutsche Verband der Sozialbeamtinnen forderte aufgrund dieser Situation immer wieder die volle Anerkennung der »Eigenart« der sozialen Berufsarbeit und eine dienstliche Unterstellung aller Fürsorgerinnen unter zuständige Fachdezernenten oder sogenannte Oberfürsorgerinnen, die die soziale Außendienstarbeit besser als die Verwaltungsbeamten beurteilen konnten.

Das Problem der Arbeitsaufteilung zwischen Innen- und Außendienst, welches eine schematische Trennung von Arbeitsgängen bedeutete, die ihrem Inhalt nach aber zusammengehörten, setzte sich trotz veränderter Fürsorgeorganisation unter der neuen Sozialgesetzgebung durch die gesamten zwanziger Jahre fort. Fürsorgerinnen klagten darüber, daß für die Verwaltungsbeamten z.B. zwischen einem Unterstützungsempfänger und einem Hundesteuerzahlenden kaum Unterschiede existierten. Sie begriffen nicht, daß es bei einer sozialen Behörde um Menschen ging und daß auch die alten Armenpflegeprinzipien aus dem Unterstützungswohnsitzgesetz keine Geltung mehr haben sollten. Die Ursachen für diese Konflikte lagen aber nicht nur darin, daß die beiden Geschlechter mit je unterschiedlichen Interessen aufeinander trafen, sondern darüber hinaus auch noch darin, daß zwei unterschiedliche Berufsgruppen und häufig auch noch zwei soziale Schichten (Bürgertum und Kleinbürgertum) konfrontiert waren.

Der hohe beruflich-ethische Anspruch an die Fürsorgerinnen war eine »menschliche Bürokratie« zu schaffen. Die große Enttäuschung idealistischer Fürsorgerinnen über das Mißverhältnis zwischen Anspruch und Wirklichkeit drückte die Oberfürsorgerin Dr. Ida Solltmann zum Ende der zwanziger Jahre folgendermaßen aus:

> »... Man braucht die Frauen ... nur dafür, daß sie in Wind und Wetter herumlaufen und die Elendsquartiere aufsuchen; man braucht sie nicht, weil sie der Wohlfahrtspflege ... die Form zu geben haben. ... Entscheidungen zu fällen, Selbständigkeit zu haben, ist nicht weiblich ... Also: wenn gesagt wird, die Frau sei für die Wohlfahrtspflege besonders geeignet, so heißt das: ... daß man sich ihrer nur bedient; daß sie Zubringerdienste zu leisten hat. Endlich, endlich soll man einmal Schluß machen mit den lyrischen Ergüssen! ... Denn sie sind nicht mehr und nicht weniger als wiederwärtig. Sie sind unwahr.« (Solltmann 1930, S. 3).

Bereits 1905 hatte der Sozialreformer und Leiter der Berliner Armendirektion Emil Münsterberg darauf aufmerksam gemacht, daß den damals zuständigen männlichen Quartierpflegern des Elberfelder Armenpflegesystems (1852) vielfach deshalb jede Arbeitsfreude genommen worden war, weil sie lediglich die reinen Ermittlungsgänge auszuführen hatten. Über die Formen und die Höhe von Unterstützungen konnten sie nicht mitentscheiden. Das Straßburger Bezirkssystem (1906) ließ demgegenüber ihre inzwischen nach und nach kurzfristig ausgebildeten Armenpflegerinnen und Armenpfleger an den Bezirksversammlungen teilnehmen. Bei der Organisation des öffentlichen Fürsorgewesens nach dem Ersten Weltkrieg wurden solche Erkenntnisse Münsterbergs nicht mehr berücksichtigt und eine strikte Trennung von Innen- und Außendienst vorgenommen.

So herrschte in der Praxis für die Fürsorgerinnen ein unauflöslicher Widerspruch. Einerseits wollten sie ihre sozial-pädagogischen Ansprüche umsetzen. Zum anderen machten die Verwaltungsbeamten ihnen genau diese professionelle Berufshaltung zum Vorwurf. Die Beamten brauchten lediglich Laufmädchen für ihre Ermittlungen bei den Unterstützungsbedürftigen. Zahlreiche Aufrufe und ausgearbeitete Vorschläge von Fürsorgerinnen und Berufsverbänden, diese Trennung von zusammengehörenden Arbeitsvollzügen aufzuheben, blieben aber ungehört.

Fürsorgerin

mit praktischer Erfahrung auf allen Gebieten der Wohlfahrtspflege und in der Säuglingsfürsorge zum sofortigen Antritt gesucht. Erwünscht ist Kenntnis der plattdeutschen Sprache. Anstellung auf Privatdienstvertrag; Besoldung nach Gruppe 5 der preußischen Besoldungsordnung, Ortsklasse A.

Bewerbungen mit Lebenslauf und Zeugnisabschriften bis 15. Juli 1925 erbeten.

Groß Flottbek bei Altona, den 18. Juni 1925.

Der Gemeindevorsteher.

Lüdemann.

Zwei Kreisfürsorgerinnen

mit staatlicher Anerkennung alsbald gesucht. Besoldung nach Uebereinkunft. Meldungen mit Lebenslauf, Zeugnisabschriften und Lichtbild an den

Kreisausschuß Templin.

Kreisfürsorgerin

Bewerberinnen müssen die staatliche Anerkennung besitzen und praktische Erfahrung in der Säuglings-, Tuberkulose-, Krüppel- und Schulkinderfürsorge nachweisen können. Radfahren erforderlich. Es sind dauernd große Strecken zu Rad zurückzulegen.
Besoldung erfolgt nach Gruppe 6.
Bewerbungen mit Lebenslauf, Zeugnisabschriften und amtsärztlichem Gesundheitszeugnis bis zum 25. August erbeten.

Lüchow, den 6. August 1925.
Der Vorsitzende des Kreisausschusses.

WOHLFAHRTSPFLEGERIN

mit staatlicher Anerkennung und Erfahrung in Familien- und Gesundheitsfürsorge, für den 1. April 1929 gesucht. Besoldung nach Gruppe 12b der sächsischen Besoldungsordnung. Grundgehalt 2500 bis 4800 RM., Wohnungsgeldzuschuß für Ledige in der ersten bis fünften Dienstaltersstufe 444 RM. und von der sechsten Dienstaltersstufe an 606 RM. Einstellung auf Privatdienstvertrag. Unter bestimmten Voraussetzungen besteht Anwartschaft auf Ruhegeld. Bewerbungen mit Lebenslauf, Zeugnisabschriften und möglichst Lichtbild bis 15. März 1929 an unser Personalamt erbeten.

STADTRAT ZWICKAU (SACHSEN).

Abb. 45: *Stellenanzeigen für Fürsorgerinnen 1925/29.*

Nürnberg, den 1. Dezember 1921

An den Herrn
Wohlfahrtsminister
Hirtsiefer
Berlin.

Hochgeehrter Herr Minister!

Verzeihen Sie mir, wenn ich mir erlaube, einige Zeilen an Sie, Herr Minister, zu richten.
Im Mai ds. J. reichte ich auf Veranlassung des Herrn Regierungspräsidenten König in Arnsberg i. W. ein Bewerbungsschreiben als Regierungsreferentin ein. Bei einer persönlichen Rücksprache mit dem Herrn Präsidenten erklärte er mir, dass er mich zur engeren Wahl vorgeschlagen habe, weil ich die nötigen Fachkenntnisse besäße, um eine Stellung als Regierungsreferentin bekleiden zu können. Nach verschiedenen Mitteilungen des Herrn Präsidenten ist die Wahl noch immer nicht entschieden. Ich warte schon 7 Monate auf eine Entscheidung. In Ungewissheit zu leben, ist furchtbar. Selbstverständlich macht man sich Hoffnung auf eine Anstellung, wo man bestimmt weiss, dass man seine Kenntnisse voll und ganz verwerten könnte.
Ich war in Haspe Fürsorgerin, hatte aber Schwierigkeiten zu bestehen, die darin bestanden, dass ich katholisch bin und auch weil ich von der Mehrzahl der Stadtverordneten, der Linken gewählt worden war. Ich liess mich beurlauben auf Anraten des Kreisarztes, begab mich nach München; durch Herrn Staatsrat Wimmer war es mir vergönnt, bei der Regierungsreferentin von Oberbayern für soziale Fürsorge zu praktizieren. Nach vierwöchentlicher Tätigkeit begab ich mich nach Nürnberg durch Verbindung meiner früheren Oberin, der Landesfürsorgerin, Frl. Schubert, von Bayern. Ich praktiziere nun hier am Jugendamt Nürnberg, um mich in den neuen Bestrebungen der Jugendpflege zu orientieren. Das Jugendamt in Nürnberg ist, wie bekannt, vorbildlich.
Ich wäre Ihnen, Hochgeehrter Herr Minister, sehr verbunden, wenn Sie eine baldige Entscheidung treffen würden. Als Weihnachtsgeschenk wünsche ich mir Gewissheit. Ich müsste mich in eine andere Stellung am 1. Januar begeben. Herr Minister, ich stehe seit 15 Jahren in bitterem Kampf ums Dasein; heimatlos. Meiner Energie und Fleiss habe ich es zu danken, dass ich aus eigener Kraft Examen auf Examen bestand, um mir eine Existenz zu erringen und um die erworbenen Kenntnisse voll und ganz zu verwerten, und dem Wohle des Ganzen zu dienen.
In der Hoffnung, dass Sie, Herr Minister, meine Bitte erfüllen werden und meine Zeilen nicht als ungehörig betrachten genehmigen Sie, Herr Minister,

den Ausdruck meiner vorzüglichen Hochachtung
ergebenst
M. L. F.

Abb. 46: *Bewerbungsschreiben einer Fürsorgerin an den Volkswohlfahrtsminister 1921.*

L e b e n s l a u f .

Geboren in Posen am 25.5.1904 . Staatsangehörigkeit preussisch.

Vater im Kriegsdienst gestorben.

Lyceum Posen 1910 bis 1920. Reifezeugnis.

Uebersiedlung als "Flüchtling" nach Berlin Herbst 1920 .

Als Volontärin in Kinderheim Norderney Sommer 1921 .

Handelsschule Berlin Januar bis Juni 1922 .
Kontoristin und Sekretärin in Berlin bis März 1923 .

Gärtnerlehrling auf Obst- und Gemüseplantage, Mecklenburg 8.23-12.24
" Topfpflanzen, Köln-Melaten 10.1.25-10.1.26

Examen als "Geprüfter Gärtnergehilfe" März 1926 .

Privatgarten Bremen, 5.-9.26
Mitarbeit im Ledergeschäft der Mutter, Berlin, 1926/27
Schülerin der Wohlfahrtsschule Berlin-Schöneberg, 10.27-6.29

Examen als Wohlfahrtspflegerin, Wirtschafts- und Berufsfürsorge, 6.29 .

Als Schülerin der Wohlfahrtsschule:

Bezirks- Wohlfahrts- und Jugendamt Prenzlauer Berg, Berlin 10.27-6.28

Berufsamt Berlin- Mitte (ganztägig) 8. und 9.28

Arbeitsamt Berlin-Mitte, 10.28-3.29

Als Praktikantin:

Wirtschaftliche Frauenschule Wolfratshausen bei München (Büro,Garten,Ha)
9.29-1.30
Heilpädagogisches Erholungsheim, Niehagen/Ostsee, Praktikantin und
Gärtnerin, 5.-8-30
Archiv für Wohlfahrtspflege, Wohnungsenquête, November 30

Fürsorgeerziehungsheim Waldfrieden, Berlin, 12.30-3.31

Jugendlandheim Gütergotz, Berlin, 5.-7-31

Staatliche Anerkennung als Wohlfahrtspflegerin, 1.7.31

Küchenhelferin, Freideutsches Lager, Klappholttal auf Sylt, 7.8.31

Winterhilfe Berlin-Mitte, 10.31-3.32

Kindererholungsheim Ostseebad Arendsee, Lager, Wäscheverwaltung,6.-9.32

Abb. 47: *Lebenslauf einer Fürsorgerin Jahrgang 1904.*

»Die Fürsorgerin ist keine Ermittlungsmaschine«
– Die Arbeitsbedingungen bei den Sozialbehörden –

Geregelte Berufsverhältnisse gab es für die Fürsorgerinnen aufgrund allgemeiner schwieriger Rahmenbedingungen der 20er Jahre nur etwa zwischen 1921 und 1928. Während dieser wenigen Jahre gestalteten sich die konkreten Arbeitsbedingungen in den einzelnen Ländern des deutschen Reiches recht unterschiedlich. Stadt- und Landräte setzten relativ willkürlich die Arbeitsbedingungen für die Frauen fest. Es existierten lediglich grobe Richtlinien.

Die Fürsorgerinnen arbeiteten überwiegend im Außendienst. Sie besaßen über die Art, das Maß und die Höhe der beantragten Fürsorgeleistungen keine Weisungsbefugnisse. Die Fürsorgerinnen blieben weitgehend Ermittlerinnen des Massenelends.

Eine exakte Zahl der berufstätigen Fürsorgekräfte der 20er Jahre läßt sich heute nur noch schwer ermitteln. Ich gehe nach eigenen Berechnungen aus von insgesamt 35 100 Sozialkräften (28 800 Frauen – 78%; 6300 Männer – 22%, vgl. Zeller 1987b, S. 138 f.), wobei der Grad der sozialen Ausbildung unberücksichtigt bleibt.

Nach einer Untersuchung zur dienstlichen Einordnung der kommunalen Fürsorgerinnen arbeiteten die meisten Frauen als Angestellte oder als sogenannte Hilfsangestellte mit kurzen Kündigungsfristen. In der freien Wohlfahrtspflege gaben sogar noch 1929 nur knapp 20% der befragten Wohlfahrtspflegerinnen an, überhaupt einen verbindlichen Arbeitsvertrag abgeschlossen zu haben. Dienstverhältnisse wurden dort in der Regel durch private Absprachen vereinbart.

Der Arbeitsalltag spielte sich überwiegend im Außendienst bei Wind und Wetter ab. Eine 48-Stunden-Woche war obligatorisch, die 60 bis 80-Stunden-Woche keine Seltenheit.

Das Arbeitsausmaß wurde nach Einwohnern bemessen. Auf eine Fürsorgerin konnten bis zu 30 000 Einwohnergebiete kommen. Auf dem Lande kamen für die Kreisfürsorgerinnen große Strecken in kleine Ortschaften hinzu, die mit dem Rad zurückgelegt werden mußten.

Der unregelmäßige Außendienst ließ auch die Ernährungsfrage ein Problem werden. Die Fürsorgerinnen konnten preiswerte Speisegaststätten während ihrer Arbeit nicht aufsuchen. So mußten sie in der Regel auf eine warme Mahlzeit verzichten. Darüber hinaus bekamen viele Fürsorgerinnen keine Aufwandsendschädigung für Bahnfahrten im Winter, Übernachtungen in Dörfern oder Verpflegungsgelder zurückerstattet.

Bei tuberkulösen Familien steckten sich die Frauen häufig an. Diese Infekte und allgemeine Erschöpfungszustände machten über die Hälfte aller Erkrankungen aus. Die Berufsverbände klagten immer wieder über den miserablen Gesundheitszustand ihrer Mitglieder.

Fürsorgerinnen waren in der Regel zwar krankenversichert, aber nur selten unfallversichert. Im Krankheitsfall wurde auch nicht automatisch Krankengeld gewährt. Das Gehalt wurde ab der sechsten Krankheitswoche nicht mehr weiter gezahlt. Hier mußten die Berufsverbände der Fürsorgerinnen harte Auseinandersetzungen mit Versicherungen und Arbeitgebern führen.

Der Verschleiß der körperlichen und psychischen Kräfte war aufgrund dieser Arbeitsbedingungen, existentieller Unsicherheiten und bei den kurzen Urlaubszeiten nicht verwunderlich. Hinzu kam der tägliche Einblick in die Not der betreuten Menschen. Fürsorgerinnen wurden deshalb schneller dienstunfähig. Nur wenige arbeiteten länger als 20 bis 25 Jahre in ihrem Beruf. Über 45jährige Fürsorgerinnen waren bei den Kommunen nur selten anzutreffen.

Was die Bezahlung dieser Frauen betraf, herrschte allgemein die Überzeugung vor, daß sie als »höhere Töchter« kaum auf Besoldung angewiesen seien. Außerdem stellte eine jahrzehntelange Berufstätigkeit für Frauen noch keine wirklich akzeptierte Lebensform dar. Ab 1920 gab es durch die preußische Besoldungsordnung Richtsätze für die tarifrechtliche Entlohnung der Fürsorgerinnen. Der deutsche Verband der Sozialbeamtinnen mußte diese aber erst durch mühselige Verhandlungen erkämpfen. Aber auch nach der Einführung von Richtlinien waren sie in den einzelnen Ländern nicht allgemein verbindlich. So konnten die Gehälter von Fürsorgerinnen bis zu vier Lohnstufen voneinander abweichen. Zu einer befriedigenden Lebensführung reichte aber das Einkommen kaum aus. Aus Schilderungen von Fürsorgerinnen wird deutlich, das über eine karge Existenz hinausgehende persönliche Bedürfnisse selten befriedigt werden konnten.

Die Mietbelastung betrug für ein möbliertes Zimmer mit Frühstück durchschnittlich 40 bis 50% des monatlichen Gehaltes.

In der Personalpolitik der Kommunen zeigte sich die allgemeine Einstellung einer als beliebig disponibel eingeschätzten weiblichen Arbeitskraft gegenüber. Die Berufsverbände der Fürsorgerinnen waren zu schwach,

Ansprüche wirksam geltend zu machen. Gewerkschaftlich wollten sich die Fürsorgerinnen (mit Ausnahme der Kolleginnen der Arbeiterwohlfahrt) nicht organisieren. Die überwiegend bürgerlichen Frauen fürchteten in den »Klassenkampf« hineingezogen zu werden. Die soziale Berufsethik dieser Frauen schloß zwar auch Forderungen nach Verbesserungen der Arbeitsbedingungen ein. Vorherrschend blieb aber die Durchsetzung des »Versöhnungs«-Gedankens zwischen den gesellschaftlichen Schichten. Fürsorgerinnen waren als Angehörige des Bürgertums der festen Überzeugung, daß vor allem eine »geistige Erneuerung« der Menschen soziale Veränderungen in Gang setzen könne.

Persönliche Schilderungen in Tagebuchaufzeichnungen und in den Berufsorganen zeigen uns heute in bedrückender Deutlichkeit vor allem zum Ende der zwanziger Jahre eine allgemeine Resignation dieser Fürsorgerinnen. Sie konnten das Massenelend in der Regel nur feststellen. Aufgrund der großen Überbelastung im Berufsalltag fanden diese Frauen keine Kraft mehr, sich die eigentlichen Ursachen dieses täglich erlebten Elends der Menschen vor Augen zu führen. Ihre subalterne dienstliche Stellung in den Wohlfahrtsbehörden und ihre idealistischen Vorstellungen von einer weiblich aufopfernden Berufshaltung versperrten zudem auch offensiv politische Handlungsstrategien in Parteien und Berufsorganisationen.

Diese Arbeitsbedingungen werfen auch die Frage nach der Alterssicherung auf. Bei den freien Wohlfahrtsverbänden war es damals eher möglich, alte Fürsorgerinnen aufzunehmen, indem unbare Altershilfen in Form von freier Station und Verpflegung gewährt wurden. Bei den kommunalen Fürsorgerinnen verfügten nur etwas über die Hälfte über eine feste Altersversorgung durch Ruhegelder. Die anderen Kolleginnen waren auf die äußerst niedrigen Sätze der Angestelltenversicherung angewiesen, die zum Leben kaum ausreichten. Bei früher Erwerbsunfähigkeit oder Arbeitslosigkeit wurden viele Fürsorgerinnen vor allem zum Ende der zwanziger Jahre selbst zum »Fall« der Krisenfürsorge. Fehlende finanzielle Reserven, die geringen Gehälter und die häufige Unterstützung naher Angehöriger ließ die Vorsorge für die nicht berufstätigen Jahre zum bedrückenden Problem werden. Fürsorgerinnen wurden von den Sozialbürokratien mit ihrem »weiblichen Arbeitsvermögen« kostensparend während ihrer Berufsjahre »verwertet« und danach schlicht sich selbst überlassen.

Aufgrund der unzumutbaren Arbeitsbedingungen brachten die weiblichen Abgeordneten aller Parteien 1925 die Situation dieser Frauen sogar in eine

Reichstagsdebatte ein. Die Parlamentarierinnen appellierten an die Fürsorgeverbände und Sozialverwaltungen, den Anforderungen dieses harten Berufs endlich mehr Rechnung zu tragen.

Nachdem die Nachrichten über körperliche und seelische Zusammenbrüche bei Fürsorgerinnen nicht abreißen wollten, veranlaßte schließlich das Volkswohlfahrtsministerium eine umfangreiche Fragebogenaktion unter 3000 Fürsorgerinnen in Preußen. Es sollte die – eigentlich hinreichend bekannte – berufliche Lage dieser Frauen erhoben werden. Die Ergebnisse wurden von Martha Heynacher in einer Schrift des Deutschen Vereins für öffentliche und private Fürsorge zusammengetragen (vgl. Heynacher 1925).

Diese breit angelegte Darstellung bildete dann einen Themenschwerpunkt auf dem 39. Deutschen Fürsorgetag, der im Oktober 1925 in Breslau stattfand. Die TeilnehmerInnen, unter denen sich u.a. Alice Salomon, Adele Beerensson, Marie Baum, Hedwig Wachenheim, Carl Mennicke und Heinrich Klumker befanden, gelangten allerdings über anklagende Töne kaum hinaus.

Das Volkswohlfahrtsministerium ließ sich zur Berufslage der Fürsorgerinnen auch nicht viel mehr einfallen, als in Berlin spezielle Turnkurse für Fürsorgerinnen anzubieten. Der körperlichen Erschöpfung sollte durch gezieltes Bewegungstraining entgegengewirkt werden. Diese Turnkurse konnten allerdings nur von wenigen Fürsorgerinnen wahrgenommen werden, da für derartige »Kur« Veranstaltungen von den Amtsleitern keine Dienstbefreiung gewährt wurde.

Gertrud Bäumer schrieb 1930 schließlich bitter, daß es nach der Fragebogenaktion des Ministeriums wieder »ziemlich schweigsam« um die Fürsorgerinnen geworden sei. Konsequenzen habe man aus den Erkenntnissen keine gezogen (vgl. Bäumer 1930).

Abb. 48: *Familienfürsorgerin und Praktikantin (der Sozialen Frauenschule) in der Wohlfahrtsstelle des Landesjugendamtes Berlin während der zwanziger Jahre.*

„§ 1
Die Familienfürsorge ist die zusammengefaßte Außenfürsorge des Wohlfahrts- und Gesundheitsamtes und dient der Förderung des Familienwohles.

§ 2
Sie wirkt auf folgenden Gebiete mit:
1. Mutterschutz vor und nach der Geburt
2. Wohlfahrt der Säuglinge
3. Wohlfahrt der Kleinkinder
4. Wohlfahrt der im schulpflichtigen Alter stehenden Jugend außerhalb des Unterrichts
5. Wohlfahrt der schulentlassenen Jugend
6. Fürsorge der Krüppel
7. Schutz der Pflegekinder, Vormundschaftswesen, insbesondere Tätigkeit des Gemeinderates. Fürsorge für hilfsbedürftige Minderjährige, Schutzaufsicht. Fürsorgeerziehung und Jugendgerichtshilfe gemäß den Bestimmungen des Reichsjugendwohlfahrtsgesetzes, den diesbezüglichen Ausführungsbestimmungen und den Vereinbarungen mit der freien Wohlfahrtspflege.

8. Fürsorge für Tuberkulose
9. Fürsorge für Gemüts- und Nervenkranke, Trinker usw.
10. Fürsorge für wirtschaftliche Hilfsbedürftige
11. Wohnungspflege ...

§ 5
Aufgaben der Familienfürsorgerin im einzelnen sind:
1. Die häusliche Pflege (...)
Es müssen besucht werden:
   a) alle unehelichen Neugeborenen, möglichst bald, spätestens 8 Tage nach Kenntnis der Geburt;
   b) alle unehelichen Kinder während des ersten Lebensjahres mindestens vierwöchentlich, bei Bedarf öfter;
   c) alle unehelichen Kinder vom 2. bis 6. Lebensjahre vierteljährlich, gegebenenfalls öfter;
   d) Pflegekinder entsprechend den gesetzlichen Bestimmungen und Verordnungen;
   e) alle ehelichen Säuglinge grundsätzlich im 1. Monat nach der Geburt und weiterhin je nach Lage der häuslichen Verhältnisse; alle ehelichen Kleinkinder je nach Bedarf entsprechend den häuslichen Verhältnissen.
   Die Familienfürsogerin hat die im Preußischen Wohnungsgesetz vom 28. März 1918, Art. 6 bezeichneten Befugnisse der Wohnungsaufsichtsbeamten.
   Rein pflegerische Arbeit, insbesondere Kranken- und Hauspflege, sowie Behandlung und Untersuchungen, gehören nicht zu den Aufgaben der Familienfürsorgerin.

2. Mitarbeit bei ärztlichen Beratungen und Untersuchungen und Abhaltung allgemeiner Sprechstunden. ...
   Die Fürsorgerin hält in ihrer Geschäftsstelle allgemeine Sprechstunden ab. Die Beratung erstreckt sich auf soziale Hilfsmöglichkeiten, namentlich der behördlichen und freien Wohlfahrtspflege und der Sozialversicherung, sowie auf Vermittlung zu den genannten Hilfsmöglichkeiten. Die allgemeinen Sprechstunden sind verbunden mit einer besonderen Beratung werdender und ehelicher Mütter.

3. Anleitung ehrenamtlicher Hilfskräfte der Familienfürsorge und Zusammenfassung der Außenarbeit gemäß Vereinbarung mit den Vertretern der freien Wohlfahrtspflege.

4. Veranstaltung von Mütter- und Elternabenden
   Diese dienen der Pflege des Gemeinschaftssinnes und der hauswirtschaftlichen und mütterlichen Schulung der Frauen. Ihre Veranstaltung im einzelnen ist dem Ermessen der Fürsorgerin anheimgestellt.

5. Die Fürsorgerin verfaßt die notwendigen Schriftsätze. Sie führt eine Fürsorgekartei und die monatlich abzuliefernde Familienfürsorgestatistik."

Abb. 49: *Beispiel einer Dienstanweisung für die kommunale Familienfürsorge 1925.*

Abb. 50: *Wohlfahrtsstelle des Landesjugendamtes Berlin während der zwanziger Jahre.*

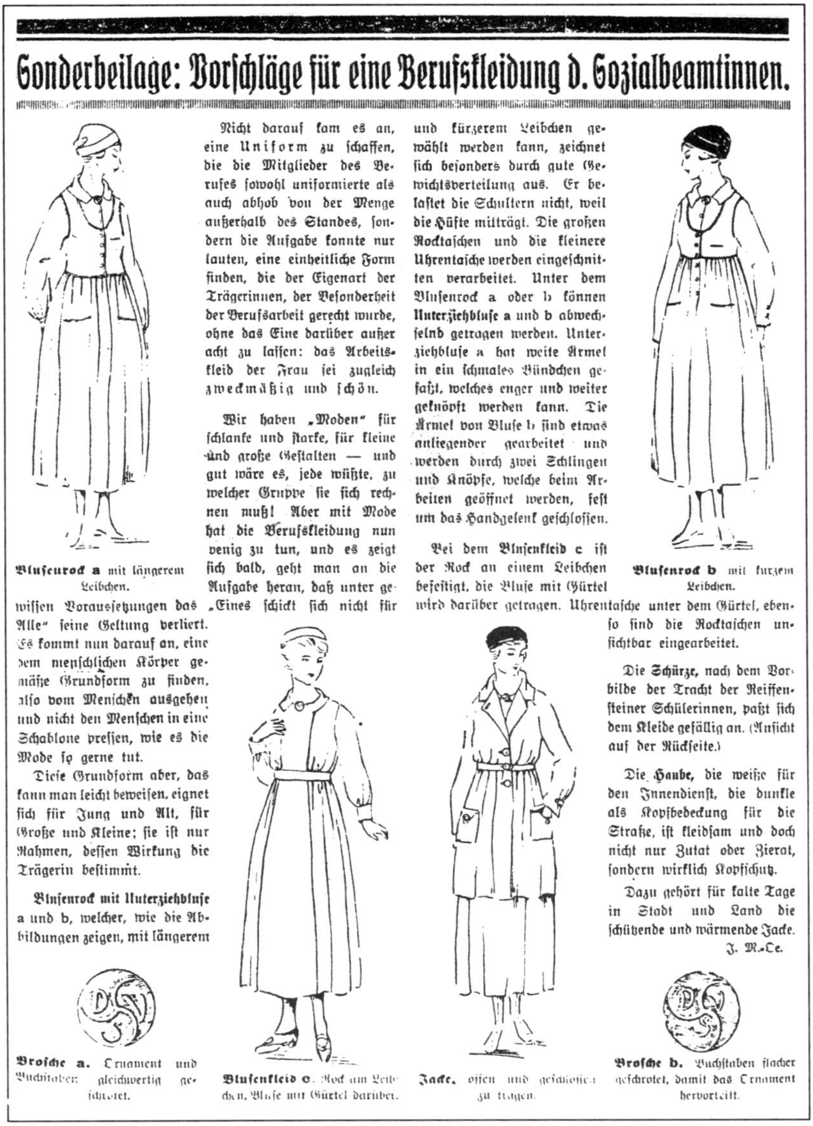

Sonderbeilage: Vorschläge für eine Berufskleidung d. Sozialbeamtinnen.

Nicht darauf kam es an, eine Uniform zu schaffen, die die Mitglieder des Berufes sowohl uniformierte als auch abhob von der Menge außerhalb des Standes, sondern die Aufgabe konnte nur lauten, eine einheitliche Form finden, die der Eigenart der Trägerinnen, der Besonderheit der Berufsarbeit gerecht wurde, ohne das Eine darüber außer acht zu lassen: das Arbeitskleid der Frau sei zugleich zweckmäßig und schön.

Wir haben „Moden" für schlanke und starke, für kleine und große Gestalten — und gut wäre es, jede wüßte, zu welcher Gruppe sie sich rechnen muß! Aber mit Mode hat die Berufskleidung nun wenig zu tun, und es zeigt sich bald, geht man an die Aufgabe heran, daß unter gewissen Voraussetzungen das „Eines schickt sich nicht für Alle" seine Geltung verliert. Es kommt nun darauf an, eine dem menschlichen Körper gemäße Grundform zu finden, also vom Menschen ausgehen und nicht den Menschen in eine Schablone pressen, wie es die Mode so gerne tut.

Diese Grundform aber, das kann man leicht beweisen, eignet sich für Jung und Alt, für Große und Kleine; sie ist nur Rahmen, dessen Wirkung die Trägerin bestimmt.

Blusenrock mit Unterziehbluse a und b, welcher, wie die Abbildungen zeigen, mit längerem und kürzerem Leibchen gewählt werden kann, zeichnet sich besonders durch gute Gewichtsverteilung aus. Er belastet die Schultern nicht, weil die Hüfte mitträgt. Die großen Rocktaschen und die kleinere Uhrentasche werden eingeschnitten verarbeitet. Unter dem Blusenrock a oder b können **Unterziehbluse a und b** abwechselnd getragen werden. Unterziehbluse a hat weite Ärmel in ein schmales Bündchen gefaßt, welches enger und weiter geknöpft werden kann. Die Ärmel von Bluse b sind etwas anliegender gearbeitet und werden durch zwei Schlingen und Knöpfe, welche beim Arbeiten geöffnet werden, fest um das Handgelenk geschlossen.

Bei dem **Blusenkleid c** ist der Rock an einem Leibchen befestigt, die Bluse mit Gürtel wird darüber getragen. Uhrentasche unter dem Gürtel, ebenso sind die Rocktaschen unsichtbar eingearbeitet.

Die **Schürze**, nach dem Vorbilde der Tracht der Reiffensteiner Schülerinnen, paßt sich dem Kleide gefällig an. (Ansicht auf der Rückseite.)

Die **Haube**, die weiße für den Innendienst, die dunkle als Kopfbedeckung für die Straße, ist kleidsam und doch nicht nur Zutat oder Zierat, sondern wirklich Kopfschutz.

Dazu gehört für kalte Tage in Stadt und Land die schützende und wärmende Jacke.

J. M.-Ce.

Blusenrock a mit längerem Leibchen.

Blusenrock b mit kurzem Leibchen.

Blusenkleid c. Rock am Leibchen, Bluse mit Gürtel darüber.

Jacke, offen und geschlossen zu tragen.

Brosche a. Ornament und Buchstaben gleichwertig geschrotet.

Brosche b. Buchstaben flacher geschrotet, damit das Ornament hervorteilt.

Abb. 51: *Vorschläge für eine Berufskleidung der Fürsorgerinnen zum Beginn der zwanziger Jahre.*

Über eine spezielle Berufskleidung wurde aufgrund der hohen Ansteckungsgefahr (besonders bei tuberkulösen Familien) in den Berufsverbänden immer wieder diskutiert. Das Tragen einer Berufstracht setzte sich aber unter Fürsorgerinnen nicht durch. (Erst unter der nationalsozialistischen Volkspflege trugen die sog. »braunen Fürsorgerinnen« eine Berufstracht).

Abb. 52: *Einband einer Broschüre des Deutschen Verband(es) der Sozialbeamtinnen, der ersten 1916 gegründeten Berufsorganisationen der Fürsorgerinnen.*

Der zeitgenössische Begriff »Sozialbeamtin« ist irreführend. Nach einer Untersuchung 1925 waren lediglich 5% der Fürsorgerinnen bei den Sozialbehörden fest verbeamtet – 35% arbeiteten auf Angestelltenbasis – und 42% auf sog. Hilfsangestelltenbasis (vgl. Heynacher 1925, S. 36). In der freien Wohlfahrtspflege gaben sogar nur 18,5% der befragten Wohlfahrtspflegerinnen an, überhaupt einen verbindlichen Arbeitsvertrag abgeschlossen zu haben (vgl. Beerensson 1929, S. 367).

Fragebogen
betreffend
die Berufslage der Wohlfahrtspflegerinnen.

Vor der Ausfüllung sind die Erläuterungen auf Seite 4 sorgfältig zu lesen.

Zu= und Vorname:
(bei Ehefrauen auch Geburtsname)

Alter:

Dienststellung:

Anstellende Behörde:

Provinz:

Landkreis:

Stadt:

Gemeinde:

Stichmonat: Juni 1925.

I. Vorbildung.

1. Allgemeine Schulbildung.
   Volksschule — mittlere Schule — höhere Schule — bis zu welcher Klasse einschließlich?

2. Fachliche Berufsvorbildung:
   Ausbildung als Säuglingspflegerin — Krankenpflegerin — Kindergärtnerin — Hortnerin — Jugendleiterin — wissenschaftliche oder technische Lehrerin — oder welche andere Vorbildung?

3. Fachliche Berufsschulung:
   staatlich anerkannte Wohlfahrtsschule — oder welche andere Ausbildung?

4. Staatliche Anerkennung als Wohlfahrtspflegerin:
   auf Grund des Besuchs einer staatlich anerkannten Wohlfahrtsschule mit anschließender staatlicher Prüfung und praktischem Jahr —
   auf Grund eines vor dem Erlaß der Prüfungsbestimmungen liegenden Besuchs einer Wohlfahrtsschule und nachfolgender Bewährung in praktischer Arbeit —
   auf Grund der Teilnahme an einem sozialen Nachschulungslehrgang mit nachfolgender staatlicher Prüfung —
   auf Grund einer staatlichen Prüfung als „Wilde" —
   auf Grund mehrjähriger praktischer Wohlfahrtsarbeit —
   liegt nicht, oder noch nicht vor.

II. Arbeitsgebiet.

1. Art der Arbeitsgebiete:
   a) Gesundheitsfürsorge:
   Schwangerenfürsorge — Säuglingsfürsorge — Kleinkinderfürsorge — Schulkinderfürsorge (einschl. Fürsorge für Fortbildungsschüler und Schüler höherer Lehranstalten) — Erholungsfürsorge — Krüppelfürsorge — Tuberkulosenfürsorge — Krebskrankenfürsorge — Geschlechtskrankenfürsorge — Trinkerfürsorge — Psychopathen= und Geisteskrankenfürsorge —
   Sonstige Gesundheitsfürsorge (im einzelnen anzugeben) —

Abb. 53: Erste Seite des Fragebogens der von Martha Heynacher 1925 im Auftrag des preußischen Volkswohlfahrtsministeriums durchgeführten Untersuchung über die beruflichen Bedingungen von Fürsorgerinnen.

Mindestforderungen für den sozialen Berufsstand. Die Arbeitsgemeinschaft der Berufsverbände der Wohlfahrtspflegerinnen Deutschlands hat anläßlich der Tagung des Deutschen Vereins für öffentliche und private Fürsorge in Breslau am 14.–16. Oktober 1925 Mindestforderungen aufgestellt bezüglich folgender Gebiete:
1. Aus- und Vorbildung (Neuanstellung nur mit staatlicher Anerkennung, Fachausbildungsnachweis für männliche Beamte);
2. Weiterbildung (Fortbildungskurse mit Erteilung von Sonderurlaub);
3. Eingruppierung und Besoldung (Hilfsfürsorgerin Gr. VI, Fürsorgerin Gr. VII, leitende oder Oberfürsorgerin Gr. VIII, Sozialreferenten Gr. IX, Sozialdezernenten Gr. X);
4. Aufwandsentschädigung (Erstattung der realen Unkosten, besonders für Kreisfürsorgerinnen);
5. Arbeitszeit (Arbeitszeitschutz);
6. Arbeitsgebiet (Begrenzung des Umfangs auf ein leistungsmögliches Gebiet, zweckmäßige Verteilung der Verwaltungsarbeit);
7. Urlaub (unabhängig von den üblichen Normen, 21–35 Tage);
8. Gesundheitsfürsorge (Gesundheitsschutz, hygienische Arbeitsräume, Einbeziehung in Unfallversicherung);
9. Dienstverhältnis (Stellung unter Fachkräfte, festes Angestelltenverhältnis und Beamtenverhältnis nach entsprechender Vorbildung).

Abb. 54: *Aufstellung von beruflichen Mindestforderungen des Berufsverbandes der Fürsorgerinnen 1925.*

Diese Forderungen setzten sich allerdings bei den kommunalen Trägern nur punktuell durch. Die berufliche Lage der Sozialkräfte blieb unter den wirtschaftlichen- und sozialpolitischen Rahmenbedingungen der zwanziger Jahre insgesamt katastrophal.

> Die Junggesellin.
>
> Der Kampf um den Arbeitsplatz wird für die auf Verdienst angewiesene Frau immer schwerer, ihr Beruf immer öfter aus einer bloßen Vorbereitung für die Ehe zu einer lebenslangen Arbeit. Diese auf sich selbst gestellten unverheirateten Frauen haben es satt bekommen, den Mangel einer männlichen Lebensbegleitung auch noch mit frühzeitiger Verbitterung und überflüssigem Ausgeschlossensein zu büßen. So wächst die Zahl der alleinstehenden, dabei lebenstüchtigen und lebensfrohen Frauen erfreulich stark: die Junggesellin verdrängt die alte Jungfer. Dazu ist freilich notwendig, daß sie sich rechtzeitig von der elterlichen Bevormundung loslöst und sich ein eigenes Heim schafft. Aber wie? Entweder zieht die Junggesellin in eines der noch viel zu spärlich gesäten, noch selten ganz modern geführten Ledigenheime (die meist nach Geschlechtern geschieden sind!), oder sie richtet sich selber ein. Einzelwirtschaft für eine einzelne Person? Auf den ersten Blick erscheint dies als der Gipfelpunkt unrationeller Kraftvergeudung. Aber auch hier kann nicht ausschließlich nach rationalen Gesichtspunkten geurteilt werden. Denn bei vielen Frauen ist heute das Bedürfnis nach dem abgeschlossenen Eigenheim noch zu stark, als daß sie sich in einer zentral bewirtschafteten „Pension" behaglich fühlen würden, die bei uns noch selten so bequem verwaltet wird, wie etwa das englische boarding house oder seine skandinavischen Vettern.

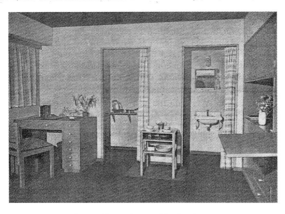

Abb. 55: *Abbildung einer Einzimmerwohnung für die berufstätige Frau der zwanziger Jahre, wie sie von der Wiener Architektin Grete Schütte-Lihotzky konzipiert wurde.*

Fürsorgerinnen waren in der Regel unverheiratet. Knapp die Hälfte lebte noch bei ihren Familien und versorgte dort noch Angehörige mit. Die wenigsten von ihnen konnten sich aufgrund der geringen Gehälter eine solche Wohnung leisten, die allerdings ohnhin knapp waren. Von solchen Musterwohnungen träumten viele unverheiratete berufstätige Frauen. Es blieb also beim Wohnen als Untermieterin in möblierten Zimmern oder bei der Unterbringung beim Arbeitgeber, wenn Wohlfahrtspflegerinnen in großen Anstalten tätig waren.

Abb. 56: *Zeitschriftenartikel von Helene Weber über die unerträglichen psychischen und physischen Berufsbedingungen der Fürsorgerinnen.*

Katholische Sozialbeamtinnen!

Denkt an Euer Alter!

Sorgt für Eure Zukunft!

Sichert Euch einen sorgenfreien Lebensabend!

Tretet Eurer Pensionskasse bei!

Anfragen an Pensionskasse der katholischen Wohlfahrts- und Kulturpflege, Berlin N 24, Oranienburger Strasse 13-14.

Abb. 57: *Anzeige aus dem Berufsorgan der Fürsorgerinnen mit der Aufforderung, an eine ausreichende Altersversorgung zu denken. Vor allem Wohlfahrtspflegerinnen bei den freien Wohlfahrtsverbänden waren in der Regel während ihres Berufslebens für das Alter nicht ausreichend versichert worden.*

». . . und die Fortbildung der Fürsorgerinnen?«
– Die Deutsche Akademie für soziale und pädagogische Frauenarbeit (1925) –

Alice Salomon hatte in ihren sozialpädagogischen Konzepten formuliert, daß in der Fürsorgearbeit, bzw. der »sozialen Therapie« wie sie es nannte – die in der alten (polizeilichen) Armenpflege zu Bittstellern degradierten – Hilfsbedürftigen, jetzt ein Recht geltend machen konnten, als unteilbare Persönlichkeiten angesehen zu werden. Hilfesuchenden war zwar weiterhin jede nur mögliche materielle Unterstützung zu gewähren. Darüber hinaus lag die fachlich-methodische »Kunst« der Sozialkräfte – dem Anspruch nach – aber vor allem bei einer sozialpädagogischen Betreuung hilfsbedürfiger Menschen. Vorrangiges Ziel war, daß die Betreuten in die Lage versetzt wurden, ihr Leben wieder selbstverantwortlich in die Hand nehmen zu können. Die »Effektivität« aller Fürsorgeleistungen hing dabei also maßgeblich von der Persönlichkeit der Fürsorgerinnen ab. Sie mußten vor allem die Fähigkeit besitzen, ein enges Vertrauensverhältnis aufbauen zu können.

Dies war eines der Anliegen einer professionellen sozialen Ausbildung. Alice Salomon sah aber auch, daß sich solche Ansprüche unter den herrschenden Bedingungen der sozialen Arbeit nur schwer umsetzen ließen. Gleichzeitig wurde ihr auch immer deutlicher, daß die Ausbildungszeit von zwei Jahren an den Sozialen Frauenschulen sehr kurz war. Salomons Anliegen bestand – nach zahlreichen Erfahrungen, die für die soziale (Frauen-) Arbeit inzwischen vorlagen – darin, für die Fürsorgerinnen eine weitere »spezifische weibliche Bildungsstätte« zu schaffen, um verkrustete bürokratische Strukturen durch immer besser geschulte weibliche Fachkräfte aufbrechen zu können.

Salomon reduzierte für dieses neue Projekt ihre Leitungsfunktionen an der Sozialen Frauenschule. Sie gründete im Herbst 1925 die »Deutsche Akademie für soziale und pädagogische Frauenarbeit« in Berlin. Salomon war Vorsitzende des Akademie. Die ehemalige Fürsorgerin und promovierte Wirtschaftswissenschaftlerin Hildegard Lion wurde ab 1929 zu Direktorin bestellt.

In dieser neuen Frauenakademie konnten zum einen Fürsorgerinnen/ Wohlfahrtspflegerinnen, Jugendleiterinnen, Hortnerinnen, Gewerbelehrerinnen und auch Hochschulabsolventinnen Fortbildungskurse besuchen. Zum anderen sollte die Aus- und Weiterbildung von praxiserfahrenen Fürsorgerinnen für Leitungs- und Organisationsfunktionen in der Wohlfahrtspflege vorangetrieben werden. Zum dritten lag die Perspektive dieser Einrichtung bei der Ausbildung von Dozentinnen speziell für die Sozialen Frauenschulen.

Es handelte sich also nicht um eine Fortbildungsstätte im engen Sinne. Die neue Akademie bot ihren Teilnehmerinnen mit Jahres- und Zweijahreskursen eine – an den Hochschulen orientierte – sozialwissenschaftlich fundierte Studienmöglichkeit zur Ausbildung für gehobene sozialpädagogische Berufsfunktionen.

Im Studienplan standen beispielsweise die Erarbeitung gesetzgeberischer Neuerungen-, pychologischer-, (sozial-) pädagogischer-, sozialpolitischer (Theorie-) Entwicklungen und die Behandlung von Problemen der Jugendwohlfahrtspflege. Salomon betonte, daß an dieser Akademie nicht eine »spezifisch weibliche« Wissenschaft vermittelt würde, da eine solche nicht existiere. Die wissenschaftlichen Erkenntnisse der einzelnen Fachdisziplinen sollten vielmehr » . . .in einer für die Frauen wesentlichen Betrachtungsweise . . . bearbeitet werden, mit Heraushebung der für die Frauenleistung entscheidenden Probleme. . .«; dabei ginge es in erster Linie um den Menschen, also um eine bestimmte »Rangordnung der Werte« (Salomon 1928, S.3). Für Alice Salomon besaß die Sozialpädagogik die Funktion, gesellschaftliche Strukturen zu verändern. Hierin sah sie eine spezifisch »weibliche Kulturaufgabe«.

Ab 1928 lag ein weiterer Schwerpunkt der neuen Frauenakademie bei der Herausgabe von – heute immer noch weitgehend unbeachteten – umfangreichen wissenschaftlichen Forschungsberichten über Struktur und Aufgabe der Familie in der modernen Industriegesellschaft.

Salomon wollte mit dieser Akademie, die sie selbst als »Fachhochschule« für Frauen bezeichnete, der staatlich geregelten, eng berufsschulbezogenen Tendenz entgegenwirken, die sich zu ihrem Leidwesen an den Sozialen Frauenschulen der zwanziger Jahre herausgebildet hatte. Im Gesamtaufbau des Weimarer Bildungswesens nahm diese Frauenakademie eine besondere Stellung ein zwischen den Universitäten, den Verwaltungsakademien und den Sozialen Frauenschulen.

Salomon entwickelte damit also bereits vor 1933 die ersten wichtigen Ansätze zu einer qualitativen Anhebung des damaligen Professionalisierungs – Anspruches für eine sozialpädagogische Arbeit. Alice Salomon konnte die Früchte ihrer Bemühungen langfristig nicht mehr ernten. Die junge »Akademie für soziale und pädagogische Frauenarbeit« mußte ihre Pforten unter den hereinbrechenden politischen Ereignissen des Jahres

1933 schließen. Alice Salomon verlor alle Ämter und Hildegard Lion emigrierte gleich nach England.

Die von ihr initiierten Entwicklungsansätze einer professionellen Sozialarbeit fanden erst ab 1972 – also über vier Jahrzehnte später – einen gewissen Abschluss mit der Umwandlung der Höheren Fachschulen für soziale Arbeit in unsere heutigen Fachhochschulen und mit der Einrichtung sozialpädagogischer Studiengänge an Pädagogischen Hochschulen, Universitäten und Gesamthochschulen. Alice Salomons wichtige (Vor-) Arbeiten an ihrer Akademie gerieten« jahrzehntelang in Vergessenheit.

Eine detaillierte historische Aufarbeitung und Würdigung dieser ersten professionellen Weiterbildungs-Akademie für die weiblichen Sozialkräfte der zwanziger Jahre steht bis heute noch aus.

DEUTSCHE ZEITSCHRIFT FÜR WOHLFAHRTSPFLEGE

vereinigt mit
„Die Fürsorge", Zeitschrift für alle Zweige der öffentl. u. freien Wohlfahrtspflege

herausgegeben von

S. WRONSKY
Geschäftsführerin
im Archiv für Wohlfahrtspflege

FR. RUPPERT
Ministerialrat
im Reichsministerium des Innern

Carl Heymanns Verlag, Berlin W 8, Mauerstraße 44

5. JAHRGANG   BERLIN, JUNI 1929   NUMMER 3

Die deutsche Akademie für soziale und pädagogische Frauenarbeit im Gesamtaufbau des deutschen Bildungswesens

Von Dr. Alice Salomon, Berlin.

Es ist seit Begründung der Deutschen Akademie für soziale und pädagogische Frauenarbeit verschiedentlich die Frage aufgeworfen worden, ob Frauen einer besonderen Ausbildungsstätte für die sozialen Berufe bedürfen. Die Beantwortung dieser Frage hängt von der Entscheidung darüber ab, ob Frauen in der sozialen Arbeit besondere Aufgaben zu erfüllen haben, die sich irgendwie gegenüber den Aufgaben von Männern unterscheiden, oder ob im modernen Gesellschafts- und Berufsleben solche Unterschiede vollkommen verwischt sind. Sofern man besondere Frauenaufgaben anerkennt, bliebe weiter die Frage offen, ob die bestehenden Bildungseinrichtungen die damit zusammenhängenden Bildungsaufgaben lösen können.

Man braucht nur die Entwicklung des sozialen Berufs und des sozialen Bildungswesens zu verfolgen, um empirisch einen Standpunkt zu diesen Fragen zu gewinnen.

Als Ende des 19. Jahrhunderts die soziale Berufsbildung in Deutschland einsetzte, dachte kein Mensch daran, soziale Schulen für Männer oder auch für beide Geschlechter zu schaffen. Denn die pflegerische, fürsorgende, bildende Tätigkeit galt als die „königliche Domäne" der Frau. In zahlreichen Schriften hat vor allem Münsterberg sich in diesem Sinne ausgesprochen. Er forderte für den sozialen Beruf die Kraft der Frau. Niemals galt den Männern dieser Beruf überhaupt nicht als erstrebenswert. Das hat sich erst geändert, seit der Beruf behördlich geordnet und geregelt worden ist, seit er in großem Umfang im Rahmen öffentlicher Körperschaften ausgeübt wird. Jetzt zeigt sich ein wachsendes Interesse der Männer am sozialen Beruf, das wohl weitgehend darauf zurückzuführen ist, daß die sozialen Aufgaben in den Behörden und Ämtern mit anderen, verwaltungstechnischen, verknüpft wurden, die traditionell der Mann ausübt, und auch darauf, daß soziale Arbeit jetzt eine Entlohnung findet, die bestimmten männlichen Schichten eine materiell befriedigende Lebensgrundlage gibt.

Abb. 58: *Zeitschriften-Artikel von Alice Salomon über die von ihr 1925 in Berlin gegründete Fortbildungs-Akademie für soziale und pädagogische Frauenarbeit.*

Die stellenlose Wohlfahrtspflegerin im Dienste der östlichen Landarbeit.

Von Hella von Kries.

Die Arbeitslosigkeit lastet schwer und drückend auf denen, die stellungslos sind, und auf denen, die selber vom Schicksal durch Arbeit begünstigt, mitleiden, mittragen an der Erwerbslosigkeit rings um sie her. Notzeiten sind Zeiten innerer Einkehr. Der Blick ist gerichtet auf das Wesen der Dinge. Aus dem Wesentlichen heraus finden wir den Weg zu der Not Wende. Wer bereit ist, das Notwendige zu tun, hat für sich bereits die Not gewendet.

Könnte sich aus der Arbeitslosigkeit der Wohlfahrtspflegerin nicht manches Positive gestalten? Hätte sie nicht durch die Arbeitslosigkeit in ihrem Beruf Zeit, als Arbeiterin, als Hausangestellte die sozialen Lebens- und Arbeitsbedingungen in diesen Berufen an sich selbst zu erleben? ...

Der Einwand, man mache auf diese Weise eine Arbeiterin, eine Hausangestellte brotlos, ist nicht stichhaltig. Denn dann dürfte man eine sich bietende Wohlfahrtspflegerinnenstelle auch nicht annehmen, weil man auf diese Weise eine Kollegin brotlos macht. Man könnte vielmehr anführen, daß man durch die Annahme einer ungelernten Arbeit auf die einem zustehende Erwerbslosenunterstützung verzichtet und durch Einsparung dieser Gelder der Gemeinschaft einen positiven Dienst leistet, da nun nur Ausgaben für die Erwerbslosenunterstützung einer ungelernten Arbeitskraft entstehen, an deren Stelle man vielleicht die Arbeit annahm.

Abb. 59: *Zum Ende der zwanziger Jahre verschlechterten sich die Arbeitsmöglichkeiten für Wohlfahrtspflegerinnen dramatisch. Viele arbeiteten z.T. ohne Bezahlung oder wurden selbst Klientinnen der Fürsorge.*

3

Die Für-sorge wird zur Volks-pflege
– Soziale Berufsarbeit während der Zeit des Nationalsozialismus –

Die wirtschaftliche wie politische Entwicklung der zweiten Hälfte der Weimarer Republik wirkte sich erwartungsgemäß verheerend auf die Sozialpolitik und das Fürsorgesystem aus.

Zum Ende der Weimarer Republik waren in Deutschland über 6 Millionen Menschen ohne Arbeit mit den katastrophalen Folgen der sozialen und psychischen Verelendung eines großen Teils der Bevölkerung.

Die Hauptstoßrichtung der nach 1933 einsetzenden nationalsozialistischen Sozialpolitik zielte zunächst auf die Einrichtung von Arbeitsbeschaffungsprogrammen. Die Arbeitsgesetzgebung wurde erweitert. Darüber hinaus regelte die NSDAP Fragen des Arbeitsschutzes (speziell für Frauen und Jugendliche), des Arbeitszeitrechtes, des Betriebsschutzes und der Gewerbehygiene neu. Das Sozialversicherungssystem (Rentenversicherung, Arbeitslosenversicherung) wurde ebenso nationalsozialistischen Zielen entsprechend umstrukturiert, Verbesserungen im Wohnungs- und Siedlungswesen eingeführt und familienpolitische Maßnahmen ergriffen.

Die von den Nationalsozialisten eingerichteten Arbeitsbeschaffungsprogramme schufen zwar Arbeit. Sie wurden vordergründig auch als sozialpolitische Erfolge der NSDAP gewertet und brachten den Nationalsozialisten weitere Sympathien ein. Allerdings wurden Arbeitslosenstatistiken geschickt umstrukturiert, um mit manipuliertem Zahlenmaterial die Bevölkerung beeindrucken zu können.

Obwohl die Nationalsozialisten an wohlfahrtspflegerischen Problemen eigentlich kaum Interesse hatten, versuchten sie bereits 1931/32 durch die Bildung eines formal »freien« Wohlfahrtsverbandes – der »Nationalsozialistischen Volkswohlfahrt« (NSV) –, unter der Führung des 1933 gegründeten »Hauptamt(es) für Volkswohlfahrt« (Leiter war der NSDAP-Funktionär Erich Hilgenfeldt) anderen freien Wohlfahrtsverbänden nach und nach das Wasser abzugraben. Die NSV beeinflußte und kontrollierte die gesetzlichen Fürsorgeträger etwa ab 1937 massiv, um nationalsozialistische Ziele auf breiter Basis durchsetzen zu können.

Ab März 1934 waren mit der Auflösung der Liga der freien Wohlfahrtsverbände und der vorübergehend gegründeten »Reichsgemeinschaft der freien Wohlfahrtspflege Deutschlands« nur noch die NSV, die Innere Mission, die Caritas sowie das Deutsche Rote Kreuz als Wohlfahrtsverbände anerkannt und schließlich zu einer »Arbeitsgemeinschaft der Spitzenverbände der freien Wohlfahrtspflege« zusammengeschlossen. Die Arbeiterwohlfahrt hatte sich auflösen müssen, die jüdische Wohlfahrtspflege blieb ausgeschlossen und der Paritätische Wohlfahrtsverband wurde der NSV einverleibt. Der deutsche Verein für öffentliche und private Fürsorge bestand ab 1935 nur noch als sogenannte wissenschaftliche »Forschungsstelle« weiter.

Das »Winterhilfswerk« (1933) und das »Hilfswerk für Mutter und Kind« (1934) gehörten zu den spektakulären Aktivitäten der NSV. Die NSV war neben der »Deutschen Arbeitsfront« (DAF) zum Ende der 30er Jahre mit fast 16 Millionen Mitgliedern die zweitgrößte Massenorganisation in Deutschland und besaß eine unangefochtene Monopolstellung (vgl. Vorländer 1988). Fernziel der NSV war die Auflösung der anderen freien Wohlfahrtsverbände, wie es Erich Hilgenfeldt unmißverständlich ausdrückte:

»Wir haben die Führung der Freien Wohlfahrtspflege übernommen, wir übernehmen nun auch die Führung in allen übrigen Gebieten des Reiches. Als fernes Ziel schwebt uns eine einzige Organisation vor Augen, die im Ständestaat sich diesen besonderen Aufgaben zuwendet. Wir haben vorerst von dieser Arbeit den caritativen Organisationen der Kirche die Aufgabe zugewiesen, sich jenen Kranken zu widmen, denen wir nicht mehr helfen können. Diese Aufgabe erfüllen sie aber unter unserer Führung. Wir müssen hier bei unserer Arbeit daran denken, daß es unser Ziel ist, diese Aufgaben im Laufe der Jahre und Jahrzehnte immer weiter herabzumindern. Wir wollen durch unsere Maßnahmen der Gesundheitsführung in der Zukunft alles Kranke ausschalten. Es wird also hier im weiteren Verlauf der Entwicklung Anstalt um Anstalt überflüssig werden müssen.« (Hilgenfeldt 1933. In: Vorländer 1988, S. 208).

Eine weitere Etappe auf dem Weg einer Durchsetzung nationalsozialistischer Bevölkerungspolitik mit rassenhygienischen Zielsetzungen bildete einmal das »Gesetz zur Verhütung erbkranken Nachwuchses« vom 14. Juli 1933. Zum anderen erfolgte eine Umstrukturierung der bisherigen Gesundheitsfürsorgeabteilungen der kommunalen Wohlfahrtsämter in staatliche Gesundheitsämter im Zusammenhang mit dem »Reichsgesetz über die Vereinheitlichung des Gesundheitswesens« vom 3. Juli 1934. Besonders in der gesundheitlichen wie rassenhygienischen Überwachung der Bevölkerung (vor allem Frauen, Mütter, Säuglinge) erhielt die enge Zusammenarbeit zwischen der NSV und den staatlichen Gesundheitsämtern entscheidende Bedeutung.

Die zum Teil beabsichtigten, zum Teil unbeabsichtigten sozialpolitischen Verbesserungen in Folge eines relativen wirtschaftlichen Aufschwungs während der dreißiger Jahre waren der sozialpolitischen Theorie von Mason (1977) zufolge aber vorwiegend Auswirkungen der zügig angekurbelten Rüstungsindustrie. Mit der Zerschlagung der Gewerkschaften, der zwangsweisen Auflösung politischer Parteien und Organisationen, der Notstandsgesetzgebung und der teilweisen Vertreibung von Frauen aus dem Erwerbsleben unmittelbar nach der Machtübernahme, waren nur die ersten Schritte des beginnenden Terrorsystems gesetzt.

Die Nationalsozialisten wollten die Notstandsprogramme sozialpolitisch zunächst einmal greifen lassen. Aus diesem Grund blieben die gesetzlichen Grundlagen der Weimarer Wohlfahrtspflege in Kraft (Reichsjugendwohlfahrtsgesetz von 1922/24; Reichsfürsorgepflichtverordnung mit den Reichsgrundsätzen über Voraussetzung, Art und Maß der öffentlichen Fürsorge von 1924/25). Die geltenden gesetzlichen Vorgaben hinderten die Nationalsozialisten allerdings nicht daran, dramatische Mittelstreichungen in der ohnehin zu knapp bemessenen Unterstützungspraxis der Wohlfahrtsämter vorzunehmen. Die Zielrichtung lag überhaupt weniger bei materiellen Hilfeleistungen, als in der Beschaffung von Notstandsarbeiten, ideologischer Umerziehung der Bevölkerung und konkreter Aufteilung in unterstützungs»würdige« und unterstützungs»unwürdige« Fürsorgeempfängerinnen und Fürsorgeempfänger.

Die ehrgeizigen bevölkerungspolitischen Zielsetzungen der Nationalsozialisten hatten einmal unmittelbare Folgen auf konkrete Arbeitsinhalte der sozial Tätigen. Zum zweiten erfuhr die während der zwanziger Jahre erfolgte Professionalisierung sozialpädagogischer Arbeit nach 1933 eine tiefgreifende berufsethische Zäsur.

Zunächst einmal ist es aber wichtig, sich noch einmal die Geringschätzung der NSDAP-Funktionäre zu vergegenwärtigen, die sie dem Weimarer Fürsorgesystem entgegenbrachten. Sie kritisierten am Sozialsystem der zwanziger Jahre eine angeblich beispiellose »Mittelverschwendung« bei den gewährten Unterstützungssätzen. Außerdem seien finanzielle Ressourcen auch in Bevölkerungskreise geflossen, die Hilfe nicht »verdient« hätten. Überhaupt war es den führenden Männern der NSDAP wie der NSV unangenehm, daß sie um den Begriff »Wohlfahrt« nicht umhin kamen. Wohlfahrt hatte nach nationalsozialistischem Selbstverständnis vor allem mit »Wohlfahrtsduselei« zu tun. Es bedurfte immer wieder der Beteuerung, daß es der nationalsozialistischen Volkspflege viel eher mit einer Pflege des deutschen Volkes, als mit Wohlfahrt zu tun war. Es ging ihnen vor allem auch nicht um den einzelnen Menschen oder gar um Nächstenliebe für Schwache und Kranke. Zielsetzung der NSV war der Aufbau einer »(erb-)gesunden deutschen Volksgemeinschaft«, bei der der Einzelne nicht zählte.

Die Betreuung hilfsbedürftiger »Volksgenossen« sollte zwar weiterhin von der öffentlichen Fürsorge ausgeübt werden, nur jetzt mit dem Unterschied, daß sich erst aus der nationalsozialistischen Weltanschauung heraus genaue Wertmaßstäbe dafür ergaben, wie *Notleidende* »zu werten und zu behandeln« waren (vgl. Nachrichtendienst 15/1934, H. 2/3). Genau hier lag bei der vielfachen Kontinuität des Weimarer Fürsorgesystems in die nationalsozialistische Volkspflege der folgenreiche Bruch mit ethisch-humanistischen Wertgrundsätzen.

Die bisher gültige problemorientierte Berufshaltung von Fürsorgerinnen sollte durch veränderte Zielsetzungen neue bevölkerungsethische Maßstäbe erhalten. Danach stand nicht mehr eine trostlose Berufspraxis mit ihren ausschließlich »abnormen« und hilflosen Fürsorge-»Objekten« sondern das »gesunde Volkstum« im Mittelpunkt. Das Berufsethos von Fürsorgerinnen hatte also einer – an bevölkerungspolitischen Wertmaßstäben orientierten – rassen- und gesinnungspflegerischen Berufsausrichtung zu weichen.

Bereits 1928 war in der »Zeitschrift für Sexualwissenschaft« im Zusammenhang mit der Diskussion um den Geburtenrückgang darauf hingewiesen worden, daß immer mehr Fürsorgerinnen selbst vom »Rassestrom isoliert« worden seien, indem diese Frauen zeitlebens dazu verurteilt waren, »für die Kinder oft minderwertiger Menschen ihr Dasein zu opfern«; vom eugenischen Standpunkt aus bedeuteten solche Fürsorgerinnen einen »Verlust an Volkskraft«, da man von ihnen einerseits Muttergefühle fordere, andererseits aber gleichzeitig verheiratete Wohlfahrtspflegerinnen ungern einstelle und sie deshalb daran hindere, selbst Mütter werden zu können (Geschwendtner 1928, S. 447).

Infolge einer Umbewertung sogenannter problematischer Fürsorgegruppen (z.B. Suchtkranke, Behinderte, Obdachlose, Arbeitsunwillige etc.) begrüßten jetzt auch zahlreiche Fürsorgerinnen in offiziellen Verlautbarungen die veränderten Aufgabenstellungen »im neuen Staat«.

Erb- und Rassenpflege, Mütterschulung und Säuglingsfürsorge bildeten nun die Grundlagen der NS-Volkspflege. Die veränderten Zielsetzungen einer Volkspflege wurden den Fürsorgerinnen und anderen Sozialkräften nicht einfach umstandslos aufgezwungen. Sie sind von vielen Fürsorgekräften auch weitgehend mitgetragen worden. Insofern haben die sozialen Berufskräfte zur Durchsetzung der nationalsozialistischen Ideologie ihren aktiven Beitrag geleistet. Nationalsozialistische Volkspflege hieß also – bei manchen vordergründigen sozialpolitischen Teilerrungenschaften vor allem für »förderungswürdige« (deutsche) Mütter, Kinder und Jugendliche – Rassenhygiene und Einteilung der Hilfsbedürftigen in »wertvolle« und »wertlose« Fürsorgegruppen. NS-Volkspflege bedeutete zunächst »Auslese« und später nach Kriegsbeginn dann in grauenhafter Realisierung bevölkerungspolitischer Zielsetzungen schließlich sogar physische Vernichtung hilfsbedürftiger und wehrloser Menschen.

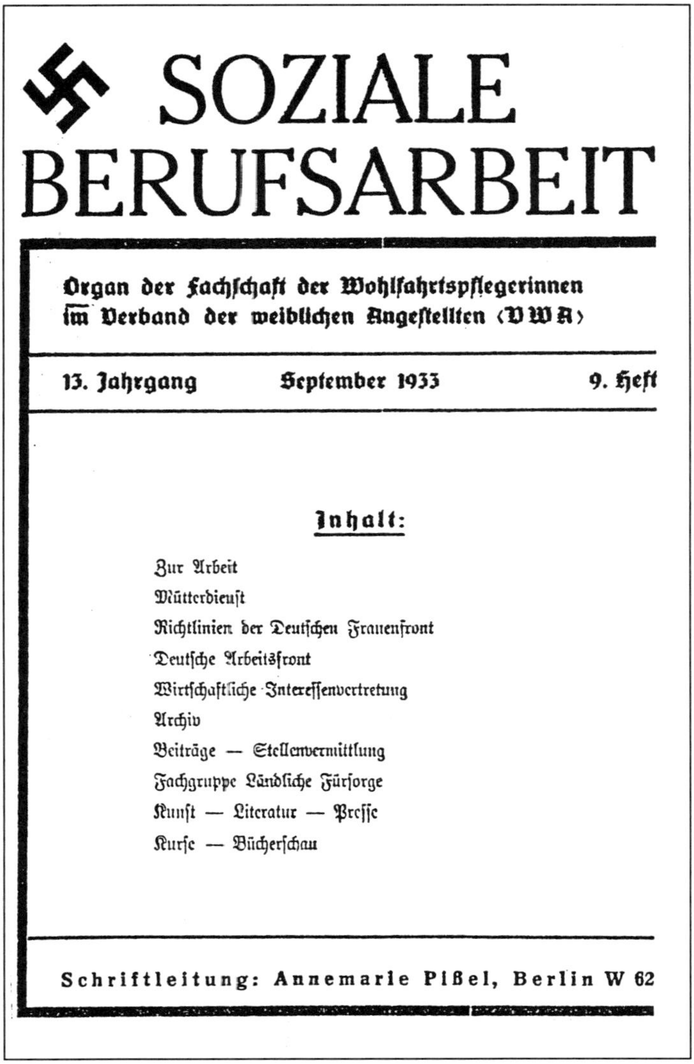

SOZIALE BERUFSARBEIT

Organ der Fachschaft der Wohlfahrtspflegerinnen im Verband der weiblichen Angestellten (VWA)

13. Jahrgang September 1933 9. Heft

Inhalt:

Zur Arbeit
Mütterdienst
Richtlinien der Deutschen Frauenfront
Deutsche Arbeitsfront
Wirtschaftliche Interessenvertretung
Archiv
Beiträge — Stellenvermittlung
Fachgruppe Ländliche Fürsorge
Kunst — Literatur — Presse
Kurse — Bücherschau

Schriftleitung: Annemarie Pißel, Berlin W 62

Abb. 60: *Deckblatt der ersten Ausgabe der »Soziale(n) Berufsarbeit« mit Hakenkreuz vom September 1933.*

Annemarie Pißel (seit 1929 Geschäftsführerin des »Verband(es) der evangelischen Wohlfahrtspflegerinnen Deutschlandes«, ab Mai 1933 Leitung der »Arbeitsgemeinschaft der Berufsverbände« und ab 1938 Reichsfachschaftswalterin in der Deutschen Arbeitsfront) redigierte das Berufsorgan ab Juli 1933, nachdem Helene Weber die Schriftleitung niederlegen mußte. Die »Soziale Berufsarbeit« erschien noch bis 1935.

». . . mit dem Willen der Regierung solidarisch«
– Die Berufsorganisation wird gleichgeschaltet –

Durch die zweite Notverordnung Franz von Papens zur »Vereinfachung und Verbilligung der Verwaltung« vom 29.10.1932 wurde das preußische Ministerium für Volkswohlfahrt zum 1.12.1932 trotz zahlreicher Proteste durch Fachkreise der Wohlfahrtspflege aufgelöst. Die Arbeitsgemeinschaft der Berufsverbände der Wohlfahrtspflegerinnen Deutschlands richtete Scheiben des Bedauerns an den seines Amtes enthobenen Volkswohlfahrtsminister Heinrich Hirtsiefer und an die ehemalige Ministerialrätin Helene Weber. Sie durfte nur noch bis zum Inkrafttreten des »Gesetzes zur Wiederherstellung des Berufsbeamtentums« vom April 1933 im Kultusministerium tätig sein und wurde als »politisch unzuverlässig« entlassen.

Die Bekundungen des Bedauerns waren die einzigen offiziellen Verlautbarungen der Berufsverbände der Fürsorgerinnen über die Auswirkung der neuen politischen Verhältnisse nach 1933.

Im Januarheft der »Sozialen Berufsarbeit« 1933 ging Helene Weber, die die Zeitschrift der AG noch bis Juli redigierte, in ihrem Artikel »Ein alter und doch neuer Kampf« nur noch verschwommen auf die politischen Ereignisse ein. Die Fürsorgerinnen stünden nun »vor einer neuen Epoche«; manches was erreicht worden sei, drohe »niederzubrechen«, an anderen Stellen sprießten aber auch »neue Kräfte« (Soziale Berufsarbeit 13/1933, H. 1).

Im Aprilheft 1933 teilte die AG mit, daß die Geschäftsführung vom Mai an den »Verband der evangelischen Wohlfahrtspflegerinnen Deutschlands« übergeben worden sei. Vorläufige Geschäftsführerin wurde das langjährige Mitglied des evangelischen Verbandes Annemarie Pißel, die ab Juli auch die Redaktion der »Sozialen Berufsarbeit« übernahm. In einem Aufruf an die Mitglieder der Berufsverbände der Wohlfahrtspflegerinnen erklärte sich die AG mit dem »Willen der Regierung« solidarisch (vgl. Soziale Berufsarbeit 13/1933, H. 4, S. 37).

Der Deutsche Verband der Sozialbeamtinnen hat sich – bis auf den Berliner Ortsverband – anläßlich einer Tagung in Bad Sulza 1933 selbst aufgelöst.

Der »Verband der evangelischen Wohlfahrtspflegerinnen Deutschlands« gliederte sich als »Fachschaft der Wohlfahrtspflegerinnen« unter der Leitung von Charlotte Fenner dem »Verband der weiblichen Angestellten« an.

Der »Verein der katholischen deutschen Sozialbeamtinnen« blieb als konfessioneller Verein – »Hedwig-Bund« – noch weitgehend selbständig, aber ohne berufspolitische Interessen wahrnehmen zu dürfen.

In der Juli-Ausgabe des Berufsorgans wurde den Fürsorgerinnen mitgeteilt, daß der ehemalige Gauleiter der NSDAP von Danzig, Albert Forster, Leiter der neugebildeten Angestelltengruppe innerhalb der »Deutschen Arbeitsfront« (Leiter: Robert Ley) wurde. Eine der neun von Forster gebildeten Angestelltenberufsverbände war der »Verband der weiblichen Angestellten« mit einer gesonderten Fachschaft für die Wohlfahrtspflegerinnen, später Volkspflegerinnen.

Auf der Septemberausgabe der »Sozialen Berufsarbeit« 1933 erschien erstmals das Hakenkreuz auf dem Titelblatt.

An unsere Mitglieder.

Wir stehen an einer Zeitenwende. Was unser Vaterland in den letzten Wochen der nationalen Erhebung erlebt hat, greift tief in unser persönliches Leben ein...
Wir Sozialarbeiter sind schicksalsverbunden mit unseres Volkes Not und seiner Sehnsucht nach Aufstieg und Größe. Wir nehmen leidenschaftlichen Anteil an dem Geschehen der Zeit. Jeder Einzelne ist bereit zu Opfern und zu restloser Hingabe an Volk und Vaterland.

Wir begrüßen den Willen der Regierung zum Ausgleich der Klassengegensätze, zur Ertüchtigung der Jugend, zur Gesundung der Familie. Alle unsere Arbeit war schon in der Vergangenheit Dienst am Volke, Pflege der Jugend und Familienhilfe. Dem großen Werk des sozialen und kulturellen Aufbaues Deutschlands war unser Leben immer geweiht, und auch die Zukunft wird uns bereit finden zu starkem Helferwillen für alle Schichten des deutschen Volkes.

Kraft und Güte werden in der sozialen Zusammenarbeit Klassen und Stände verbinden müssen, und das mütterliche Wirken der Frau wird nicht nur im Hause, sondern auch im öffentlichen Leben und in der Sozialarbeit für Deutschlands Wohl geistige und seelische Werte schaffen.

Die Arbeitsgemeinschaft der Berufsverbände
der Wohlfahrtspflegerinnen Deutschlands:
Gräfin von der Schulenburg
Luise Besser
Helene Weber

Abb. 61: *Aufruf an die Mitglieder der Berufsverbände der Wohlfahrtspflegerinnen 1933.*

SOZIALE BERUFSARBEIT
13. Jahrgang 7. Heft
Juli 1933

Die Wohlfahrtspflegerinnen in ihrer Berufsorganisation.

Durch den starken politischen Willen des Führers Adolf Hitler ist die Einheit des deutschen Volkes geschaffen, von der keiner ausgenommen ist, der nach seiner Bestimmung und Leistung seine vaterländische Pflicht erfüllt. Unser Platz als Schaffende ist in der geeinten **Deutschen Arbeitsfront** der Arbeiter, Angestellten und Unternehmer unter Führung des Präsidenten Dr. Ley. Mit der Führung und organischen Gliederung der gesamten Angestelltengruppe hat der Herr Reichskanzler den Gauleiter der N.S. D.A.P in Danzig, Albert Forster, beauftragt und ihr damit einen aus eigener Berufserfahrung sachkundigen Führer gegeben. Forster setzte neun Berufsverbände ein, darunter einen **Verband der weiblichen Angestellten.** Wir, die weiblichen Angestellten, sehen daraus mit Stolz und Freude, daß auch hier nach nationalsozialistischem Grundsatz die Sonderaufgabe der Frau und die Sonderstellung ihrer Berufsarbeit anerkannt worden ist. Um den beruflichen Besonderheiten noch besser gerecht zu werden, hat der Verband der weiblichen Angestellten Fachschaften für bestimmte Berufskreise gebildet, so für Wohlfahrtspflegerinnen, für Kindergärtnerinnen, Hortnerinnen und Jugendleiterinnen, für Angestellte in der Haus- und Gutswirtschaft u. a.

Gemeinsames aber findet gemeinsame Würdigung und Erledigung und so ist ein Schritt mehr getan zum glücklichen Verstehen.

Gemeinsam ist den Frauen aller Kreise und Arbeitsgebiete das Wissen um die Lebensberufung und Sehnsucht, in geordneter Ehe mit dem Manne, der Ehre und Ehrfurcht trägt, Gattin und Mutter zu sein. So ist es auch uns ein wesentliches der Menschenführung und Frauenbildung, daß unser Nachwuchs dem Wesen der Frau getreu zu vollwertigen Charakteren mit gesunden körperlichen und seelischen Kräften heranwachse. Die strenge Zucht der Arbeit und Ordnung im Beruf, die kein Tändeln und Gehenlassen zuläßt, gibt jene Willensfestigkeit und Leistungsbereitschaft, die im Zusammenklang mit Treue und Hingabefähigkeit die deutsche Frau und Mutter auszeichnet.

Albert Forster

Abb. 62: *Juli-Ausgabe des Berufsorgans »Soziale Berufsarbeit«.*

In dieser Ausgabe wurde den Fürsorgerinnen mitgeteilt, daß der ehemalige Gauleiter der NSDAP von Danzig – Albert Forster – zum Leiter der neugebildeteten Angestelltengruppe innerhalb der Deutschen Arbeitsfront ernannt worden war. Eine der neun von Forster gebildeten Angestellten-Berufsverbände war der »Verband der weiblichen Angestellten« mit einer gesonderten Fachschaft für die Fürsorgerinnen bzw. Volkspflegerinnen.

Wir müssen auch in der Wohlfahrtspflege bewußt wieder den Weg zu unserem Volke zurückfinden, müssen auch hier uns lossagen von jener undeutschen Art des Almosengebens und Almosenempfangens, von jener Verantwortungslosigkeit, die dem germanischen Menschen im Grunde so fremd ist. Es ist ein Gedanke, der die ganze Vorstellungswelt unserer Vorfahren durchzieht, daß jeder Mensch Verantwortung trägt nicht nur für sich selbst, sondern auch für seine Familie und für die höchste Gemeinschaft seines Staates! (...)

Die Idee der Volksgemeinschaft muß Ausgangspunkt und Ziel auch unserer Arbeit sein, die aus dem Herzen ihre größten Kräfte zieht.

Wir wollen unsere Hilfe an den Hilfsbedürftigen nicht als Almosen geben, wir wollen vielmehr mit ihr in jedem Betreuten die Überzeugung erwecken, daß er die Pflicht hat, für diese Leistungen aus der Gemeinschaft wieder selbst Leistungen an die Gemeinschaft zu erbringen. Das gewaltigste Erziehungsmittel zur Volksgemeinschaft wird nie allein das bloße Wort, sondern stets die Tat und das Opfer sein, ebenso wie auch aus dem Opfer von Langemarck, aus dem Opfer des Weltkrieges die Frontgemeinschaft, die Volksgemeinschaft herausgewachsen ist.

In dieser tagtäglichen Erziehung zum Opfer, in dieser dauernden Bereitschaft zum Einsatz für das große Ganze, nicht in den gesammelten Ziffern der Leistungen liegt die ausschlaggebende Bedeutung des Winterhilfswerkes. Andere Regierungen vor uns haben Notstandsmaßnahmen durchgeführt, haben Kohlen und Lebensmittel gesammelt, haben Wärmestuben eingerichtet — und sehnten sich nach der Zeit, wo sie dieser lästigen Einrichtung wieder endlich ledig sein würden. Wir Nationalsozialisten haben von Anfang an das Winterhilfswerk, wie das schöne Wort des Führers sagt, als eine stolze Herzensangelegenheit betrachtet. Das Winterhilfswerk wird nach den Worten des Führers auch in allen kommenden Wintern durchgeführt werden, nicht deshalb, weil wir glauben, daß wir die Not im Winter nie beseitigen werden, sondern weil das Winterhilfswerk eine ständige Erziehungsaufgabe für das deutsche Volk sein soll. In den unzähligen Gaben zum WHW, in den Millionen Helfern, die sich uns zur Verfügung stellen, erblickt nicht nur der Führer, nicht nur ganz Deutschland, sondern die ganze Welt den Gradmesser für die Opferfähigkeit unseres Volkes auch in ernsteren Zeiten.

Abb. 63: *Erich Hilgenfeldt über Erziehung zur Volksgemeinschaft, 1937.*

Abb. 64: *Titelblatt einer Ausgabe des Organs der »Nationalsozialistischen Volkswohlfahrt« (NSV).*

Wohlfahrtsschule und »deutsches Volkstum«
– Die Sozialen Frauenschulen nach 1933 –

Die neuen politischen Machtverhältnisse hatten unmittelbare Auswirkungen auf die Praxis der Sozialfürsorge und natürlich auch auf die konkrete Ausgestaltung der Sozialen Frauenschulen.

Bereits auf der Lehrplankonferenz 1928 hatte der preußische Städtetag den Sozialen Frauenschulen mangelnden Praxisbezug vorgeworfen. Im gleichen Jahr hatte die Schulleiterin der Katholischen Frauenschule Aachen, Maria Offenberg, während ihres Vortrages auf der Lehrplankonferenz einen engen Zusammenhang zwischen »Wohlfahrtsschule und deutschem Volkstum« hergestellt. Sie forderte die Schulleiterinnen auf, wieder mehr Vertrauen in die »wachstumsfähige Urkraft des Volkes« zu setzen. In Zukunft müsse dem »Gefährdeten und Abwegigen« weniger Bedeutung beigemessen werden. Vielmehr sollten sich die Wohlfahrtsschulen daran orientieren, wie dem Volk günstige Bedingungen zu einem kräftigen und »gesunden Volkstum« bereitzustellen waren. Nicht die »selbstzerstörerischen« kritischen und grübelnden Fürsorgerinnen seien gute Fürsorgekräfte, sondern diejenigen, die noch »unmittelbare Lebensnähe« ausstrahlten, die »inmitten der Abgründigkeiten der modernen Psyche wie erfrischende neu erstehende Generationen« wirkten. Das Können einer Fürsorgerin müsse in Zukunft mehr auf die Bewältigung praktisch-pflegerischer Anforderungen ausgerichtet sein (z.B. eine Krankensuppe bereiten können oder einen verwahrlosten Haushalt mit wenigen Mitteln umzugestalten; vgl. Offenberg 1928, S. 90 ff.).

Diese Vorstellungen hoben sich 1928 noch von den übrigen Vorträgen von Schulleiterinnen der Lehrplankonferenz ab. Sie erfuhren aber keinen offiziell dokumentierten Protest durch die Kolleginnen Offenbergs. Auf der letzten Lehrplankonferenz 1930 wies die Regierungsrätin Maria Laarmann noch einmal deutlich auf die Notwendigkeit der Sozialen Frauenschulen hin, die ideellen »Voraussetzungen ihrer Existenzberechtigung« in Anbetracht der politischen Entwicklung zu prüfen und nicht zu vergessen, welches die eigentlichen Ziele dieser Ausbildungsstätten seien (vgl. Laarmann 1930, S. 2). Laarmann ging sogar so weit, die Auflösung der Schulen ins Auge zu fassen, wenn durch die neuen weltanschaulichen Kräfteverhältnisse »sachfremde Zielsetzungen« in die Schulen getragen würden.

Während die TeilnehmerInnen der Lehrplankonferenz noch über fachliche und methodische Zukunftsorientierungen von Sozialen Frauenschulen debattierten, hatte sich der Arbeitsmarkt für die Fürsorgerinnen seit 1927 stetig verschlechtert. Ein Erlaß des Volkswohlfahrtsministeriums vom 9.6.1930 zur Herabsetzung der Neuaufnahmen an Wohlfahrtsschulen auf höchstens 30 bis 35 Auszubildende, sollte dieser Arbeitsmarktsituation entgegenwirken (vgl. Soziale Arbeit 7/1930, H. 3, Ausg. A).

Am 24.8.1931 wurden die Wohlfahrtsschulen durch einen weiteren Erlaß aufgefordert, den Unterricht »auf die wirtschaftliche und soziale Notlage der Zeit« einzustellen und eine »strenge Auslese« der Schülerinnen in Bezug auf deren berufliche Eignung und charakterliche Reife vorzunehmen (vgl. Nachrichtendienst 12/1931, H. 12).

Das nach der Auflösung des Volkswohlfahrtsministerium nun für die Wohlfahrtsschulen zuständige preußische Ministerium für Wissenschaft, Kunst und Volksbildung ordnete an, daß die Schulen jetzt unmittelbar auf die »Erfordernisse der Praxis« einzugehen hatten, das hieß z.B. die Vorbereitung der Wohlfahrtspflegeschülerinnen auf den Arbeitsdienst, Betreuung jugendlicher Erwerbsloser und auf die Heranbildung ehrenamtlicher Kräfte des sozialen Dienstes. (vgl. Deutsche Zeitschrift für Wohlfahrtspflege 8/1932, H. 8).
Nach Adolf Hitlers Ernennung zum Reichskanzler am 30.1.1933 wurde durch das »Gesetz zur Wiederherstellung des Berufsbeamtentums« vom 7.4.1933 und durch das »Gesetz gegen die Überfüllung deutscher Schulen und Hochschulen« vom 25.4.1933 endgültig in die Autonomie der Wohlfahrtsschulen eingegriffen. Das Ministerium für Wissenschaft, Kunst und Volksbildung behielt sich dabei auch vor, die »Aufnahme von Personen, die im Sinne des Gesetzes nichtarischer Abstammung« waren, zu verweigern (vgl. Deutsche Zeitschrift für Wohlfahrtspflege 9/1933, H. 8).

Schülerinnen der Berliner Alice-Salomon-Schule hatten unmittelbar nach dem politischen Umbruch vielfach Schwierigkeiten. Manche Bezirksämter äußerten jetzt Bedenken, Praktikantinnenstellen für die Angehörigen einer Schule einzurichten, die von einer Jüdin errichtet und so lange geleitet worden war. Manche der Schülerinnen brachen auch von sich aus ihre Ausbildung dort ab, um an eine andere Wohlfahrtsschule zu gehen.

Für die Nationalsozialisten wurzelten die Ziele der ehemaligen Frauenbewegung und ihrer Sozialen Frauenschulen vor der »nationalen Erhebung« in den »Ideen des westeuropäischen Liberalismus und zersetzenden Marxismus des Weltjudentums«. Deshalb seien statt »national gesinnter Führerinnen« zunehmend Mitglieder der »jüdischen Rasse« für die soziale Ausbildung bestimmend geworden (vgl. Kranz 1941, S. 8; NS-Frauenwarte 1/1932, H. 1, S. 3 f.).

Neben den zügig durchgeführten Nachschulungslehrgängen für Sozialkräfte erließ am 27.1.1934 das Ministerium die »Übergangsbestimmungen« für die Neuregelungen der Lehrpläne an den künftigen »Nationalsozialistischen Frauenschulen für Volkspflege«. Zielsetzung des Ministeriums war, daß einmal das »nationalsozialistische Gedankengut« Berücksichtigung finden – und zum anderen der angeblich ins »Übermaß gesteigerte Lehrstoff« eingeschränkt und vereinfacht werden sollte (vgl. Zentralblatt 76/1934, H. 3, S. 46 f. und Nachrichtendienst 15/1934, H. 2/3, S. 78).

Soziale Frauenschulen durften ihren Namen mit der Einschränkung weiterhin behalten, solange nicht der Begriff »Wohlfahrt« darin vorkam. Die Bezeichnung »Nationalsozialistische Frauenschule für Volkspflege« erhielten alle Ausbildungsstätten, die von der NSV übernommen oder neu eingerichtet worden waren. Es sollte als Auszeichnung verstanden werden.

Erb- und Rassenpflege, Mütterberatung und Säuglingsfürsorge bildeten die Grundlage künftiger Volkspflege. Das Fach Gesundheitsfürsorge erhielt dabei ganz spezifisch praktische wie ideologische Bedeutung.

Rassenhygienische Themeninhalte konnten vereinzelt aber auch bereits während der zwanziger Jahre Bestandteile des Gesundheitspflegeunterrichs sein. Der Dozent an der Würzburger Wohlfahrtsschule Dr. Ludwig Schmidt z.B. behandelte Fragen der Interdependenz von Vererbung und Umwelt und problematisierte, ob Krankheiten für eine »natürliche Auslese« im Volke sorgten, ob der »völkischen Degeneration eine genügende Regeneration« gegenüberstünde, oder »ob man syphillitische Kinder großziehen« sollte. Für den Arzt stand fest, daß Gesundheitspflege nicht nur im »Interesse Minderwertiger, Geschädigter und Kranker« zu stehen habe, sondern daß die »gesundheitliche Bewahrung der Vollwertigen ... mindestens genauso wichtig« sei (Schmidt 1925, S. 463).

Die Diskussion um die »Verhütung erbkranken Nachwuchses« war also nichts Neues unter Eugenikern (vgl. »Leitsätze der Deutschen Gesellschaft für Rassenhygiene« 1922. In: Hofstätter 1929, S. 434 ff.). Auch die Forderung nach der »Freigabe der Vernichtung lebensunwerten Lebens« wurde bereits 1920 aufgestellt (vgl. Binding/Hoche 1922). Noch im Juli 1932 verhandelte der Ausschuß des preußischen Landesgesundheitsrates über einen Gesetzentwurf. Die »Tötung oder Vernachlässigung lebensunwerten Lebens« wurde noch eindeutig abgelehnt. Der Ausschuß forderte allerdings die baldige Verabschiedung eines »Gesetzes über freiwillige eugenische Sterilisierung« (vgl. Eugenik im Dienste der Volkswohlfahrt 1932). Die Nationalsozialisten erließen dann ohne Zögern das Gesetz zur »Verhütung erbkranken Nachwuchses« zum 14.7.1933 (vgl. RGBl. 1933, S. 529; Bock 1986).

Stoffgebiete der bis 1934 geltenden Lehrpläne an Sozialen Frauenschulen wie Sozialpolitik, Psychologie und Pädagogik sollten mit der ideologischen Umwertung der sozialstaatlichen Fürsorgeprinzipien zugunsten einer »völkischen Aufartung« durch »nationalsozialistische Rassen- und Gesinnungspflege« aufgegeben werden. Wesentliche sozialpädagogische wie psychologische Unterrichtsinhalte erschöpften sich den neuen Anspruch nach im Pathos deutscher Geschichte, Kultur und in der Erziehung zum Volkstümlichen durch Dichtung, Tanz und Spiel. Adolf Hitlers Buch »Mein Kampf« sollte Pflichtlektüre auch an den neuen nationalsozialistischen Frauenschulen für Volkspflege werden (vgl. Broecker 1934, S. 308).

Konnte vor 1933 der Lehrkörper einer Wohlfahrtsschule innerhalb gewisser Grenzen noch ein weltanschauliches Meinungsspektrum umfassen, sollten die Lehrkräfte nun eine homogene und politisch zuverlässige Gesinnungsgemeinschaft bilden. Nach den Richtlinien des Reichsbeamtengesetzes vom 30.6.1933 mußten Beamte/Angestellte die »arische Abstammung« nachweisen (vgl. RGBl 1933, S. 433 und 575). Mitglieder der »Nationalsozialistischen Bewegung« wurden in öffentlichen Ämtern und Schulen bevorzugt untergebracht. Lichtbildmaterial für Unterrichtszwecke über Rassenkunde, Eugenik, Erblehre und Geschichte der nationalen Erhebung mußten ab August 1934 der Reichsstelle für den Unterrichtsfilm in Berlin zur Überprüfung vorgelegt werden (vgl. Zentralblatt 76/1934, H. 16, S. 248). Nichtarische BewerberInnen waren an den »Nationalsozialistischen Frauenschulen für Volkspflege« zu den schulwissenschaftlichen Vorprüfungen ab August 1934 nicht mehr zugelassen. Die staatliche Anerkennung als Volkspflegerin und Volkspfleger wurde allen »nicht-arischen« BewerberInnen verweigert.

1935 sollen 30 Volkspflegeschulen bestanden haben, die unter der Führung von Elisabet Nitzsche (Leiterin der Evangelischen Sozialen Frauenschule in Berlin) zu einer Reichsgemeinschaft der Volkspflegeschulen zusammengeschlossen waren.

Die nachfolgende Entwicklung der nationalsozialistischen Volkspflege und die konkrete Ausgestaltung der Lehrpläne der Sozialen Frauenschulen vollzog sich aber nicht den ideologischen Vorgaben entsprechend vollständig einheitlich. Neben mehr oder weniger devoten Anpassungsleistungen durch Wohlfahrtsschulleiterinnen gab es auch immer wieder einzelne, vor allem konfessionelle Schulen, die sich dem Gleichschaltungszwang zu entziehen suchten (vgl. Chroniken der Sozialen Frauenschulen in Kap. 5). Die NSV versuchte durch Mittelkürzung, bzw. Streichungen und weltanschauliche Überwachung politischen Druck auf nicht konforme Ausbildungsstätten auszuüben, um diese zur Aufgabe des Unterrichtsbetriebes zu bewegen. Die NSV konnte aber den eigenen Nachholbedarf an NS-Volkspflegerinnen – wie auch an qualifiziertem Lehrpersonal – nicht zügig genug decken. So mußten sie die Existenz der nicht angepaßten Sozialen Frauenschulen vorerst widerwillig dulden.

Im Januar 1938 fanden Beratungen zur Vereinheitlichung der Lehrpläne statt. Es wurden auch Maßnahmen besprochen, in welcher Weise der Nachwuchsmangel für den Volkspflegeberuf behoben werden konnte. Ob die in Preußen beibehaltene Dreiteilung der Ausbildung zugunsten der Familienfürsorge aufgegeben werden sollte, war 1938 bei den Lehrplankonferenzen immer noch Diskussionspunkt. Im April legte der Deutsche Verein für öffentliche und private Fürsorge einen Entwurf zur »Reichsausbildungsordnung« vor, dem eine »Denkschrift über die Neuordnung der Ausbildung für Volkspflegerinnen« vorangestellt war (vgl. Nachrichtendienst 20/1939, H. 4). Drei Hauptgebiete wurden in dem Lehrplanentwurf konzipiert: 1. Lehre von Volk und Staat; 2. Volkspflege; 3. Erziehung zur persönlichen Kultur (vgl. Roestel 1939, S. 292). Mit dem Beginn des Zweiten Weltkrieges wurde der Entwurf nicht mehr realisiert, sondern blieb immer wieder nur Diskussionsgegenstand.

Wohlfahrtsschule und deutsches Volkstum.
Von Dr. Maria Offenberg.

Je mehr die Wohlfahrtsschulen um ihre äußere und innere Gestaltwerdung ringen, um so klarer stellt sich heraus, daß die tragenden Ideen der Wohlfahrt, ihre Motive, ihre Durchschlagskraft von verschiedenen Grundhaltungen aus gesehen werden können.

Der Gedanke des deutschen Volkstums ist fähig, eine soziale Schule zu durchformen. Mag er von einer Schule, die an der Westgrenze liegend, allen Nöten dieses Volkstums in den bitteren Stunden des Krieges, der Absperrung und Besatzung ausgesetzt war, in besonderer Betonung durchlebt und getragen werden, so birgt doch die Gegenüberstellung von Wohlfahrtsaufgaben und Volkstumspflege eine Reihe objektiver Gesichtspunkte, die für jede Wohlfahrtsschule gelten. Allerdings muß der Begriff des deutschen Volkstums von der Umkleidung befreit werden, die ihm heute vielfach anhaftet. Es liegt heute ein Hauch von Romantik über ihm, eine Prägung, die wir den fröhlichen Volksbildnern verdanken, denen die soziale Frage mit einem gut verlaufenen Erntefest oder einer stimmreichen Sonnwendfeier gelöst erschien. Nicht dieser Sinn und nicht die Form und Fassung, die der Dichterkreis eines vergangenen Jahrhunderts in ästhetischer Rückschau dem deutschen Volkstum gab, ist hier gemeint.

Ich möchte dieses Volkstum sehen in seiner n ü c h t e r n s t e n G e s t a l t als Boden, der unsere Nation trägt, als Naturkraft, aus der wir leben, als Träger von Generationen blühenden Lebens, die sich wieder behaupten sollen im Streite gegen die zerwühlenden Mächte, die an seinem Lebensnerv innerlich nagen und im Kampfe gegen die äußeren Feinde. Es kann den Wohlfahrtsschulen mit dem deutschen Volkstum nur bitterster Ernst sein. Diese Schulen sind aus dem Nachdenken über die Krankheitserscheinungen des Volkskörpers entstanden. Sie wollen Menschen formen, die aus der dauernden Sorge leben, wie sie diesem Volke die Bahn freimachen zu einem gesunden Wachstum.

Abb. 65: *Abdruck eines Vortrages, den Maria Offenberg (Leiterin der Katholischen Sozialen Frauenschule Aachen) auf der Berliner Lehrplankonferenz 1928 gehalten hat.*

1. NS-Sozialpädagogisches Seminar,
Königsberg i. Pr., Ratslinden 32–36,
Gauamtsleitung Ostpreußen,
Volkspflegerinnen

2. Frauenschule für soziale und sozialpädagogische Berufe,
Stettin, Turnerstr. 59 b,
Gauamtsleitung Pommern,
Volkspflegerinnen;
Träger: Provinzialschulbehörde
fachliche Leitung: NSV

3. Frauenschule für soziale und sozialpädagogische Berufe der NSV,
Thale a. Harz,
Gauamtsleitung Magdeburg-Anhalt;
Volkspflegerinnen

4. Frauenschule für soziale und sozialpädagogische Berufe der NSV,
Mannheim, Im Schloßgarten am Lindenhofplatz,
Gauamtsleitung Baden,
Volkspflegerinnen

5. NS-Frauenschule für Volkspflege,
Danzig, Neugarten 23,
Gauamtsleitung Danzig,
Volkspflegerinnen

6. NS-Frauenschule für Volkspflege,
Köln a. Rh., Rheinaustr. 3,
Gauamtsleitung Köln-Aachen,
Volkspflegerinnen

7. NS-Wohlfahrtsschule,
Dresden-Blasewitz, Hindenburgufer 81,
Gauamtsleitung Sachsen,
Volkspflegerinnen

8. Reichsseminar der NSV
Blumberg, Bez. Potsdam,
Volkspflegerinnen

9. NS-Frauenschule für Frauenpflege,
Gelsenkirchen, Knappschaftsstr. 4,
Gauamtsleitung Westfalen-Nord,
Volkspflegerinnen

10. Frauenschule der NSV,
Bielefeld, Grünstr. 36,
Gauamtsleitung Westfalen-Nord,
Volkspflegerinnen

Abb. 66: *Soziale Ausbildungsstätten der NSV, 1940.*

Neben der praktischen Fürsorgeausbildung vor allem in Gesundheitspflege, Haus- und Familienarbeit, sollte die zukünftige Volkspflegerin in weltanschaulichen Fragen des Nationalsozialismus geschult werden. Der Unterricht in »Rassenkunde« und in »Geschichte der NSDAP« traten also als neue Bestandteile des Lehrplans hinzu.

Der nachstehende Stoffplan zählt die Kerngebiete der nationalsozialistischen Frauenschulen für Volkspflege auf:

A. Nationalsozialistische Weltanschauung und Lebenseinstellung.

1. Deutsche Schicksalsgemeinschaft:
   a) Rassenkunde (mit nationalsozialistischer erzieherischer Auswertung).
   b) Grundzüge der Rassengeschichte.
   c) Deutsche Geschichte in nationalsozialistischer Beleuchtung.
   d) Deutsche Volkserzieher.
   e) Adolf Hitler und die Geschichte der N.S.D.A.P.

2. Deutsche Volkskultur.
   a) Deutsche Frömmigkeit.
   b) Deutsche Kunst.
   c) Deutsche Arbeit.

B. Nationalsozialistische Volkspflege.

1. Gesundheitspflege:
   a) Erbgesundheitslehre.
   b) Körperpflege und -schulung.
   c) Wichtigste Krankheiten.
   d) Erste Hilfe bei Unglücksfällen und Krankheiten.
   e) Rechtsfragen.

2. Haushaltspflege:
   a) Grundzüge nationalsozialistischer Volkswirtschaft.
   b) Nationalsozialistische Haushaltsführung; Theorie und Praxis (gesundheitlich, artgemäß, bodenständig, sparsam).
   c) Rechtsfragen.

3. Familienpflege:
   a) Säuglings- und Kleinkinderpflege und Fragen der Kindererziehung.
   b) Jugendpflege und Fragen der Jugenderziehung (Familie, Schule, Bund, Fürsorge).
   c) Jugendwohlfahrtsgesetz.
   d) Heimpflege.
   e) Beschäftigungsspiele.
   f) Häusliche Feste.

4. Volksgemeinschaftspflege (Pflege organisch gewachsener Gemeinschaften und Beseelung organisierter Gemeinschaften):
   a) Nächstenhilfe unter Volksgenossen.
   b) Volkstümliche Gemeinschaftsfeiern.
      1. Volksmusik, -dichtung, -tanz.
      2. Laienspiel.
      3. Körperschulung und Sport.

Abb. 67: Übergangsbestimmungen des Preußischen Ministeriums für Wissenschaft, Kunst und Volksbildung für die neuen Lehrpläne an »Nationalsozialistischen Frauenschulen für Volkspflege« vom 27.1.1934.

Der Polizeipräsident in Berlin

Abteilung V

C.2,

Berlin ~~NW~~, Magazinstraße 3/5

Eingangs- und Bearbeitungsvermerk

An

die Soziale Frauenschule des
Pestalozzi-Fröbelhauses
in Berlin W.30
Barbarossastrasse 65.

Geschäftszeichen und Tag Ihres Schreibens

Geschäftszeichen und Tag meines Schreibens
V.2310/38. 28. August 1938.

Betrifft:

Zum Nachweis der Abstammung der Volkspflegeschüler (-schülerinnen) wird mir ein Fragebogen vorgelegt, der zur Zeit in der in Betracht kommenden Spalte nur die Angabe der Religionszugehörigkeit enthält. Jch ersuche zu veranlassen, dass in dieser Rubrik in Zukunft besonders die Rassezugehörigkeit des in Betrachtkommenden angegeben wird.

Weiter ersuche ich, in Zukunft zum Nachweis der Abstammung neben den bisher eingereichten Urkunden (eigene Geburtsurkunde, Heiratsurkunde der Eltern, Geburtsurkunde der Eltern) vorzulegen:
Geburts-bezw. Taufurkunden und Heirats-bezw.Trauschein der Grosseltern väterlicher-und mütterlicherseits.

Jch bringe weiter meine Verfügung vom 8. Oktober 1936 - V.2310 b/36 - in Erinnerung, in der ich darauf hingewiesen habe, dass Abschriften nur beglaubigt werden können von hierfür besonders ermächtigten Stellen. Diese Verfügung wird sehr selten beachtet. Jch muss feststellen, dass ein grosser Teil der mir vorgelegten Abschriften beglaubigt worden ist durch hierfür nicht zuständige Stellen (z.B. Pfarrämter, Dienststellen der NSV.u.ä.).

Jm Auftrage:
gez.Dr.Redeker.

Beglaubigt:
Polizeiassistent.

Polizeipräsidium Berlin

Reichsfachschaft ... Berlin ... Bel.-Haus...

na

Abb. 68: *Anweisung des Berliner Polizeipräsidiums an die Soziale Frauenschule Berlin, 1938.*

Abb. 69: *Unterricht im Reichsseminar für Volkspflege auf Schloß Blumberg, Bezirk Potsdam 1940.*

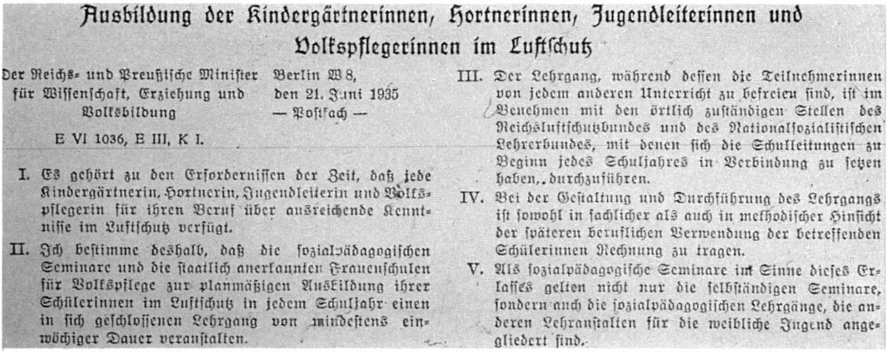

> **Ausbildung der Kindergärtnerinnen, Hortnerinnen, Jugendleiterinnen und Volkspflegerinnen im Luftschutz**
>
> Der Reichs- und Preußische Minister für Wissenschaft, Erziehung und Volksbildung
>
> E VI 1036, E III, K I.
>
> Berlin W 8,
> den 21. Juni 1935
> — Postfach —
>
> I. Es gehört zu den Erfordernissen der Zeit, daß jede Kindergärtnerin, Hortnerin, Jugendleiterin und Volkspflegerin für ihren Beruf über ausreichende Kenntnisse im Luftschutz verfügt.
>
> II. Ich bestimme deshalb, daß die sozialpädagogischen Seminare und die staatlich anerkannten Frauenschulen für Volkspflege zur planmäßigen Ausbildung ihrer Schülerinnen im Luftschutz in jedem Schuljahr einen in sich geschlossenen Lehrgang von mindestens einwöchiger Dauer veranstalten.
>
> III. Der Lehrgang, während dessen die Teilnehmerinnen von jedem anderen Unterricht zu befreien sind, ist im Benehmen mit den örtlich zuständigen Stellen des Reichsluftschutzbundes und des Nationalsozialistischen Lehrerbundes, mit denen sich die Schulleitungen zu Beginn jedes Schuljahres in Verbindung zu setzen haben, durchzuführen.
>
> IV. Bei der Gestaltung und Durchführung des Lehrgangs ist sowohl in fachlicher als auch in methodischer Hinsicht der späteren beruflichen Verwendung der betreffenden Schülerinnen Rechnung zu tragen.
>
> V. Als sozialpädagogische Seminare im Sinne dieses Erlasses gelten nicht nur die selbständigen Seminare, sondern auch die sozialpädagogischen Lehrgänge, die anderen Lehranstalten für die weibliche Jugend angegliedert sind.

Abb. 70: *Verfügung des Reichs- und Preußischen Ministers für Wissenschaft, Erziehung und Volksbildung.*

Am 16. März 1935 ließ Hitler wieder die allgemeine Wehrpflicht einführen. Nur drei Monate später wurden auch die Leiterinnen sozialer Ausbildungsstätten durch das Wissenschaftsministerium aufgefordert, Luftschutzübungen für die Schülerinnen durchführen zu lassen.

Ergebnis der Prüfung:

A. Mündliche Prüfung	Hauptfach für Gruppe I II III	Gegenstand der Prüfung	Wertung
1. Gesundheitslehre und Gesundheitsfürsorge	+	Pflichtaufgaben des Gesundheitsamtes. Säugl.Fürs. Gesetz zur Ordnung der Krankenpflege.	3
2. Wohlfahrtspflege und Wohlfahrtskunde	+ + +	Grundgedanken und Organisation der Arbeit der NSVbes.des Hilfswerks "Mutter und Kind". §§ 21a.25a FV.	6
3. Rechtskunde	+ + +	Rechtl.u.Fürs.Situation des unehelichen Kindes.	3
4. Seelenkunde, Erziehungslehre, Volksbildung	+	Reichsschulpflichtgesetz, insbes. Beschulung blinder und taubstummer Kinder.	3
5. Volkswirtschaftslehre, Sozialpolitik, Sozialversicherung	+	Stellung der Frau und der Töchter im Erbhofrecht. Spannung zw.Lohnerhöhung und Produktion.	4
6. Staats- und Verwaltungsrecht, Verwaltungskunde		Grossdeutscher Gedanke seit 1870.	4
7. Weltanschauung			
B. Schriftliche Prüfung:		Der Erziehungsgedanke im Jugendstrafrecht.	2
C. Praktische Leistungen:			2
Gesamturteil: Hauptfach:			3
Nebenfächer:			4

Die Prüfung wurde hiernach *befriedigend* bestanden.

Berlin, den 17. *Juli* 1943

Der Prüfungsausschuß.

Abb. 71: *Prüfungs-Zeugnis der Sozialen Frauenschule Berlin (ehemalige »Alice Salomon Schule«), 1943.*

Ergebnis der Prüfung:

A. Mündliche Prüfung	Hauptfach für Gruppe I / II / III	Gegenstand der Prüfung	Wertung
1. Gesundheitslehre und Gesundheitsfürsorge	+	Rassengesetzgebung. Sterilisationsgesetz. Desinfektion.	1
2. Wohlfahrtspflege und Wohlfahrtskunde	+ + +	Grundgedanken des modernen Versorgungsrechtes. Hilfsbedürftigkeit eines Kleinrentners- Erstattungspflicht der	2
3. Rechtskunde,	+ + +	Ehefrau./ Rechtl.Möglichkeiten bei gefährdeten Jugendlichen.	1
4. Seelenkunde, Erziehungslehre, Volksbildung	+	Päd.Problematik des Jugendalters.	2
5. Volkswirtschaftslehre, Sozialpolitik, Sozialversicherung	+	Ursachen der Landflucht. Massnahmen zu ihrer Behebung. Wochenhilfe.	2 / 2
6. Staats- und Verwaltungsrecht, Verwaltungskunde		Kampf 1932. Moltke.	3
7. Weltanschauung			
B. Schriftliche Prüfung:		Der Erziehungsgedanke im Jugendstrafrecht.	2
C. Praktische Leistungen:			3
Gesamturteil: Hauptfach:			2
Nebenfächer:			2

Die Prüfung wurde hiernach _gut_ bestanden.

Berlin, den 17. . . . . 194.

Der Prüfungsausschuß.

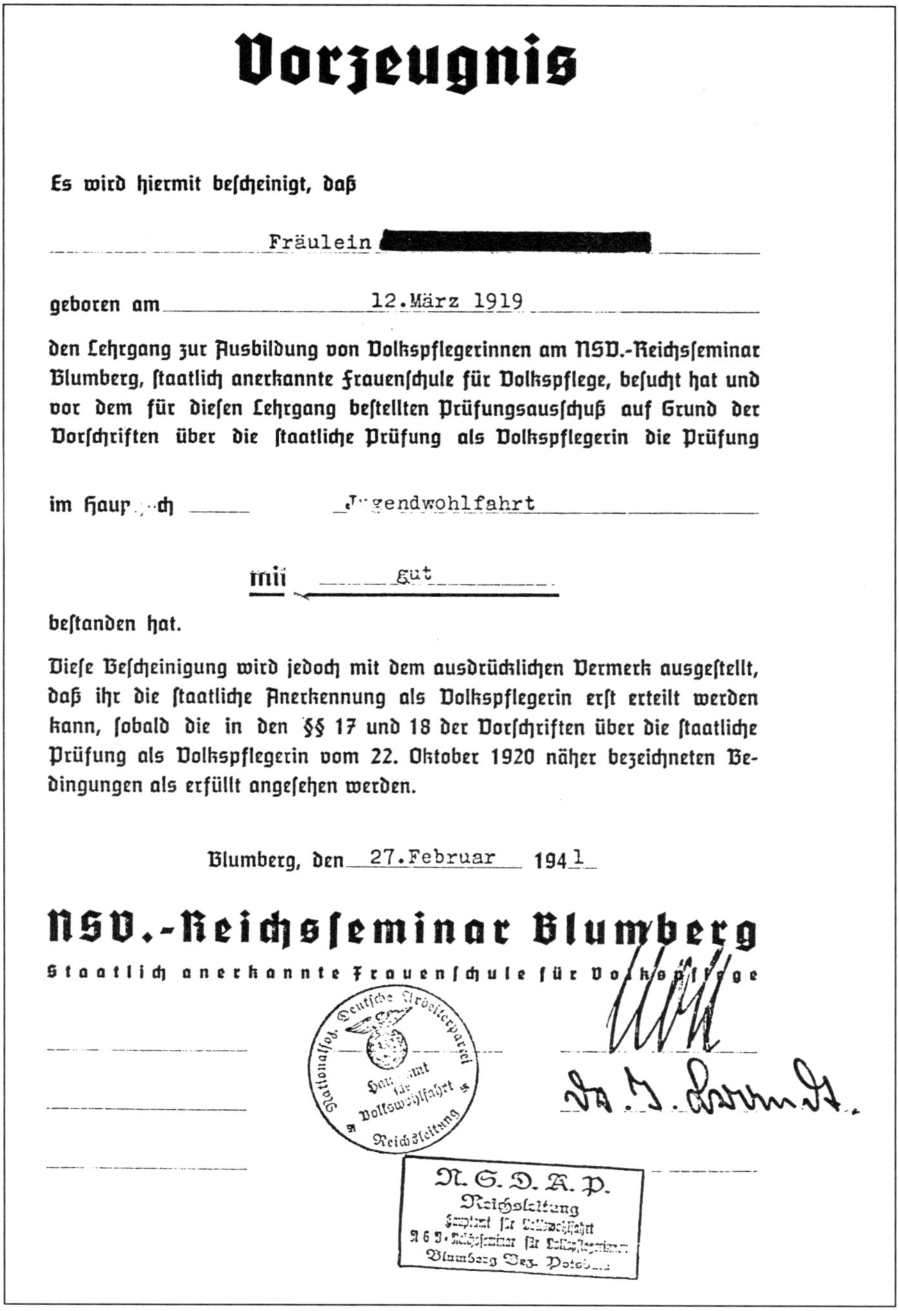

Vorzeugnis

Es wird hiermit bescheinigt, daß

_____ Fräulein ▬▬▬▬▬▬▬▬ _____

geboren am _____ 12. März 1919 _____

den Lehrgang zur Ausbildung von Volkspflegerinnen am NSV.-Reichsseminar Blumberg, staatlich anerkannte Frauenschule für Volkspflege, besucht hat und vor dem für diesen Lehrgang bestellten Prüfungsausschuß auf Grund der Vorschriften über die staatliche Prüfung als Volkspflegerin die Prüfung

im Hauptfach _____ Jugendwohlfahrt _____

mit _____ gut _____

bestanden hat.

Diese Bescheinigung wird jedoch mit dem ausdrücklichen Vermerk ausgestellt, daß ihr die staatliche Anerkennung als Volkspflegerin erst erteilt werden kann, sobald die in den §§ 17 und 18 der Vorschriften über die staatliche Prüfung als Volkspflegerin vom 22. Oktober 1920 näher bezeichneten Bedingungen als erfüllt angesehen werden.

Blumberg, den _27. Februar_ 194__1__

NSV.-Reichsseminar Blumberg
Staatlich anerkannte Frauenschule für Volkspflege

Abb. 73: *Vorzeugnis einer Volkspflegerin für Jugendwohlfahrt, 1941.*

Ausweis
für eine staatlich anerkannte Volkspflegerin

Die ▬▬▬▬▬▬▬▬▬▬▬▬

aus Feldbach i.Stmk geboren am 12.3.1919

in Feldbach , die den Nachweis der Ausbildung in der Volkswohlfahrtspflege erbracht hat, und die die zur Ausübung des Berufs einer Volkspflegerin erforderlichen Eigenschaften besitzt, wird hiermit

staatlich als Volkspflegerin anerkannt.
Hauptfach "Jugendwohlfahrt"

Diese Anerkennung gilt gemäß Erlaß des Herrn Reichsministers für Wissenschaft, Erziehung und Volksbildung vom 30. Juli 1940 — E IV d 684 — für das Gebiet des Reiches.

Für den Fall, daß Tatsachen bekannt werden, die den Mangel derjenigen Eigenschaften dartun, die zur Ausübung des Berufes einer Volkspflegerin erforderlich sind, oder daß die Volkspflegerin den in Ausübung der staatlichen Aufsicht erlassenen Vorschriften beharrlich zuwiderhandelt, kann die Zurücknahme der Anerkennung erfolgen.

Graz , den 11.März 19 43

(Unterschrift)
Regierungs- u. Gewerbeschulrat

IIc 337 Au 5/66-1943

268. Staatliche Anerkennung als Volkspfleger.

Ausschluß nichtarischer Bewerber (Bewerberinnen) von der staatlichen Anerkennung als Volkspfleger (Volkspflegerinnen).

I.

Die staatliche Anerkennung als Volkspfleger (Volkspflegerin) — bisher Wohlfahrtspfleger (Wohlfahrtspflegerin) — ist künftig Personen nichtarischer Abstammung nicht mehr zu erteilen.

II.

Wer nichtarischer Abstammung ist, bestimmt sich nach den unter dem 8. August 1933 (Reichsgesetzbl. I S. 575) ergangenen Richtlinien zu § 1 a Abs. 3 des Reichsbeamtengesetzes in der Fassung des Gesetzes vom 30. Juni 1933.

Berlin, den 2. August 1934.

Der Minister für Wissenschaft, Kunst u. Volksbildung.

Im Auftrag: Rothstein.

Abb. 75: *Verordnung des Wissenschaftsministeriums vom August 1934, daß »nichtarischen« Fürsorgerinnen und Fürsorgern die staatliche Anerkennung als VolkspflegerInnen nicht mehr zuerkannt werden sollte.*

Die Volkspflegerin im Dienst »am gesunden Volkstum«
– Arbeitsmarkt und Berufsbedingungen während der dreißiger Jahre –

Zu den ersten Aktivitäten der Nationalsozialisten in bezug auf die Gleichschaltung aller Verwaltungskörperschaften gehörte das »Gesetz zur Wiederherstellung des Berufsbeamtentums« vom 7. April 1933. Nach §§ 4 und 5 dieses Gesetzes wurden politisch »unzuverlässige« und vor allem jüdische Erwerbstätige des öffentlichen Dienstes in den »Ruhestand« geschickt (vgl. RGBl. 1933, S. 175 ff.).

Der Prozentsatz jüdischer Wohlfahrtsschülerinnen an den Sozialen Frauenschulen bewegte sich während der zwanziger Jahre durchschnittlich zwischen 3 und 9% (vgl. Weinreich 1929, S. 6). Ab August 1934 wurden jüdische BewerberInnen an Wohlfahrtsschulen nicht mehr zugelassen. Feste Stellen innerhalb der Einrichtungen der »Zentralwohlfahrtsstelle der deutschen Juden«, (1917 in Berlin gegründet) gab es für ausgebildete jüdische Fürsorgerinnen bis zum Ende der zwanziger Jahre nicht sehr zahlreich, da auch in der Zentralwohlfahrtsstelle vorwiegend ehrenamtlich gearbeitet wurde. In Berlin sollen 1929 deshalb etwa 80 bis 85 jüdische Frauen in der kommunalen Wohlfahrtspflege tätig gewesen sein (vgl. Jüdische Wohlfahrtspflege und Sozialpolitik 1/1929, S. 322).

Nach Lubinski (1935) kam nach Inkrafttreten des Berufsbeamtengesetzes eine »nicht unerhebliche Zahl« jüdischer Fürsorgerinnen und Fürsorger nun doch noch in den Einrichtungen der Zentralwohlfahrtsstelle unter (vgl. Lubinski 1935, S. 37). Unter der rapiden Verschlechterung der sozialen und wirtschaftlichen Lage der jüdischen Bevölkerung in Deutschland fielen jetzt auch vermehrt Aufgaben für die Zentralwohlfahrtsstelle an. Die jüdische Gemeinde in Berlin richtete z.B. ab 1931 eigene soziale Hilfsvereine ein, baute die jüdische Winterhilfe-, den Bahnhofsdienst-, die Auswandererfürsorge-, die Altershilfe-, das Waisenhilfswerk aus, betrieb Durchwandererheime für bedrängte polnische Juden und führte eine eigene Arbeitsvermittlung durch (vgl. Berliner Jüdische Zeitung 1/1931, H. 7).

Unter den politisch »untragbaren« Fürsorgekräften waren die sozialdemokratischen der Arbeiterwohlfahrt als erste unter den Entlassenen. Namen von AWO-Mitgliedern und auch von Hedwig Wachenheim als Redakteurin der Zeitschrift »Arbeiterwohlfahrt« wurden in den letzten Ausgaben nicht mehr erwähnt, um sie nicht noch mehr zu gefährden. Die AWO-Mitglieder widersetzten sich der Gleichschaltung durch die »Deutsche Arbeitsfront«, indem sie sich an der Umorganisation der AWO nicht beteiligten.

Viele arbeiteten noch illegal über eine Tarnorganisation weiter (vgl. Bauer 1978).

Das Schicksal einiger weniger jüdischer sowie politisch »unzuverlässiger« Frauen in der fürsorgerischen und sozialpolitischen Arbeit kann hier nur angedeutet werden. Viele Frauen gingen in die »innere« Emigration.
 Alice Salomon mußte 1933 alle Ämter niederlegen und unter dem Zwang der Nationalsozialisten schließlich 1937 über England in die USA emigrieren, um dem Konzentrationslager zu entgehen. Sie schrieb in ihren Lebenserinnerungen:

> »Die Gestapo forderte mich im Mai 1937 auf, am folgenden Morgen zu einem ›Bericht über meine Auslandsreisen‹ zu erscheinen. Nach einem vierstündigen Verhör erhielt ich den Befehl, Deutschland innerhalb von drei Wochen zu verlassen... Ausgeschlossen und des Landes verwiesen zu werden, war noch ein Zeichen besonderer Wertschätzung, obwohl es als Demütigung gemeint war.« (Salomon, Lebenserinnerungen, S. 295).

Siddy Wronsky, Gründerin des Archivs für Wohlfahrtspflege in Berlin, ging nach Israel und errichtete dort die erste Ausbildungsstätte für Sozialarbeit.
 Die Sozialpolitikerinnen Helene Simon, Frieda Wunderlich und Hedwig Wachenheim, Marie Juchacz, die Wohlfahrtspflegerin und sozialdemokratische Politikerin Mathilde Wurm, die Hamburger Jugendamtsleiterin Ellen Simon und auch Adele Beerensson mußten ebenfalls das Land verlassen (vgl. Biographisches Handbuch 1980; Tetzlaff 1982).

Infolge der restriktiven Sparmaßnahmen der Kommunen wurden zunächst auch zahlreiche andere Fürsorgerinnen entlassen. Der Bund deutscher Frauenvereine und Berufsorganisationen der Fürsorgerinnen richteten 1933 noch Eingaben an den Reichskommisar. Die Frauen bekundeten zunächst ihr grundsätzliches Verständnis für die Notwendigkeit allgemeiner Sparmaßnahmen. Der Abbau des Fürsorgepersonals habe aber inzwischen verhängnisvolle Ausmaße angenommen. Das badische Innenministerium ließ am 28. Juli 1933 zuerst an alle Bezirksfürsorgeverbände die Anordnung verbreiten, daß Abbaumaßnahmen gegenüber Fürsorgerinnen unter dem Gesichtspunkt von Einsparungen künftig unterbleiben sollten (vgl. Soziale Berufsarbeit 13/1933, H. 1 und H. 8).
 Ähnlich wie in den Krisenjahren 1918 und 1923 waren ausgebildete Fürsorgerinnen auch diesmal nicht zu ersetzen. Die nationalsozialistische Pro-

paganda mußte auch auf Dauer den berechtigten Eindruck zu verschleiern suchen, eine frauenfeindliche Partei zu sein. Führende Funktionäre der NSDAP betonten dann auch immer wieder, daß vor allem die soziale Frauenarbeit für den Aufbau des neuen Staates »unentbehrlich« sei (vgl. NS-Frauenwarte 2/1933, H. 2).

Am 5. Oktober 1933 gab schließlich das Reichsinnenministerium einen Erlaß heraus, in welchem nun auch die oberste Reichsbehörde anordnete, daß auch im neuen Staat nicht alle weiblichen Erwerbstätigen einfach entlassen werden könnten. Die Behörden sollten vielmehr nach der Eignung der Frauen für die »weiblichen Berufszweige« fragen (vgl. Nachrichtendienst 14/1933, H. 11).

Nach 1933 änderte sich für die Sozialkräfte der Behörden in bezug auf die allgemeinen Arbeitsbedingungen so gut wie nichts. Dies stand im krassen Gegensatz zu den ständigen Beteuerungen der NSDAP, daß die Fürsorgerinnen im »neuen Staat« unentbehrliche Fachkräfte seien.

Die Anstellungsmodalitäten für die Fürsorgekräfte wurden aus den stets kritisierten zwanziger Jahren weitgehend übernommen. Die Volkspflegerinnen sollten einem alten Erlaß des ehemaligen Volkswohlfahrtsministeriums vom 16.12.1924 zufolge tarifrechtlich mit der Volksschullehrerin gleichgestellt, aber nicht ins Beamtenverhältnis übernommen werden. Diesem Erlaß nach gleicher Bezahlung kamen die Kommunen aber nicht nach. Volkspflegerinnen blieben also schlecht bezahlte, kündbare Angestellte und damit disponibel einsetzbares Kräftepotential unter dem nach wie vor bestehenden Sparzwang der Kommunen.

Erst Mitte 1939 beschloß man eine Höhergruppierung um eine Lohnstufe, allerdings nur für die Fürsorgerinnen in leitender Stellung und mit staatlicher Anerkennung.

Der allgemeine Gesundheitszustand dieser nervlich und seelisch überlasteten Frauen blieb ebenso gleichbleibend schlecht. Volkspflegerinnen mußten weiterhin häufig ihre wenigen Urlaubstage zum Ausheilen berufsbedingter Erkrankungen nutzen.

Allerdings muß bei den eben skizzierten schlechten Arbeitsbedingungen auf die Ausnahmen bei den sogenannten »braunen« Volkspflegerinnen innerhalb der nationalsozialistischen Volkspflege (NSV) hingewiesen werden. Die Volkspflegerinnen, die bei der NSV, in Industriebetrieben, in der

Reichsanstalt für Arbeitsvermittlung und Arbeitslosenversicherung, dem Reichsmütterdienst oder bei der weiblichen Kriminalpolizei angestellt waren, erhielten etwas bessere Bezahlung und hatten Aufstiegschancen, die unter Umständen bis in eine Verbeamtung hineinmünden konnten. Diese Volkspflegerinnen verfügten auch über geregeltere Arbeitszeiten und hatten Anspruch auf eine Erhöhung der Urlaubstage (vgl. Schoen 1985).

Ungeachtet dessen wies der Volkspflegeberuf insgesamt aber nach wie vor keine hohe Attraktivität auf. Ab 1937 wurden Maßnahmen diskutiert, in welcher Weise der Nachwuchsmangel für den Volkspflegeberuf behoben werden konnte. Um Frauen diesen Beruf schmackhafter zu machen, sollte das Aufnahmealter auf 18 Jahre herabgesetzt, die Schulkosten gesenkt, vermehrt Stipendien vor allem für Volksschulabsolventinnen gewährt und die Vorbildungsanforderungen vereinfacht werden. Abiturientinnen und »verdienten« Reichsarbeitsdienstführerinnen wurde eine verkürzte Ausbildungszeit an der Volkspflegeschule in Aussicht gestellt. Darüber hinaus fanden halbjährige Nachschulungskurse für diejenigen Sozialkräfte statt, die noch keine staatliche Anerkennung hatten.

Der Nachwuchsmangel unter Volkspflegerinnen war kaum verwunderlich. Die Ausbildung verursachte einige Kosten, die Arbeit wurde schlecht bezahlt, bot keine Aufstiegschancen und wies kein Sozialprestige auf. Die Erinnerungen einer ehemaligen Volkspflegerin (vgl. Kap. 4) verdeutlichen die Einstellung, daß dieser Beruf damals weder ein Wunsch – noch ein Traumberuf war. Sie schrieb auf die Frage nach der Attraktivität des Volkspflegeberufes aber auch, daß sie sich nicht daran erinnern könne, in den dreißiger und vierziger Jahren als Frau überhaupt nach der Attraktivität eines Berufes gefragt zu haben. In der damaligen Zeit sei jeder aufgrund der wirtschaftlichen Situation froh gewesen, wenn überhaupt Arbeit und damit ein Auskommen vorhanden war.

> **Die Fürsorgerin im neuen Staat.**
> Von Kreisfüsorgerin Ilse v o n d e r W e n s e.
>
> Der nationalsozialistische Staat verspricht nicht allen seinen Bürgern das größtmögliche Maß von Glückseligkeit, er will seine Fürsorge nicht allen gleicherweise zuteil werden lassen, sondern er betrachtet es als sein Ziel, jedem Volksgenossen eine Basis zu schaffen, von der aus er sich durch Tüchtigkeit, Fleiß und Ausdauer heraufarbeiten kann. Bedroht diesen Tüchtigen, Strebsamen, Arbeitswilligen ein Mißgeschick durch Krankheit oder durch wirtschaftliche Not, verkleinert eine wachsende Familie den gemeinsamen Lebensraum, gilt es das würdige Glied einer Familie zu stützen, dann tritt die Fürsorge des Staates in Erscheinung, beugt vor, heilt oder fördert. Den wesentlichen Faktor der Sorge für das Volk sieht das nationalsozialistische Deutschland in der Erziehung zur Arbeit, zur Ehre, zur Pflichterfüllung und in der Beritschaft zum Opfer des Einen für den Anderen.
>   Diese grundlegenden Gedanken, die auf einer Tagung des Gaues Ost-Hannover der N.S.-Volkswohlfahrt vom Reichsleiter Hilgenfeldt zum Ausdruck gebracht wurden, enthalten im wesentlichen die Richtlinien für die Wohlfahrtspflege im Dritten Reich. (...)

Abb. 76: *Bericht einer Kreisfürsorgerin 1933.*

Die Gesundheitsfürsorgerin als »Hilfskraft« des Amtsarztes

Die Gesundheitspflegeabteilungen der kommunalen Wohlfahrtsämter der zwanziger Jahre wurden für die ehrgeizigen bevölkerungspolitischen und rassenhygienischen Ziele der Nationalsozialisten durch das »Reichsgesetz über die Vereinheitlichung des Gesundheitswesens« vom 3. Juli 1934 zu staatlichen Gesundheitsämtern umstrukturiert. Das staatliche Gesundheitsamt bildete also eine tragende Säule nationalsozialistischer Volkspflegepolitik. Die neuen Aufgabengebiete dieser Gesundheitsbehörden definierte die erste Durchführungsbestimmung vom 6. Februar 1935 in § 4 Absatz 4 folgendermaßen:

> »Das Gesundheitsamt hat die natürliche Bevölkerungsbewegung in seinem Bezirk zu verfolgen, das wertvolle Erbgut in unserem Volke zu pflegen und hierauf insbesondere bei der Eheberatung zu achten. Es hat die im Gesetz zur Verhütung erbkranken Nachwuchses dem beamteten Arzt übertragenen Aufgaben zu erfüllen und bei der Bekämpfung des Geburtenrückgangs nachdrücklich mitzuwirken. ... Die gesundheitliche Volksbelehrung, durch die allgemein anerkannte Grundsätze auf dem Gebiete des Gesundheitswesens und der Erblehre und Rassenpflege Gemeingut der Bevölkerung werden sollen, ist vom Gesundheitsamt im engen Einvernehmen mit den die gleichen Ziele verfolgenden Organisationen der nationalsozialistischen deutschen Arbeiterpartei durchzuführen. Eine Unterstützung durch die frei praktizierenden Ärzte ist anzustreben...« (RGBl. 1935, S. 177 f.).

Die Durchführungsverordnungen des »Reichsgesetzes über die Vereinheitlichung des Gesundheitswesens« definierten 1935 die Dienststellung der Gesundheitsfürsorgerinnen als »Hilfskräfte« der Amtsärzte. Die Gesundheitsfürsorgerinnen bzw. diese Hilfskräfte hatten »... durch Hausbesuche und Hilfe in den Beratungsstunden die Ermittlungen und Feststellungen zu unterstützen ... [und immerhin dem Anspruch nach, S.Z.] beratend einzugreifen«; darüber hinaus konnten sie »... ebenso wie das übrige ärztliche Hilfspersonal nebenher zu Büroarbeiten des Gesundheitsdienstes herangezogen werden ...« (RGBl. 1935, S. 216)

Damit waren die Gesundheitsfürsorgerinnen dienstrechtlich in den Funktionen, in denen Amtsärzte die Fürsorgerinnen bereits 1918 haben wollten, als es um die Entwicklung einer ersten Prüfungsordnung für Soziale Frauenschulen ging. Die Mediziner hatten sich damals gegen eine zweijährige fachlich zu breit angelegte Ausbildungskonzeption an Sozialen

Frauenschulen gewehrt. Es ging ihnen vielmehr um die Rekrutierung eines »niederen Personals« in den Gesundheitsfürsorgestellen, das »widerspruchslos« den Anweisungen des »höheren Personals« Folge leisten sollte. Die Ärzte sprachen sich also klar für den Typus der Gesundheitsfürsorgerin als subalterner Hilfskraft mit einer halb-, höchstens einjährigen – auf hygienische Fächer spezialisierten – Ausbildung aus (vgl. Concordia 17/1920, H. 7 und Deutsche medizinische Wochenschrift 46/1920, H. 40). Alice Salomon und mit ihr die Konferenz Sozialer Frauenschulen hatte sich 1918 noch erfolgreich gegen solchermaßen eingeschränkte unqualifizierte Ausbildungsplanung wehren können und 1920 eine geänderte Prüfungsordnung beim Volswohlfahrtsministerium durchgesetzt.

Neben der Mütter-, Säuglings- und Kleinkinderfürsorge waren die »Erb- und Rassenpflege« sowie die erbbiologische Eheberatung als Schwergewichte der nationalsozialistischen Bevölkerungspolitik in den neu gebildeten staatlichen Gesundheitsämtern angesiedelt. Ärzte besaßen dort durch ihre Gutachten klare – menschenselektierende – Funktionen.

Die ersten gesetzlich zugelassenen amtsärztlichen Überprüfungen vollzogen sich ab Oktober 1933 bei BewerberInnen auf ein Ehestandsdarlehen. Ab Januar 1935 wurden Gutachten über eine »Ehetauglichkeit« nach dem »Blutschutzgesetz« sowie dem »Ehegesundheitsgesetz« vorgenommen (vgl. Czarnowski 1986). In den »Beratungsstellen für Erb- und Rassenpflege« arbeiteten auch Fürsorgerinnen an der Erfassung erbbiologischer Daten, indem z.B. sogenannte »Sippentafeln« angelegt – und die dazu gehörenden »Erhebungen« – vorgenommen wurden (vgl. Kap. 4).

```
            Gesundheitsamt                    Frankfurt a.M., den 20.März 1940
                des
        Stadtkreises Frankfurt a.M.
        ─────────────────────────
                                              Mgl.Nr. 09/28000

        An den
        deutschen Gemeindetag          [Stempel: Deutscher Gemeindetag    III Nr.
        B e r l i n  N.W.40                    26. MRZ. 1940
        Alsenstrasse 7                         2[nl.]

        Betr.: Praktische Zusammenarbeit zwischen Fürsorgeamt und
               Abtlg. für Erb- und Rassenpflege in Frankfurt a.M.
        Vorg.: Dortiges Schreiben vom 29.2.40 / III 1o9/4o
```

In Frankfurt a.M. hat das städt. Fürsorgeamt die gesamte Ermittlungs- und Prüfungstätigkeit für die Abtlg. Erb- und Rassenpflege übernommen. Bei Anträgen auf Unfruchtbarmachung werden von der zuständigen Bezirksfürsorgerin die erforderlichen Sippentafeln aufgenommen und die dazugehörigen Erhebungen angestellt (Schulanfragen, Ortspolizeianfragen u. dergl.)

Die Durchführung des Ehegesundheitsgesetzes erfordert nur in besonders gelagerten Fällen eine Mithilfe des Fürsorgeamtes und zwar werden dann vorwiegend Aktenauszüge und fürsorgerische Berichte benötigt.-

Bei klinischer Beobachtung vor der Beschlussfassung des Erbgesundheitsgerichtes oder dem durch die Unfruchtbarmachung bedingten Krankenhausaufenthalt wird ebenfalls von der Fürsorgerin die ggf. notwendige Unterbringung von Kindern, Beschaffung einer Haushilfe und dergl. geregelt. -

Die Kostenfrage betr. Ersatz von Verdienstausfall bei Klinikaufenthalt, Arbeitsunfähigkeit nach ~~des~~ durchgeführtem ~~Eingriff~~,oder Unterbringungskosten von Familienangehörigen während dieser Zeit, wird in Frankfurt a.M.einheitl. von einer dem Fürsorgeamt zugehörigen Stelle durchgeführt. Dieser Stelle, die der Familienunterstützung für Wehrmachtsangehörige angegliedert ist, werden die einzelnen Fälle von der Abtlg. für Erb- und Rassenpflege überwiesen. Reisekosten zur amtsärztlichen Untersuchung und der damit verbundene Verdienstausfall wird vom Stadtgesundheitsamt unmittelbar erstattet. -

Die enge Zusammenarbeit zwischen Fürsorgeamt und Abtlg. f. Erb- und Rassenpflege hat sich durchaus günstig für die Durchführung der beiden Gesetze ausgewirkt.
Im übrigen wird hinsichtlich der fürsorgerechtlichen Fragen auf die Rückschrift des Fürsorgeamts Bezug genommen.

                                              Der Amtsarzt:
                                              [Unterschrift]

Abb. 77: *Die Gesundheitsfürsorgerin im Dienste der »Abteilung für Erb- und Rassenpflege« (Textunterstreichungen S.Z.).*

Nationalsozialistische Deutsche Arbeiterpartei
Gauleitung Berlin

Gaugeschäftsstelle: Berlin W 9, Voßstraße 11
Fernruf: Sammelnummer 11 00 29
Drahtanschrift: Hitlerbewegung
Postscheckkonto:
NSDAP. Gau Berlin
Berlin Nr. 45563
für Ortsgruppen und Kreise:
Berliner Stadtbank, Girokasse 2, Konto-Nr. 2200

Kampfzeitung des Gaues: „Der Angriff"
Geschäftsstelle:
Franz Eher Nachf. G.m.b.H.
Berlin SW 68, Zimmerstraße 88
Fernruf:
Sammelnummer 11 00 22
Postscheckkonto: Berlin 4454

Gau-Personalamt
Politische Beurteilung

Aktenzeichen: B 1779/37/VIII/Sch
(unbedingt anzugeben)

Berlin W 9, den 11.10. 1937
Lintstraße 37
Fernruf: 21 94 91

Eingegangen
16. OKT. 1937

Politisches Führungszeugnis

Vertraulich

An den
Berliner Verein für Volkserziehung
Pestalozzi-Fröbel-Haus

Berlin-Charlottenburg
Pestalozzistr.

Betr.: Ihr Schreiben vom —/—   Akt.⸱3.:   —/—

Über den — die

Volksgenossin

Eintritt: ⸱/⸱   Mitgl.-Nr. ⸱/⸱

geboren am: 13.4.09   zu: Berlin

wohnhaft in Zeuthen, Dorfstr. 9 a

ist hier in politischer Hinsicht nichts Nachteiliges bekannt geworden.

Heil Hitler!

i.A.:

F 2

Höflichkeitsformeln fallen bei allen parteiamtlichen Schreiben fort.

Abb. 78: *Politisches Führungszeugnis für eine Volkspflegerin 1937.*

Abb. 79: *Hausbesuch im Siedlungslager.*

Der Hausbesuch von Fürsorgerinnen/Volkspflegerinnen war im nationalsozialistischen Volkspflegesystem wichtiger Baustein eines komplexen Informations- und Kontrollsystems der Behörden. Während dieser Besuche wurden verwertbare Fakten für »selektierende« Begutachtungen förderungs»würdiger« oder förderungs»unwürdiger« FürsorgeempfängerInnen gesammelt. Noch nie konnten Fürsorgerinnen/Volkspflegerinnen massiver in den Familienraum eindringen, wie unter der nationalsozialistischen »Sozial«Gesetzgebung. Die Fürsorgeakten wurden auch ungehindert zwischen Sozialbehörden, Polizei, Gerichten und NSV-Stellen ausgetauscht.

Abb. 80: Leiterin einer Beratungsstelle für Mutter und Kind im Gespräch mit einer Mutter.

Neben dem »Winterhilfswerk« war das »Hilfswerk für Mutter und Kind« eines der öffentlichkeitswirksamen Aktionen der Nationalsozialistischen Volkswohlfahrt. Die Haupteinsatzgebiete des Hilfswerkes erstreckten sich von der praktischen Versorgung Schwangerer und Mütter – über die Kleinkinderbetreuung und ab 1935 zu einem dichten Netz von nahezu 30 000 Hilfs- und Beratungsstellen, vor allem in ländlichen Gebieten. Die Beratungsstellen führten ihre Hilfsdienste in enger Zusammenarbeit mit örtlichen NSDAP-Dienststellen, dem Reichsmütterdienst, der NS-Frauenschaft sowie punktuell mit Gemeindepflegestationen durch.

Abb. 81: »*Braune Volkspflegerinnen*« *1939 in Berufskleidung.*

Ab November 1938 sollten nach Anordnung des Leiters des Hauptamtes für Volkswohlfahrt – Erich Hilgenfeldt– Volkspflegerinnen der NSDAP eine Berufskleidung tragen.

1. Ich ordne hiermit an, daß alle hauptamtlich beschäftigten Volkspflegerinnen bei den Orts-, Kreis- und Gauamtsleitungen der N.S.-Volkswohlfahrt bei Ausübung ihres Dienstes die für das gesamte Reichsgebiet einheitlich vorgeschriebene Dienstkleidung zu tragen haben.

Außerdem wird jeder Volkspflegerin im NSV eine Brosche verliehen. Diensttracht und Brosche dürfen nur in Verbindung mit dem Dienstausweis für Volkspflegerinnen getragen werden. Dieser Dienstausweis wird reichseinheitlich vom Hauptamt für Wohlfahrt herausgegeben.

2. Denjenigen Gau- und Kreissachbearbeiterinnen, die nicht Volkspflegerinnen sind und sich durch langjährige Mitarbeit in der NSV besondere Dienste erworben haben, kann die Dienstkleidung verliehen werden. Die Entscheidung über Verleihung der Dienstkleidung haben die Gauamtsleitungen. Über jede erfolgte Verleihung einer Diensttracht ist dem Hauptamt für Volkswohlfahrt, Amt für Wohlfahrtspflege und Jugendhilfe, Abteilung Familienhilfe, Mitteilung zu machen.

3. Beim Ausscheiden einer Volkspflegerin aus dem NSV erlischt die Berechtigung zum Tragen der Dienstkleidung und der Brosche.

4. Die Dienstkleidung besteht aus einem Jackenkleid (Rock und Jacke). Zu diesem sind Hemdblusen in beliebiger Farbe und als Kopfbedeckung ein einfacher brauner Filzhut zu tragen.

5. Die Unkosten für die erste Anschaffung der Dienstkleidung für Volkspflegerinnen betragen RM 41,- für ein Jackenkleid. Von seiten der Dienststellen der N.S.-Volkswohlfahrt können Darlehn für die Beschaffung der Kleidung gegeben werden, die in drei bis vier Monaten zurückzuzahlen sind.

6. Mit der Herstellung der Jackenkleider ist die Firma Bernhard Schwahn, Breslau 1, Schmiedebrücke 1, beauftragt. (...)

Heil Hitler
Hilgenfeldt
Hauptamtsleiter

Abb. 82: *Anordnung des Hauptamtsleiters Hilgenfeldt über die Dienstkleidung für Volkspflegerinnen 15. November 1938*

Abb. 83: *Jugendhilfestellen Leiter im Gespräch mit einem Jugendlichen 1938.*

Zwischen 1933 und 1939 sollen ca 830 männliche Sozialkräfte an Reichsvolkspflegeschulen für Männer ausgebildet worden sein (vgl. Nachrichtendienst 21/1940, H. 8 u. H. 10). Die überwiegende Zahl der ausgebildeten Volkspfleger war in freien Verbänden, vor allem bei der NSV beschäftigt. Dies war kein Zufall, denn die NSDAP und damit auch die NSV hatten sich über das 1935 eingerichtete »Amt Wohlfahrtspflege und Jugendhilfe« Berlin nach und nach weitreichende Einfluß- und Kontrollmöglichkeiten über die staatliche und kommunale Jugendwohlfahrtspflege verschafft.

Artikel 1

"§35a

(1) Juden (§ 5 der Ersten Verordnung zum Reichsbürgergesetz vom 14. November 1935, Reichsgesetzbl. I S. 1333) sind im Falle der Hilfsbedürftigkeit auf die Hilfe der jüdischen freien Wohlfahrtspflege zu verweisen. Soweit diese nicht helfen kann, greift die öffentliche Fürsorge ein. Die Voraussetzungen der Hilfsbedürftigkeit sind streng zu prüfen. Gewährt werden Unterkunft, Nahrung, Kleidung, Krankenpflege, Hilfe für Gebrechliche sowie für Schwangere und Wöchnerinnen Hebammenhilfe und, soweit erforderlich, ärztliche Behandlung. Nötigenfalls ist der Bestattungsaufwand zu bestreiten. Die in diesen Grundsätzen insbesondere unter B vorgesehene weitere Hilfe wird Juden nicht gewährt; auch die Zuwendungen der jüdischen freien Wohlfahrtspflege sind bei Prüfung der Hilfsbedürftigkeit voll anzurechnen. ...

Artikel 2

Das Gesetz über Kleinrentnerhilfe vom 5. Juli 1934 (Reichsgesetzbl. I S. 580) und die Verordnung zur Ergänzung dieses Gesetzes vom 24. Dezember 1937 (Reichsgesetzb. I S. 1415) gelten nicht für Juden.
...

Berlin, den 19. November 1938.

D e r   R e i c h s m i n i s t e r   d e s   I n n e r n

F r i c k

Der Reicharbeitsminister

Franz Seldte

Der Reichminister der Finanzen

Graf Schwerin von Krosigk

Abb. 84: *Verordnung über die öffentliche Fürsorge für Juden vom 19. November 1938.*
⇐

Diese Verordnung trat unmittelbar nach der Pogromnacht des 9. Nov. 1938 in Kraft. Damit kam es in der Behandlung jüdischer Bürgerinnen und Bürger durch die kommunalen Fürsorgebehörden noch einmal zu einer massiven Verschärfung. Wie beschämend für unsere Berufsgeschichte– vor allem, wenn wir daran denken, daß jüdische Frauen und Männer seit Jahrzehnten das deutsche Fürsorgewesen und die soziale Ausbildung maßgeblich konzipiert und mitgestaltet hatten.

Der Hinweis in der Verordnung, daß sich jüdische Hilfsbedürftige künftig an die jüdische Wohlfahrtspflege zu wenden hatten, war Zynismus, denn kurz darauf wurde die (1917 gegr.) »Zentralwohlfahrtsstelle der deutschen Juden« aufgelöst. 1939 gliederten die Nationalsozialisten die »Reichsvertretung der deutschen Juden« in die »Reichsvereinigung der Juden in Deutschland« ein. Eine »Fürsorgeabteilung« dieser Reichsvereinigung existierte noch bis zu deren Auflösung 1943 und versuchte mit immer geringer werdenden Mitteln notdürftige Hilfe für noch verbliebene Juden zu leisten.

Abb. 85: *Alice Salomon auf einer Briefmarke der Deutschen Bundespost (Zeichnung von Gerd Aretz).*

Die Begründerin des Fürsorgeberufs mußte nach einem Verhör durch die Gestapo 1937 Deutschland verlassen und starb nach elfjährigem Exil vereinsamt in New York. Diese bedeutende Persönlichkeit aus unserer deutschen Sozialgeschichte war jahrzehntelang in Vergessenheit geraten. Erst während der letzten Jahre setzen sich Studierende der Sozialarbeit wieder mehr mit den Schriften und dem Lebenswerk Alice Salomons auseinander.

Abb. 86: *Die vier »Mütter des Grundgesetzes«*.

Vier der ersten 65 Mitglieder des Parlamentarischen Rates, der verfassungsgebenden Versammlung für die 1949 gegründete Bundesrepublik Deutschland, waren Frauen. Von diesen vier Parlamentarierinnen kamen drei aus der aktiven Sozialarbeit.

V.r.n.l.: *Helene Wessel* (1898 – 1969) Wohlfahrtspflegerin (CDU bis 1952, seit 1957 SPD); *Helene Weber* (1881 – 1962) Lehrerin, Leiterin der Sozialen Frauenschule des Katholischen Frauenbundes, erste Ministerialrätin in Preußen (CDU); *Elisabeth Selbert* (1896 – 1986) Juristin (SPD); *Friederike Nadig* (1897 – 1970) Verkäuferin, Wohlfahrtspflegerin, Leiterin der Arbeiterwohlfahrt in Westfalen (SPD).

4

Praxisberichte von Fürsorgerinnen 1914 – 1939

Hedwig Wachenheim als Fürsorgerin beim Nationalen Frauendienst 1914

»Ich war bald nach Kriegsausbruch aufs Jugendamt gegangen und hatte meine freiwilligen Dienste angeboten. Ich wurde im Außendienst beschäftigt, und mir wurden, wie den anderen ungelernten Fürsorgerinnen, ein Stadtteil und ein Vorort zugeteilt. Mannheim war eine sehr fortschrittliche Stadt. Sie übte die Berufsvormundschaft über uneheliche Kinder aus, lange ehe das Reichsjugendwohlfahrtsgesetz sie zwangsweise einführte. Da wir keinen gesetzlichen Zwang ausüben konnten, mußten wir die Mütter um ihre Zustimmung bitten. Ich erinnere mich noch meiner häufigen Besuche in dem Viertel, das man in Mannheim die ›Spichel‹ nannte. Man meinte damit die Spiegelfabrik auf dem Waldhof, wo hauptsächlich Polinnen und Italienerinnen arbeiteten, die meistens nicht lesen und schreiben konnten und ein Kreuz unter ihren Antrag setzten. Was ich von ihnen wollte, verstanden sie wohl kaum. Wir mußten auch Ermittlungsbesuche bei Leuten machen, die um Aufnahme eines Pflegekindes gegen Bezahlung bei uns eingekommen waren, und dann die untergebrachten Kinder, für die die Stadt Pflegegeld bezahlte, ebenso wie die städtischen Mündel vierzehntägig besuchen. Anschließend hatten wir einen Bericht darüber zu schreiben, ob wir die Leute respektabel, ihre Wohnung in gutem Zustand und die Kinder ordentlich gepflegt und gesund gefunden hatten. Andernfalls mußten wir natürlich die Kinder in einer anderen Familie unterbringen. Die sogenannte ›Beitreibung der Alimente‹ vom ›Kindsvater‹ machten die männlichen Kollegen auf dem Büro – das war auch alles, was sie von der Wohlfahrtspflege wußten und verstanden. Damit meine ich nicht den Leiter des Jugendamtes, Herrn Köbele, der zwar keine wohlfahrtspflegerische Ausbildung gehabt hatte, aber ausgezeichnet begriff, um welche Fragen es sich bei der Jugend handelte. Wenn wir es für nötig hielten, Eltern das Personensorgerecht zu entziehen, machten wir einen entsprechenden Bericht, über den dann im Büro entschieden wurde. (...)

Ermittlungen waren eine langweilige und unerfreuliche Tätigkeit und im Grunde überhaupt keine fürsorgerische Aufgabe, denn wir konnten ja nichts tun, um die Situation dieser Armen zu verbessern. Übrigens verringerte sich die Zahl der Armengeldempfänger dadurch, daß Mannheim zu den wenigen Städten im Reich gehörte, die Zuschüsse zur gewerkschaftlichen Arbeitslosenunterstützung zahlten und auch sonst für die Arbeitslosen sorgten. Wer als Arbeitsloser Unterstützung empfing, dem wurde das Wahlrecht nicht aberkannt.

Die Unterstützung der Kriegerfamilien war Reichssache, obwohl das Geld auch von den Städten ausgezahlt wurde. Es ist bezeichnend für das Versagen der Heeresverwaltung, daß der Unterstützungsbetrag trotz Geldentwertung durch Preissteigerungen seit 1870/71 nicht erhöht worden war. 1914 war er so gering, daß keine Kriegerfrau oder -familie davon leben konnte. Die Städte mußten Zuschläge zahlen, die wiederum nicht unter die Armenpflege fielen, da man den Männern an der Front bei ihrer Rückkehr nicht das Wahlrecht nehmen konnte; eine solche Maßnahme hätte sofort größte Empörung hervorgerufen. (...) Die Kommissionen des Frauendienstes vergaben eine sogenannte Zusatzunterstützung, die aus einer großen Berliner Sammlung stammte. Sie bestand entweder aus Bargeld für besondere Ausgaben, aus Mietzuschüssen oder aus Essensmarken. Selbstverständlich sahen wir eine unserer Hauptaufgaben in der Beratung der Kriegerfrauen, besonders hinsichtlich der Fragen, wo und in welcher Weise sie Arbeit finden konnten und was während ihrer Arbeitszeit mit ihren Kindern geschehen sollte. Ich vertrat die Kommission in der städtischen Kommission für Kriegsfürsorge, die die Bezahlung von Zuschlägen zur Reichsunterstützung beschloß. (...)

In der Zeit, da ich meine Schöneberger Parteiämter übernahm, hatte ich auch eine bezahlte Stellung gefunden. Der Nationale Frauendienst bot mir und zwei weiteren Lehrerinnen einen Posten bei der neugegründeten Berliner Milchversorgung an. Stadtrat Simonson, der Leiter der Berliner Milchstelle, wollte zum erstenmal eine Frau in gehobener Position beschäftigen. Meine beiden Kolleginnen lehnten ab, mir aber war der Beruf immer als der wirkliche Bruch mit dem Status der höheren Tochter erschienen.

In Friedenszeiten waren täglich 1 Million Liter Milch nach Berlin geliefert worden. 1916 waren es noch 486 000 Liter, davon 50 000 Liter Magermilch. Vier Fünftel der Gesamtmenge kamen aus dem Regierungsbezirk Potsdam, vor allem aus dessen nördlichen und nordwestlichen Kreisen. Geringere Milchproduktion wegen Futtermangels, aber auch höherer Verbrauch auf dem Lande und Arbeitermangel verursachten den Rückgang der Milchzufuhr. In Berlin selbst gab es Kuhställe, die ursprünglich 200 000 Liter pro Tag verkauft hatten, aber auch ihre Produktion ging – aus den gleichen Gründen – zurück. So wurde die Rationierung der Milch notwendig. Auf Milchkarren erhielten Frauen in den letzten Monaten der Schwangerschaft dreiviertel Liter pro Tag, Kinder bis zu zwei Jahren einen Liter, Kinder von drei bis vier Jahren einen halben Liter; Kranke wurden je nach Bedarf und ärztlicher Vorschrift versorgt. Da aber Milch ein leichtverderbliches Nahrungsmittel ist, mußten die Kundeneintragung bei einem bestimmten Kleinhändler und die Belieferung der einzelnen Kleinhändler mit entsprechenden Milchmengen auch geregelt werden. Für den Verteilungsplan bedurfte es einer Übersicht über die Milchmenge, die an den sieben über die Stadt verstreuten Bahnhöfen ankam. Ein großer Apparat mußte also aufgebaut werden, es ergaben sich immer wieder Lücken in der Durchführung des Plans, und neue Abteilungen, um sie auszustopfen, wurden geschaffen. Parkinsons Gesetz hatte in der Berliner Lebensmittelversorgung schon Gültigkeit, lange ehe es entdeckt wurde. Als ich – 1916 – dort eintrat, hatte die ›Fettstelle (Milch)‹, wie die Behörde offiziell hieß, beinahe zweitausend Angestellte, die ›Butter‹ erreichte nicht ganz unsere Zahl, die der Brotversorgung, die demselben Stadtrat unterstand wie ›Milch‹ und ›Fett‹, zweitausendfünfhundert.« (...)

Ich bekam »... ein eigenes Zimmer, an dessen Tür ›Saure Milch – Wachenheim‹ stand. Meine Aufgabe war es, die zahlreichen Beschwerden über saure Milch zu bearbeiten; bisher hatte das die Kleinhandelsabteilung erledigt. Anfangs behalfen wir uns damit, den Händlern, die verdorbene Milch bekommen hatten, Milch aus den Restbeständen der großen Meiereien zuzuweisen. Als aber die Existenz der Beschwerdestelle bekannt wurde, kamen so viele Klagen, daß ich vorschlug, denjenigen unserer 505 Großhändler, die wiederholt saure Milch eingeführt hatten, Abzüge am Preis für die Milch zu machen und im Wiederholungsfalle ihre Pacht einzuziehen. Zu letzterem entschloß sich die Behörde nur selten. Um aber mit den Pächtern verhandeln oder sie gegebenenfalls bestrafen zu können, mußten wir wissen, ob die Milch schon bei der Ankunft in Berlin verdorben gewesen war oder ob sie erst durch unsachgemäße Behandlung bei den Kleinhändlern sauer wurde. Wir führten also eine Bahnhofskontrolle ein, die darin bestand, daß Milchprüfer eine Milchprobe in einem Reagenzglas mit Alkohol mischten. Saure Milch gerinnt unter dem Einfluß von Alkohol. Es war damals schon schwer, zuverlässige Männer zu finden, die nicht zuviel Milch in den Flaschen und diese dann in ihren Rocktaschen verschwinden ließen. So mußte ich zwei- bis dreimal in der Woche morgens um fünf Uhr zu den Milchbahnhöfen fahren, um dort meine Milchprüfer zu überwachen. Mit dieser Tätigkeit avancierte ich zum ›Leiter der Abteilung Milchprüfung‹. Bald darauf unterstanden mir zweihundert zumeist weibliche Angestellte; hinzu kamen dreißig Milchprüfer, mit deren Angestelltenverhältnis ich nichts zu tun hatte, die ich aber in die Arbeit einführen und überwachen mußte. Natürlich lernte ich auch den Magistratsstil kennen: Unser Bürovorsteher, ein städtischer Beamter, lehrte mich, daß ich Briefe an andere Behörden nur zu entwerfen, aber nicht zu zeichnen habe, ›das dürfen nur die Herren von der Stadt‹.«

(Auszüge aus: Wachenheim, H., Vom Großbürgertum zur Sozialdemokratie, Berlin 1973, S. 49 – 75)

Bericht einer Fabrikpflegerin in der Rüstungsindustrie 1917 – 1923

»Durch den Krieg aus meinem eigentlichen Beruf herausgerissen, nahm ich in einem großen Hüttenwerk an der Saar ein Angebot als Fabrikpflegerin an zur fürsorgenden Überwachung der dort arbeitenden mehreren tausend Frauen. (...)

2.10.1917. Unsere erste Sorge gilt den Aufenthaltsräumen, wo die Mädchen ihr Mittagessen einnehmen, denn es ist noch 10 Stunden Schicht, und wo sie sich auch meist waschen und umkleiden.(...) In der Eile, denn es muß Kriegsgerät gemacht werden, ist irgend etwas für die Mädchen hergerichtet worden: Ein Bretterverschlag am Ende einer großen Halle, ein Büdchen irgendwo, fensterlos. (...) Drei Meter im Quadrat und 15 Mädchen darin. Gewölbe auf dem Hochofen wie Höhlen, die man einfach mit einer Bretterwand zugemacht hat. Die sonderbarsten Eckchen, schwer zu finden für mich, einfach phantastisch in diesem Arbeitslabyrinth! Die Inneneinrichtung? Ein Tisch, Bänke, Öfen oder Herd zum Wärmen des mitgebrachten Essens. Oft das nicht einmal, einige Waschschüsseln, schmale Eisenschränke zum Aufbewahren der ›Hin- und Hergehkleider‹. Denn darauf hält die Arbeiterin, schön frisiert und sauber gekleidet die Arbeitsstätte zu verlassen. Es werden in den meisten Betrieben berechtigterweise Arbeitshosen verlangt und teilweise auch gestellt. – Und wie sieht es in einem Raum aus zur Essenspause? Frau Oki, die Kontrolleurin, reißt eine Tür auf, und Lärm, Dunst, schlechte Luft betäuben mich fast. Ich glaube, ein modernes Bild von Breughel vor mir zu sehen. Überfüllt der Raum. Auf den Bänken sitzen die Mädchen dicht beieinander und löffeln aus ihren ›Henkelmännchen‹. Viele stören sich gegenseitig am Herd. Es brotzelt, riecht nach schlechtem Rübenöl und angebranntem Essen. Wieder einige sitzen auf dem Tisch mit ihren geschwärzten Arbeitshosen, Brot und Wurst auf der unsauberen Tischplatte, die Tasse Kaffee halb verschüttet dabei. Daneben sitzt ein Mädchen und kämmt sich. Die Nachbarin hat sogar ›den falschen Wilhelm‹ abgelegt, ihn fein säuberlich an das Schloß des Schrankes befestigt und flicht sich ihren falschen dicken Zopf aufs Neue. Ein Mädchen hat die Stiefel für den Heimweg auf die Bank gestellt, bearbeitet sie schon mit Wichse und Bürste. Auf dem Tisch und auf dem Boden liegt unappetitliches Papier herum. Auch wäscht man sich in unsauberen Blechschüsseln, die irgendwo hingestellt werden, wo Platz ist. Mit Erstaunen sehe ich, daß sich viele Mädchen in demselben schmutzigen Wasser waschen. Und über all dem Wirrwarr: Schwatzen, Kreischen, Kichern. Daneben sieht man Mädchen oder Frauen, die Arme und den Kopf auf den Tisch gelegt haben und zu schlafen scheinen. Gar manches Gesicht sieht bleich und erschöpft aus. – Unser Kommen wird kaum beachtet, oder man betrachtet uns in stumpfer Neugierde. – Wir wenden uns von diesem phantastischen Bild ab, das ich nur mit gemischten Gefühlen betrachtet habe. Ein Berg von Arbeit steigt vor meinen Augen auf. (...) Doch der dunkelste Punkt in meiner fürsorgenden Tätigkeit scheint mir der Verschwindepunkt. Was mir die Kontrolleurinnen an Abortanlagen zeigen – darüber kommt man nicht hinweg. Das ist der Gipfel der Scheußlichkeit! Wohl ist die Anlage vernünftig: ein schmaler Gang, an dem fünf Häuschen mit Türen liegen. Aber die Unsauberkeit und was damit zusammenhängt, unbeschreiblich! (...)

19.2.1918. Abends von 9.30 – 10.30 Uhr drei Fliegerangriffe. Das ist sehr dramatisch. Ist man zufällig im Generalsekretariat, so hört man schon telefonisch: Luftgefahr! – Die Flieger steigen von Nancy auf. – Sind da – dort – hier!! – Dann ertönt auf der Hütte das dreimal abgesetzte Tuten, als Warnungszeichen, sich in Sicherheit zu bringen. Alles stürzt zu dem nächsten Unterstand. Doch ist man schon so daran gewöhnt, daß man in der Nähe stehen bleibt, mit den Augen den Himmel erst noch abtastet. Plötzlich ertönt das Abwehrfeuer, das die Hütte bestreicht. Da tun die Frauen einen kleinen ›Krisch‹, und schwupp ist die Menge wie in einem Mausloch verschwunden. (...) Ist wieder Stille eingetreten, kriecht man langsam aus seinem gepanzerten Unterstand heraus. Nun gehts nur noch vereinzelt: klack! klack! die Grantsplitter der Abwehrgeschütze. (...) Scharfkantige Dinger, die bei Fürwitzigen schon genug angerichtet haben. – Aber dieses Mal sind eine Reihe von Bomben gefallen. Eine Frau ist tot. In einer Straße sind Häuser zerstört. Die Hütte hat nichts abbekommen, aber im nächsten Dorf sind viele Fensterscheiben entzwei.

20.2.1918. Um 9 Uhr erscheint der Kreisarzt, um den Arbeiterinnen einer Schicht des Feinblechbetriebes einen Tropfen Blut aus dem Ohr zu zapfen, um die Bazillenträgerinnen des Typhus zu finden. Es war ein schwieriges Unternehmen bei diesen großen Kindern, und ich mußte gut zureden. – Bei der Kehrkolonne Hochofen soll die Kleiderlaus herrschen, und am Sonnabend wird große Entlausung stattfinden. Außerdem haben die Mädchen wieder alle Wascheimer bis auf einen verlüdert. Diesen brauchen sie zum Gesichtswaschen, um Asche wegzubringen, um den Abort sauber zu machen usw. Die Aufsichtsfrau des Aufenthaltsraumes wird bei dieser Gelegenheit wegen ihrer Schmutzigkeit abgesägt. – Nun versuche ich, in alle Aufenthaltsräume ältere verheiratete Arbeiterinnen als ›Mütter‹ zu bekommen. So kommen diese von der schwersten Arbeit fort, haben zu putzen, Essen aufzuwärmen und für Ordnung zu sorgen. Auf diese Weise erziehe ich mir Vertrauenspersonen. (...)

5.3.1918. Wieder ist eine Arbeiterin vom Feinblechbetrieb am Typhus gestorben. Das Krankenhaus ist besetzter denn je, und meine Besuche dort fallen mir am allerschwersten. (...)

Die ständigen Beschwerden der Arbeiterinnen sind z.B.: Stiche und Schmerzen in der Seite und im Rücken. Sie werden dann ein paar Tage ins Krankenhaus gelegt und ruhen sich aus. Auf kurze Zeit gehts dann wieder, dann dieselben Beschwerden, bis schließlich die Mädchen als arbeitsuntauglich das Werk verlassen müssen. Ich habe selber als Fürsorgerin die verschiedensten Arbeiten mitgemacht, um mich über ihre Auswirkungen auf den Frauenkörper zu orientieren. Z.B. habe ich die roh gedrehten Granaten von der Drehbank auf den Transportwagen gehoben. Auch den Stoßkarren, hoch bepackt mit Backsteinen, habe ich mitgeschoben und den Stoß durch den ganzen Körper bei jeder Unebenheit des Bodens gespürt. Und die schwere Stahlplatte unter der Säge habe ich gehalten und gemerkt, welcher Ruck durch den Körper geht, wenn der Schnitt getan ist und das Gewicht der Platte aufzufangen ist. Da kommen all die Unterleibsbeschwerden her! Wie oft haben mir später nach Jahren noch die jungen Frauen darüber geklagt. Den Betriebsdirektoren machte ich den Vorschlag, eine Art Turnstunde einzuführen, damit die Arbeitsgriffe richtig getan würden. Aber ich wurde belächelt. (...)

11.4.1918. Eben kommt nach wochenlanger Stockung das Erz in Mengen. 300 Waggons täglich gegen 200 im Frieden. Meine Mädels müssen schwer arbeiten. Auf der Nachtschicht beim Erzausladen machen die jungen Dinger oft schon um 12 Uhr schlapp. Könnte ich sie doch nur alle von dort wegnehmen! (...)

11.7.1918. Heute 87 Krankenscheine ausgestellt. Meine dritte Kontrolleurin hat schlapp gemacht, und nun ist noch der Dragoner auf den Beinen. – Nachts Fliegeralarm von 12.10 – 1 Uhr. – Anna Schmidt im Dressierhaus ist gekündigt worden, da sie oft Krämpfe bekommt. Das ist in diesem Betrieb mit den glühend heißen Blechen zu gefährllich. Sie ist Ernährerin von sieben Geschwistern und fleißig. Daß sie die Anfälle durch die steten Fliegerangriffe bekommen hat, will Herr J. nicht wissen. Aber der Betriebsingenieur hilft mir, und wir warten weise den Betriebsurlaub von Herrn J. ab, um den Mädchen die Überweisung zu einer Arbeit nicht in der Nähe von glühenden Blechen zu geben.

23.7.1918. Immer findet man im Betrieb schwangere Mädchen, die leugnen oder höchst erstaunt tun. Eine prinzipielle Frage tut sich dabei auf: Abgangsschein oder Urlaub für die Zeit der Niederkunft. (...)

21.11.1918. Es war mir unmöglich, Eintragungen zu machen in diesen Tagen des Umsturzes und der innerlich nicht zu fassenden Ereignisse, die über uns hereinbrachen. Dabei die Tage bis zum Äußersten gefüllt durch die Pflichten des Augenblicks: Einquartierung von rückziehenden Soldaten im Mädchenheim, Überweisung von Arbeiterinnen aus sich schließenden Kriegsbetrieben in andere. Und – reden, – reden – zur Ruhe mahnen, Versuche, innere Sicherheit zu geben, denn alle Mädchen laufen verstört durcheinander. – Und man selber ist doch ebenso aufgewühlt und weiß nicht, was die nächsten Stunde bringen wird. (...)

30.12.1918. Kritischer Tag für meine Mädchen. Überall Entlassungen. Im letzten Monat waren es 235 Entlassungen gegen 40 Neueinstellungen von Arbeiterinnen. Ich muß die Bedürftigen wegen ihrer Überweisung aufsuchen. Aber in dieser Woche wurde ja nicht gearbeitet, und erst jetzt kann man nach den Mädchen suchen. Alle sagen mir, wie glücklich sie wären, daß die Woche ohne Arbeit, also ohne Verdienst, vorüber wäre. Anna Maser kann mit ihrem zerschmetterten Bein nicht mehr auf der Rotte arbeiten, eine andere nicht mit ihren zwei verlorenen Zehen. Immer muß geholfen werden. Selbst im Feinblechbetrieb werden jetzt langsam Mädchen abgeschoben, obwohl sie dort gerne Arbeiterinnen haben des geringen Lohnes wegen. (...)

3.2.1919. Ich werde von Dr. Kafka gerufen und bekomme die Verwaltung des Russennachlasses in die Hand, im Werte von 50 000 Mark. Decken, Strohsäcke, alle Arten von Wäsche, Jacken, blaue Anzüge mit dem gelben Gefangenenstreifen. 12 Kisten voll. Es soll geflickt und an Bedürftige weitergegeben werden. Die Kisten werden aus dem Lager in den Aktenkeller im Hauptbüro gebracht, da die Franzosen das Lager belegen wollen. Kattchen und Trine, die Sackflickerinnen, helfen mit beim Auspacken, Sortieren und Abzählen. Gute gewirkte Unterwäsche, Strümpfe, bunte Kissenbezüge usw. Die gereinigten Wolldecken haben immer noch Läuse und Flöhe. (...)

10.10.1919. Nun habe ich die ganze Arbeiterinnenfrage dem Generaldirektor vorgelegt. Dieser hat nun prinzipiell entschieden, daß allen Arbeiterinnen gekündigt wird, daß aber einzelne Ernährerinnen der Familie erhalten werden sollen. Ich werde beauftragt, mit den Betriebsdirektoren und dem Arbeiterausschuß zusammen die einzelnen Fälle zu prüfen und gemeinsam zu entscheiden. Wieviele Reklamationen gekündigter Arbeiterinnen waren schon durch meine Hände gegangen! Wieviel Not in den Familien, wo der Vater im Krieg gefallen war und die Söhne dazu. Nun liegt alles auf den Schultern der Frauen. Sie haben sich bewährt während des Krieges und wünschen nichts weiter, als Arbeit zu behalten, selbst diese für Frauen viel zu schwere Hüttenarbeit, um Kinder oder junge Geschwister zu unterhalten. (...)

7.4.1923. Ein schweres Jahr liegt hinter mir und nun sind endgültig die Würfel gefallen. Brief der französischen Direktion: ›Ihre Stellung ist heute nicht mehr notwendig und wir behalten uns eine Kündigung vor.‹«

(Auszüge aus: Staewen-Ordemann, G., Kameradin. Junge Frauen im deutschen Schicksal 1918 – 1930, Berlin 1936, S. 202 ff.)

Aktennotizen einer Familienfürsorgerin
1921 – 1926

»(...)

27.8.1921. Hausbesuch. Adolf berichtet, daß er gerne Lokomotivführer werden will. Die Pflegerin erkundigt sich bei der Eisenbahndirektion nach den Bedingungen. Er muß nach erfolgter Zeichenprüfung drei Lehrjahre durchmachen. Eintritt kann erst zum April 1923 erfolgen. Die Pflegerin verabredet mit dem Freiwilligen Erziehungsbeirat für schulentlassene Waisen, daß er Adolf einstweilen eine Lehre in einer elektrotechnischen Fabrik beschafft.

(...)

22.3.1922. Hausbesuch. Frau Müller hat eine zweite Aufwartestelle angenommen, weil bei der Teuerung die Einnahmen nicht zum Lebensunterhalt ausreichen. Adolf hat bisher keinen Lehrvertrag erhalten, weil der Lehrmeister keine Berechtigung hat, Lehrlinge auszubilden. Da er bei der großen Zahl von 300 Bewerbern für die Eisenbahnwerkstätten nicht aufgenommen worden ist, bringt ihn die Pflegerin zum 1. April in der Fabrik für Eisenröhren von Brandt u. Co. unter.

(...)

20.8.1922. Hausbesuch. Bruno und Max sind wieder bei den Verwandten auf dem Lande in Sachsen. Die Freistelle für Bruno kann wegen Erschöpfung der vorhandenen Mittel nicht mehr bewilligt werden. Ortrud ist gekräftigt, das Augenleiden behoben.

15.10.1922. Hausbesuch. Die F.F.Z. beschafft bei der beginnenen Kälte zehn Zentner Kohlen und für Bruno, Adolf und Max Anzüge und Mäntel. Adolf hat einen Lehrvertrag auf vier Jahre erhalten.

22.12.1922. Hausbesuch. Die Familie erhält von der F.F.Z. ein Weihnachtspaket mit ausreichender Kleidung.

13.2.1923. Die Pflegerin besucht Adolfs Lehrmeister und sucht ihn für das Fortkommen des Knaben zu interessieren. Dieser lobt ihn sehr, hat ihm eine Beihilfe verschafft und er wird auf Anregung durch die Firma kostspielige Lehrmittel, die er für den Unterricht braucht, durch die Firma unentgeltlich erhalten.

Die Pflegerin bringt der Familie ein Paket mit zehn Pfund Nahrungsmitteln.

28.3.1923. Hausbesuch. Frau Müller hat noch eine Melkstelle angenommen, da die Geldverhältnisse immer schwieriger werden und erhält dafür Milch für die Kinder.

29.5.1923. Besprechung der Pflegerin mit Brunos Meister wegen seiner Anstellung nach beendigter Lehrzeit, die im April 1924 abläuft.
Die F.F.Z. bittet die Firma Meier & Co., bei der Herr Müller als Hausdiener beschäftigt war, um Kleidung für die Kinder. Bruno erhält Mantel und Hut für seine Landverschickung. Die F.F.Z. besorgt die für Bruno erforderlichen Bücher.

20.7.1923. Die F.F.Z. stellt für die Familie aus Mitteln, die ihr aus Holland übersandt wurden, 2 Millionen Papiermark (20,66 GM.) zur Verfügung.
Adolf erhält von seiner Firma folgendes Lehrzeugnis: ›Der Werkzeugmacherlehrling Adolf Müller hat zurzeit einen Stundenverdienst von 100 PM. (0,001 GM.) gleich 4 800 PM. (9,06 GM.) wöchentlich ausschließlich Abzügen. Wir stellen Müller nachstehendes Zeugnis aus: Fleiß sehr gut, Führung sehr gut, Leistungen gut. Bemerken möchten wir noch, daß er zu unseren tüchtigsten und fleißigsten Lehrlingen gehört. Aktiengesellschaft Brandt & Co.‹
Bruno und Max waren im Sommer wieder auf dem Lande in Sachsen.

22.9.1923. Die Pflegerin bemüht sich, Max bei der Preußischen Staatsbank als Büroburschen unterzubringen. Er wird mit 130 000 000 PM. (4,29 GM.) angestellt. Zur Konfirmation, die am 26. September stattfinden soll, wird ein Anzug beschafft, dessen Kosten zur Hälfte durch den WRB., zur anderen Hälfte durch Herthas Arbeitgeber getragen werden. Adolf erhält von seiner Firma ein Paar Stiefel.

5.11.1923. Hertha hat ihre Stellung aufgegeben, weil sie schneidern lernen will. Sie wird bei einer Tante, die Zwischenmeisterin ist, ausgebildet, sie erhält freies Essen und schläft zu Hause.

16.12.1923. Hausbesuch. Die Pflegerin bringt ein Weihnachtspäckchen mit, das Bettwäsche, Wäsche, Kleiderstoffe und Lebensmittel enthält. Adolfs Firma stellt 10 GM. für ein Paar Stiefel zur Verfügung. (...)

(...)

8.8.1924. Mitteilung des Freiwilligen Erziehungsbeirats für schulentlassene Waisen, daß für Adolf monatlich 30 M. Beihilfen gezahlt werden; er bittet um einen Bericht über Ergehen und Fortschritte des Jungen sowie um ein Zeugnis des Lehrmeisters. (...)

19.9.1924. Der Freiwillige Erziehungsbeirat teilt mit, daß er 10 M. für Stiefel für Max bewilligt hat.

24.10.1924. Hausbesuch. Die Pflegerin findet Frau M. sehr abgearbeitet und schwach vor. Ihre Bemühungen, sie zu einem Erholungsaufenthalt zu veranlassen, werden abgelehnt. Sie will sich lieber durch kräftige Nahrungsmittel zu Hause pflegen. Die Lehrvergütung für Hertha ist auf 20 M. festgesetzt, die Waisenrente auf 42 M. erhöht worden, so daß im ganzen 209 M. monatlich zur Verfügung stehen.

14.12.1924. Familie Müller erhält auf Veranlassung der F.F.Z. zu Weihnachten von der Konfektionsfirma Pahl & Claßen Anzüge für drei Knaben.

(...)

11.7.1925. Hausbesuch. Frau M. hat sich, da alle Kinder fort waren, selbst gut erholt, trinkt viel Milch, die sie von ihrer Melkestelle bekommt. Hertha kann im Augenblick keinen Urlaub bekommen.

25.8.1925. Hausbesuch. Adolf ist ein halbes Jahr seiner Lehrzeit geschenkt worden. Er wird jetzt mit seinem Gesellenstück beginnen. Rücksprache der Pflegerin mit Frau Apotheker Frisch, bei deren Mann Frau Müller in der Apotheke hilft, zwecks einer Lohnaufbesserung. Frau Z. verspricht, sich dafür zu verwenden und auch der Frau Müller einen Erholungsaufenthalt auf dem Gut ihrer Schwester zu verschaffen.

15.10.1925. Hausbesuch. Der Erholungsaufenthalt von Frau M. ist nicht durchgeführt worden. Die Pflegerin stellt die Wünsche für Garderobe zur Weihnachtsbescherung fest.

30.11.1925. Die Firma Pahl & Claßen gibt auf Bitte der F.F.Z. zu Weihnachten drei neue Anzüge für die Knaben zu halbem Preise in Gesamthöhe von 184 M.

20.12.1925. Adolf teilt mit, daß er zu Ostern die Gehilfenprüfung ablegen könne. Die Prüfungsgebühren betragen 10 M.

6.1.1926. Hausbesuch. Die Pflegerin bringt 10 M. für die Prüfungsgebühren, um Adolf die vorzeitige Prüfung zu ermöglichen. (...)

Zusammenfassung.

Der Fall zeigte bei der ersten Berührung eine 43jährige gesunde Witwe mit Arbeitswillen, Wirtschaftlichkeit und gewissen pädagogischen Fähigkeiten. Es ist anzunehmen, daß sie mit laufenden und gelegentlichen Unterhaltungsbeihilfen die 6 Kinder bis zu deren Erwerbsbefähigung durchbringen wird, wenn es gelingt, ihre körperlichen Kräfte zu erhalten. Bei der guten Veranlagung der 6 Kinder ist bei zweckmäßigen Maßnahmen zur gelernten Berufsausbildung mit einem Aufstieg der Familie im Laufe der nächsten 10 Jahre zu rechnen. Durch vielseitige Hilfsleistungen: Laufende Hilfe der öffentlichen Wohlfahrtspflege, vielfache Verschickung der Kinder, Beihilfen des freiwilligen Erziehungsbeirates, Heranziehung aller Kreise, die mit der Familie in Verbindung stehen (Arbeitgeber des verstorbenen Vaters, Arbeitgeberin der Witwe, Lehrer und Lehrherren der Söhne, Angehörige der Berufe, in die die Kinder eintreten wollen), ist dieses Ziel im Laufe der 7 Jahre, gehemmt durch die Folgen der Inflationszeit, in einem gewissen Umfang erreicht worden. Die Gesundheit der Witwe ist durch Hilfe bei drohender Erkrankung erhalten worden, ihre Arbeitskräfte sind zeitweilig aufs äußerste angespannt worden (2 Aufwarte- und eine Melkstelle, neben Versorgung des Haushalts und der 6 Kinder) die Gesundheit der Kinder, verschiedentlich gefährdet, ist durch Maßnahmen der Verschickung und ärztliche Behandlung erhalten worden; die 4 ältesten Kinder sind einer hochwertigen Berufsausbildung nach eingehender Beratung zugeführt worden; es ist anzunehmen, daß im Laufe dieses Jahres 3 Söhne und eine Tochter im vollen Erwerbsleben stehen und zusammen über eine Monatseinnahme von mindestens 400 Mark verfügen werden, mit der sie die Mutter und die beiden jüngeren Geschwister erhalten und letztere ausbilden lassen können. Hätte sich dieses Ziel vielleicht durch eine sorgfältigere Prüfung bei der Berufsausbildung schon früher erreichen lassen?«

(Auszüge aus: Wronsky, S., Salomon, A.: Soziale Therapie. Ausgewählte Akten aus der Fürsorgearbeit, Berlin 1926, S. 30 ff.)

Bericht einer Fürsorgerin aus dem Wohlfahrtsamt
1924

Ein Tag Fürsorgearbeit im Industriegebiet

»Das war heute ein schwerer Arbeitsmorgen! –
Als ich ins Amt kam, lagerte man auf dem Gange zu den Türen des Wohlfahrtsamtes. ›Guten Morgen‹ sagte ich laut und scherzend, ›ehe jemand von Euch ohnmächtig wird, kommt er zu mir herein. Ein Lehnstuhl ist da und ein Becher mit Wasser ist auch bereit.‹ Lachend und auch gedämpft kam mir die Antwort: ›Ja, ja, wir werden schon kommen!‹ Jeden Morgen das gleiche Bild, immer heißt es mit gleicher Kraft, mit gleichem Willen und Mut die Arbeit aufnehmen. In dem Gruß für die Wartenden muß das schon zum Ausdruck kommen!

Die Menge der Wartenden ist bald übersehen, fast alles Ausgesperrte, dazu ein paar Männer und Frauen mit besonderen Bitten. Ein Teil, die, die sich Lebensmittel: Fett und Brot im Kreiswohlfahrtsamte holen wollten, ist bald befriedigt. Sie können gegen Scheine in ihrem örtlichen Amte die inzwischen überwiesenen Lebensmittel erhalten. Ein anderer Teil wird mit seinen Sonderwünschen zum Leiter des Kreiswohlfahrtsamtes geschickt und wieder andere in die Wirtschaftsabteilung.

Unser Vorrat an Leib- und Bettwäsche, an Strümpfen und Sandalen, an Arbeits- und Sonntagsstiefeln usw. hat jetzt noch eine ganz besondere Bedeutung bekommen.

Wie lange wird es noch dauern, daß aber auch nichts, gar nichts mehr aus eigenem Verdienst angeschafft werden kann?

... in der stillen Stunde über Mittag, besuche ich einige unserer Volksküchen. Wir kochen in unserem Landkreise jetzt an über 20 Stellen ...

Inzwischen ist es 2½ Uhr geworden. Im Amtshause warten wieder eine Reihe Frauen und die Zeit des Telephonanrufes ist auch wieder da. Mit den Fürsorgerinnen der Aemter gilt es alle wichtigen Fragen zu besprechen ...

Um 5 Uhr habe ich einen Vortrag über Wohlfahrtsarbeit ... außerhalb zu halten ...

Nun auf das Rad und auf dem Heimweg, es ist noch hell, ich kann auf dem Wege noch zu einigen jungen Müttern hereinsehen, Fragen beantworten, raten, trösten. ...

Müde? – Jawohl, müde, still und bedrückt. Ich habe soviel Leid gesehen und soviel Not, das sage ich aber nur zu mir.

Aber auch voller Mut bin ich für den neuen Tag, für den neuen Morgen, an den wir glauben!

Lotte Möller, Kreisfürsorgerin«

(aus: Die Genossin 1/1924, Heft 1, S. 44 – 46).

Bericht aus der Wohnungsfürsorge der zwanziger Jahre

»Die Einrichtung einer Wohnungspflege am Wohnungsamt war schon, ehe ich zur Stelle war, durch die Presse und über die Verbände der Freien Wohlfahrtspflege bekannt gemacht worden, und es lagen schon am Wohnungsamt genug Aufforderungen von Seiten sozial schwacher Familien zu Hausbesuchen vor, so daß ich nicht zu fürchten brauchte, das Asylrecht der Wohnung zu verletzen. Die Leute nahmen mich durchweg gut auf, und zu Anfang meiner Tätigkeit, als das Mißverhältnis zwischen den Mietpreisen und den sonstigen Lebenshaltungskosten noch nicht so groß war wie etwas später, als alle sonstigen Preise gestiegen waren, und nur die Mieten gebunden blieben, zeigten sich viele Hausbesitzer bereit, Schäden zu beseitigen, wenn ich sie um Wohnungsinstandsetzungen anging. Eigene Mittel, etwa zur Ergänzung einer Wohnungseinrichtung, erhielt die neue Wohnungspflege nicht, doch konnte ich die Mittel der Armenverwaltung und der freien Wohlfahrtspflege in Anspruch nehmen und so Möbel und Haushaltsgegenstände den Leuten zukommen lassen, auch Geldbeträge, sogar zur Begleichung von Mietschulden. Waren nun die besuchten Familien dadurch für mich aufgeschlossen, daß sie spürbare Hilfe vermittelt bekamen, so waren sie meistens auch bereit, meine Belehrungen anzunehmen und ihre Haushaltungsführung auf eine pflegliche Behandlung ihrer Wohnung einzustellen. Diese Belehrung geschah nun aber nicht nur bei Hausbesuchen, sondern auch bei Vorträgen und auf kleinen Lehrgängen, die die Gewerkschaften und die Vereine der Freien Wohlfahrtspflege für die neue Wohnungspflegerin veranstalteten. (...)

Vereinzelt führte mein Arbeitseifer auch zu Mißerfolgen. Als erstes Ergebnis dieser Art ist folgendes in meiner Erinnerung geblieben: In einem heruntergekommenen ehemaligen Patrizierhaus, in dem viele hilfsbedürftigen Familien eng aufeinander wohnten, befanden sich die Toiletten auf dem Hof – ohne Türen, so daß ihre Benutzung sich unter den Augen der Hausbewohner und Nachbarn vollzog. In flammender Entrüstung veranlaßte ich den Hausbesitzer, die Türen zu ersetzen. Aber nach kurzer Zeit waren sie wieder verschwunden – verheizt. Natürlich sprach sich das bei Hausbesitzern herum, und bei den Beamten des Wohnungsamtes glaubte ich sogar hämische Schadenfreude zu bemerken. Mein Ansehen sank. Natürlich kam mir der Gedanke, daß man nun das Problem der Beschaffung von Heizmaterial für Bedürftige angreifen müsse. Aber, was waren das für Leute, die so bedenkenlos die erstellte Ordnung in ihrem Hause zunichte gemacht hatten? Möglicherweise hätte ich ja Kohlen aus Fürsorgemitteln beschaffen können. Nun aber tat sich, ehe das Sinn gehabt hätte, ein Problem nach dem anderen vor mir auf: Arbeitslosigkeit, Arbeitsscheu und Unwirtschaftlichkeit, eheliche Untreue, Erziehungsunfähigkeit. ›Ist das überhaupt Aufgabe einer Wohnungspflegerin?‹ wurde mir von den Verantwortlichen am Wohnungsamt und bei der Armenverwaltung entgegengehalten. Folgendes Ereignis war gewiß weniger niederschmetternd, aber noch schlimm genug. Ebenfalls mit viel Energieaufwand hatte ich dafür sorgen können, daß einer Familie mit einem tuberkulösen Jungen ein zusätzliches Zimmer innerhalb des bewohnten Hauses vermittelt werden konnte. Das kranke Kind konnte nun für sich schlafen, und der Infektionsherd schien isoliert. Nach kurzer Zeit hatte der Junge in dem sauberen Raum einen Taubenschlag eingerichtet und jammerte, zur Rede gestellt, er müsse ›was Lebendiges‹ um sich haben.

Derartige Mißerfolge beeinträchtigten meine Möglichkeiten, die Hilfsmittel für diejenigen locker zu machen, bei denen die Hilfe besser wirksam gewesen wäre.

Aber sowohl diejenigen, die die Hilfe mißbrauchten, als auch die, die sie nutzten, um wieder in die Höhe zu gelangen, waren bemitleidenswert. Die Lebensverhältnisse, in die ich nun Tag für Tag eindrang, waren so beschaffen, daß ich meinte, jeder, der aus einer heilen Welt in sie hineinschaute, müsse sich innerlich ganz und gar umkrempeln. Gerade die Wohnungen, auf die meine Aufgabe sich ja zunächst erstrecken sollte, waren völlig unzulänglich. (...)

Manchmal waren bis an die zwanzig Personen auf eine Toilette angewiesen. Zu den meisten Wohnungen gehörte kein Keller, kein Vorratsraum, und oft fand ich Kohlen oder Kartoffeln in einer Kiste unter dem Bett. Mehrmals fand ich dort lebende Kaninchen, ja, einmal ein einem Schlafzimmer im zweiten Stock eine Ziege, und es hätte schon eher eines Tierschutzvereins bedurft als einer Wohnungspflegerin. Immer hing in den Küchen trocknende Wäsche über dem Kochherd, weil die Wäsche der

Familie nicht ausgereicht hätte, um so lange ungewaschen zu liegen, bis der Trockenboden wieder frei wäre. Grauenvoll war die Ungezieferplage in jenen Jahren nach unserem ersten Zusammenbruch. In ihrer Verzweiflung hatten die Bewohner in den verwanzten Räumen die Tapeten abgerissen, um dem Ungeziefer beizukommen. Dann sah man schwarze Löcher in den Wänden, die von herausgerissenen Bilderhaken herrührten, und um diese herum kleine Wälle von Wanzenschmutz. Es kam mir dann immer so vor, als könne man durch diese Löcher unmittelbar in die Hölle gelangen. Als ich einmal vor dem Wohnungsausschuß über die vorgefundenen Zustände in den besichtigten Wohnungen zu berichten hatte, habe ich vorher eine große Blechschachtel voll von Wanzen gesammelt und die dann vor den Ausschußmitgliedern geöffnet. Da flohen sie laut schreiend hinter ihre Stühle. Ich bekam danach aber meinen Antrag, einen eigenen Kammerjäger bei der Abteilung Wohnungspflege anstellen zu dürfen, genehmigt. Wenn der dann seine Entwesungsapparate hatte wirken lassen, konnte er ganze Eimer mit krepierten Wanzen vollschaufeln. Wanzen trägt man nicht in seinen Kleidern nach Hause, aber gegen die Flohplage konnten die Fürsorgerinnen sich nur schwer schützen. Auch entsetzliches Küchenungeziefer, Kopf- und Kleiderläuse quälten unsere Klienten.

Großer Mangel herrschte an Betten. Fast nie zählte man in einer Wohnung je Person ein Bett. Kleine Kinder schliefen quer gelegt in einem großen Bett, mehrere zusammen. Sie schliefen in einer aufgezogenen Kommodenschublade, auf zwei zusammengebundenen Stühlen, in einem Pappkarton. Auch die Größeren hatten selten ein Bett für sich, sie schliefen auf dem Fußboden auf einer ausgebreiteten Decke. In vielen Haushaltungen fanden sich Haufen von Stofflumpen, die auch als Lagerstätte dienten, oder auch als Bettinhalt, denn auch an dem war ein großer Mangel. Niemand, der das nicht miterlebt hat, kann sich vorstellen, wie es ist, wenn es an auswechselbarer Bettwäsche fehlt. Man nimmt das mit der Nase wahr, wenn man nur die Wohnung betritt.

Das Hauptübel war der Raummangel. Bis zu zehn Personen bewohnten manchmal ein einziges Zimmer. Jungen Hochzeitspaaren wurde keine eigene Wohnung zugebilligt. Bei der Engigkeit, dem Durcheinander konnte man durch die geschlossenen Zimmertüren zum Treppenflur hin und durch die vielfach dünnen Wände hören, was in der Nachbarwohnung gesprochen, gezankt, gelacht und geweint wurde. Meistens war im ganzen Haus zu riechen, was bei jeder Familie gekocht wurde.

Die Anforderungen an eine Kleinwohnung sollten nach dem Preußischen Wohnungsgesetz von 1918 in einer ›Wohnungsordnung‹ niedergelegt sein. (...)

So habe ich also eine Wohnungsordnung ausgearbeitet, und ich habe meinen Entwurf auch durch die Stadtverordnetenversammlung durchbekommen. Keinesfalls hatte man mir aber die Stellung eingeräumt, daß ich meine Arbeit dort selbst hätte vertreten können.«

(Auszüge aus: Cordemann, M., Wie es wirklich gewesen ist. Lebenserinnerungen einer Sozialarbeiterin, Gladbeck 1963, S. 154 – 158)

Bericht einer arbeitslosen Fürsorgerin
1928

Erwerbslos

»1928 geriet ich als Wohlfahrtspflegerin auf Jahre hinaus in die große Erwerbslosigkeit hinein: Gestern ›Subjekt‹, – heute nun also ›Objekt‹ der Fürsorge! So habe ich die Lebenslage der Erwerbslosen besonders eingehend kennen gelernt. Zuerst stürzte sich jeder wirklich Arbeitswillige mit Feuereifer in die Bemühungen um Arbeit; man schrieb Bewerbungsschreiben ohne Ende. Aber nach einiger Zeit sank vielen der Mut; die Arbeitssuche verschlang Geld für Porto und Fahrgeld, – und es nützte ja doch alles nichts; man war eben hoffnungslos ›zu alt‹. (...) Im Laufe der Zeit geriet ich (...) in die ›Krisenunterstützung‹, die schließlich nur 8,40 RM. wöchentlich betrug. (...) Mit dem Essen kam man schließlich durch die Volksküche einigermaßen zurecht; – das Schlimmste war jedoch die Wohnfrage.

Man konnte es ja auch keiner Zimmerwirtin übelnehmen, wenn sie sich scheute, einen erwerbslosen Menschen in Untermiete zu nehmen.

›Im engen Kreis verengert sich der Sinn.‹ Zwangsläufig drehten sich die Gedanken immer wieder um Fragen wie die: ›Wie in aller Welt sollst Du es anstellen, um irgendwie Deine Wäsche zu waschen?‹ Das ist für eine mittellose Untermieterin wirklich ein Problem. ›Woher die Mittel nehmen für die Photos, die man für Bewerbungsschreiben so notwendig brauchte?‹ – und so fort. –

Man saß wie in einer Mausefalle. Und doch war Erwerbslosigkeit keineswegs immer die Folge von Untüchtigkeit. Auch ich war ja kein

›Dilettant der Arbeit‹. Ich hatte sogar zwei Eisen im Feuer und war sowohl büromäßig wie auch als Wohlfahrtspflegerin voll ausgebildet. Eine jüngere Leidensgenossin sagte einmal – überspitzt, aber doch nicht ganz mit Unrecht: ›man müßte fünfundzwanzig Berufe beherrschen, damit man vielleicht einmal eine Chance haben könnte, Arbeit zu finden!‹

(...)

Für eine Berufsfürsorgerin war es ja noch verhältnismäßig leicht, sich in die gegebenen Verhältnisse zu finden: endloses Warten in verschiedenen Arbeitsämtern, in Reih und Glied mit denselben Menschen, die man vordem fürsorgerisch betreut hatte; in der Volksküche neben den Wanderern der Landstraße zu sitzen, die in dieser Zeit das Land überschwemmten. Sie wußten übrigens manchmal recht interessant zu erzählen; nur durfte man ihnen nicht zu sorglos zu nahe kommen wegen der ›Bienen‹ (Ungeziefer). – Der humorbegabten Fürsorgerin konnte es sogar geradezu ein Vergnügen sein, bei Ziehharmonikaklängen bis vier Uhr nachmittags in der Volksküche zu sitzen, die zugleich als Wärmehalle diente und den ›Höhepunkt des Tages‹ mit zu erleben: Gratiskaffee (garantiert bohnenfrei!) und Pflaumenmussemmeln, die an alle Besucher ausgeteilt wurden.

(...)

›Das Schicksal war nicht gut, das Leben war launisch und grausam; ... aber es gibt Güte und Vernunft in uns.«

(Auszug aus: Staewen-Cordemann, G. (Hrsg.), Kameradin. Junge Frauen im deutschen Schicksal 1918 – 1930, Berlin 1936, S. 47)

Bericht einer Familienfürsorgerin
1931

»Ich komme zu Pflegeeltern, denen zuvor mitgeteilt worden war, daß das Kind weg sollte. Die Frau treffe ich vor dem Hause; sie läßt mich in die Stube, wo mir sehr schlechte Luft entgegenkommt und ich sage: ›Frau, warum öffnen Sie nicht? Man kann ja nicht atmen.‹ Sie öffnet das Fenster und sagt, man brauche nebenan nicht alles zu hören. Man sei uneinig. Ich bleibe nun allein zurück und sie holt das Kind. Zurückgekehrt herrscht sie mich an: ›Das Kind soll weg, warum denn?‹ Ich erkläre, daß ich es in bezug auf Ordnung und Sauberkeit nicht immer so gefunden hätte, wie ich es wünschte. Dann: ›Haben Sie Schulden?‹ Als sie bejaht, erkläre ich, daß mir nicht immer ganz klar gewesen sei, wovon alle lebten. Der Mann ist Bergmann, ein Sohn in der Lehre, 2 erwachsene Töchter sehr viel zuhause. Und sie wollten sich doch auch kleiden und kleideten sich gut. Die Frau erklärte: Oh, sie kämen aus und das Kind leide gewiß keine Not. Sie öffnete mir darauf den Schrank und zeigte die Kleider voll Stolz und erklärte, daß die sich die Töchter meistens selbst machten. Die Frau schließt den Schrank und tritt zurück, und ich sage halblaut zu ihr hingebeugt: ›Und die Töchter erfreuen sich leider nicht des besten Rufes.‹ Mir tat es leid, da ich zuvor gesehen hatte, wie stolz sie die Kleider zeigte. Sie schwieg und sah zu Boden. Ich trat zu dem Kinde. Es war krank gewesen und die Frau gab sich ja viel Mühe, wohl auch, weil es weg sollte. Ich freute mich und sprach es auch aus. Und da das Kind nicht in der Genesung gestört werden sollte – zuerst sollte es vom Krankenhaus gar nicht in die Pflegestelle zurück, aber es war versehentlich doch geschehen – versprach ich, für sie einzutreten. Dadurch freier geworden, sagte die Frau, sie müsse doch schlecht gemacht worden sein und ich sollte sagen, wer es sei. Sie wollte sich das nicht gefallen lassen und Anzeige erstatten. Ich erklärte, daß ich nie darüber reden dürfte, aber, wenn ihr die Leute Unrecht täten, brauchte sie sich das nicht gefallen zu lassen. Ich könnte mich natürlich nicht hineinmischen, die Leute müßte sie selbst suchen.

Ich sah mir dann noch die Wohnung an und sagte, in die Küche tretend, sie sehe so schwarz aus. Ich wollte noch einmal auf die Unsauberkeit hinweisen, über die sie sich zuerst sehr aufregte. Wir gingen zuletzt, ich möchte fast sagen, in gutem Einvernehmen auseinander, und ich trat, wie versprochen, für die Leute ein. Es wurde nicht stattgegeben, da man nicht an anhaltende Besserung glaubte; das Kind wurde abgeholt.«

(Abschrift aus: Soziale Berufsarbeit 11/1931, Heft 11, S. 177 f.)

Gesundheitsfürsorgerin und Amtsarzt im Zwiegespräch über das »Gesetz zur Verhütung erbkranken Nachwuchses« von 1933

»FÜRSORGERIN: Herr Doktor, was haben Sie da wieder gemacht? Sie haben Frau Wehmuth unverrichteter Sache nach Hause geschickt!

ARZT: Mit vollem Recht. Das Gesetz verbietet uns, in das Walten der Natur einzugreifen – die Frau ist vollständig gesund.

FÜRSORGERIN: Wohin soll das führen, wenn da wieder ein Kind mit Krämpfen auf die Welt kommt?

ARZT: Ohne gesetzliche Handhabe kann der Arzt nicht über Leben und Tod bestimmen.

FÜRSORGERIN: Aber das Kind lebt ja doch gar nicht, es ist doch erst der dritte Monat.

ARZT: Leben ist da, sobald die Empfängnis stattgefunden hat.

FÜRSORGERIN: Für die Gesunderhaltung des Volkes kann dies Leben doch nicht von Vorteil sein.

ARZT: Da haben Sie Recht. Vollends, wenn wir den Begriff Volk im erweiterten Sinne fassen. Das deutsche Volk setzt sich nicht nur aus den gegenwärtig lebenden Menschen, sondern auch aus den vergangenen und kommenden Geschlechtern zusammen.

FÜRSORGERIN: Wäre es nicht angebracht, daß hier von Gesetzes wegen ein ärztlicher Eingriff erlaubt wäre?

ARZT: Gewiß, das wäre in bestimmten Fällen sehr wünschenswert. Wir dürfen aber dabei nie vergessen, daß das Leben, wäre es auch noch so kümmerlich – etwas unantastbares ist. Wenn wir in solchen Fällen eingreifen wollen – nicht im Interesse von Vater oder Mutter, sondern zum Wohle der Allgemeinheit die Schwangerschaft unterbrechen – so müssen wir vor allem eine gesetzliche Grundlage haben. Zweitens müssen wir mit größter Wahrscheinlichkeit sagen können, daß hier ein Wesen zur Welt kommen würde, daß sich selbst und anderen zur Last fällt.

FÜRSORGERIN: Hier scheint doch aber die Familiengeschichte ganz dafür zu sprechen. Diese Frau Wehmuth hat drei Mädchen, die geistig minderwertig sind, und zwei Jungen, die epileptisch sind, auch der Vater ist Epileptiker.

ARZT: Aber seit welcher Zeit?

FÜRSORGERIN: Nachdem er im Kriege einen Kopfschuß gehabt hat, bekam er die ersten epileptischen Anfälle.

ARZT: Das würde eigentlich dafür sprechen, daß es keine vererbbare Epilepsie ist. Aber in der Familie des Vaters finden wir mehrere Fälle von Schwachsinn und geistiger Minderwertigkeit.

FÜRSORGERIN: In der Familie der Mutter auch.

ARZT: Und trotzdem hat sie von einem anderen Mann einen gesunden erwachsenen Sohn. Dieser hat einen Jungen, an dem wirklich nichts auszusetzen ist. Die Frage liegt also nicht so einfach, wie es scheint. Der belastete Teil ist in jedem Fall offenbar der Ehemann.

(...)

FÜRSORGERIN: Warum ist (...) aber das Kind von dem ersten Mann gesund, während sämtliche Kinder von dem zweiten Mann krank sind?

ARZT: Frau Wehmuth hat neben krankhaften Anlagen auch gesunde Anlagen. Sie macht ja auch äußerlich einen ganz gesunden Eindruck. Trotzdem wissen wir auch von dem scheinbar gesunden Kind nicht, ob es nicht in seinem Erbgefüge krank ist. Es ist gezeugt von einem gesunden Manne. Die Wahrscheinlichkeit, daß gesundes Erbgut von Vater und Mutter sich hier getroffen haben, ist groß. Wir wissen jedoch nicht, ob in den Nachkommen nicht einmal wieder etwas Krankes in Erscheinung tritt. (...)

FÜRSORGERIN: Aber Herr Doktor, welches unendliche Elend liegt doch in dieser Tatsache, zunächst also für die Mutter. Sie wird doch gewissermaßen gezwungen, Mutter zu werden und elenden Kindern das Leben zu schenken. – Um wieviel schwieriger ist dann vollends die Tatsache, daß eine große Menge solcher Fälle die seelische und sittliche Kraft des Volkes zerstören. Dazu kommt, daß die Kosten besser dafür aufgewendet würden, gesunde arme Kinder vor dem Untergang zu bewahren. Die drei minderwertigen Kinder der Frau Wehmuth kosten der Stadt als Fürsorgezöglinge allein im Monat über RM. 600,– . Der Vater und die beiden epileptischen Söhne fallen ebenfalls der Allgemeinheit zur Last. Wäre es dann nicht besser, Vorsorge statt Fürsorge zu betreiben?

ARZT: Für diesen Zweck ist ja letztendlich das Sterilisationsgesetz geschaffen. Wenn es in zweckmäßiger Weise durchgeführt wird, werden wir solche Fälle in Zukunft kaum noch erleben.

FÜRSORGERIN: Freilich wird das Vorhandensein eines solchen Gesetzes allein nicht genügen. Das Verantwortungsbewußtsein für die schwerwiegenden Fragen der Vererbung muß in allen Volkskreisen geweckt werden.

ARZT: (Auch die Auffassung über das Wesen der Mutterschaft muß dabei eine Wandlung erfahren.) Für den einzelnen Menschen wird es vielleicht zunächst grausam erscheinen, wenn er aus dem Gesetz die Folgerungen ziehen muß. Wir tasten aber in diesen Fragen nicht mehr im Dunkeln wie unsere Vorfahren, daher haben wir die Pflicht, soweit uns das Licht der Erkenntnis zuteil wird, danach zu handeln.
Es wird uns das nicht schwer fallen, wenn wir gelernt haben, anders als bisher zu denken. Nicht mehr auf den einzelnen kommt es an, sondern auf die Familie, die Sippe, das Volk, erbgesunde Familien zu schaffen,

zu schützen und zu erhalten, ist vornehmste und edelste Aufgabe für die heute lebende Generation. Damit wird das Glück des ganzen Volkes begründet. Das ist freilich eine Aufgabe auf weite Sicht.

FÜRSORGERIN: Damit würde auch die Frau als Mutter eine andere Stellung als bisher erhalten. Als Stammutter glücklicher und gesunder künftiger Nachkommen fällt ihr die wichtigste Aufgabe zu, die es im Rahmen unseres völkischen Aufbaues überhaupt zu lösen gibt.

ARZT: Die Heiligkeit der Mutterschaft in diesem Sinne anzustreben und zur allgemeinen Anerkennung zu bringen, ist der Sinn einer jeden eugenischen und bevölkerungspolitischen Maßnahme.

FÜRSORGERIN: Um die Heiligkeit der Mutterschaft wieder zu erringen, wird die Frau jedes Opfer bringen. Freudig wird sie alle jene Scheingüter hergeben, die ihr äußeren Vorteil und Gewinn vortäuschen, die aber in Wahrheit ihre Seele arm machten und ihr Herz verschmachten ließen. *Lebenshilfe* ist der große tragende Gedanke, der in Zukunft über jeder Frauenarbeit stehen wird – *Lebenshilfe* als Opfer und Dienst an Familie und Volkstum. (...)«

(Wagner, Emmy. In: NS-Frauenwarte, 2/1934, H. 13, S. 282 f.)

Die evangelische Fürsorgerin
–»Beauftragte des Staates« und »Dienerin am Wort Gottes« –
Brief an einen Vormund 1934

von Gerda Lucas, Evangelisches Frauenwerk Berlin-Brandenburg

»Liebe Kollegin!

Sie kamen neulich in solch großer Not zu mir, als Sie erfahren hatten, daß eines Ihrer Mündel unter das Gesetz zur Verhütung erbkranken Nachwuchses falle. Es war Ihnen die Antragstellung vom Erbgesundheitsgericht nahe gelegt worden, und die Verantwortung vor einem solchen Schritt lag wie ein schwerer Alp auf Ihnen, vor allen Dingen, wenn Sie sich vorstellten, wie Sie nun all diese einschneidenden Fragen Ihrem Mündel selbst in der richtigen Weise klar machen sollten. Weil ich diese Not sehr wohl verstehe, weil ich aber andererseits glaube, daß wir diese Not als Gefährdetenfürsorgerinnen der Inneren Mission um des Evangeliums und um unseres

Volkes willen in uns überwinden müssen, möchte ich es versuchen, Ihnen Gedanken, die mir an den mir ebenfalls begegnenden Anforderungen klar geworden sind, mitzuteilen, weil ich hoffe, daß sie ein wenig zur Klärung der an uns gestellten Aufgaben beitragen können.

Zunächst müssen wir uns klar darüber sein, daß das Gesetz zur Verhütung erbkranken Nachwuchses für die Gesundung unseres Volkes eine große Hilfe bedeutet. Haben nicht gerade wir Fürsorgerinnen immer schon mit tiefen Sorgen die Massen schwachsinniger, schwer belasteter Menschen beobachtet, deren Schicksal so oft ins Dunkle der Verwahrlosung und Kriminalität verlief und die unser Volksleben aufs schwerste belasteten? Haben wir nicht selbst manches Mal vergeblich mit Kliniken und Ärzten verhandelt, ob nicht ein sterilmachender Eingriff dennoch möglich sei, wenn einer unserer gefährdeten Schützlinge bedenkenlos ein lebensschwaches Kind nach dem anderen zur Welt brachte, dessen Dasein nach menschlichem Ermessen für es selbst und seine Umgebung nichts als eine drückende Last sein würde?

Ich glaube nur, daß es gut ist, wenn uns – angesichts des bestehenden Gesetzes – nun die große Verantwortung aufgeht, die gerade wir in diesem Betracht zu tragen haben. Wir sind es gewohnt, immer wieder in allen Fragen unserer Arbeit unsere Orientierung am Wort Gottes zu finden, und es ist verständlich, daß wir hier auch in dieser Stunde fragen: Ist der im Gesetz gebotene, weit reichende Eingriff, der den Menschen durch Menschen- und Staatsmacht außerhalb einer vom Schöpfer sehr ausdrücklich gebotenen Funktion: Die Zeugungskraft, mit dem Schöpferwillen Gottes, mit den Geboten des Evangeliums vereinbar? Nicht wahr, hier stehen scheinbar einmal wieder ›Gesetz‹ und ›Evangelium‹ als unvereinbare Gegensätze vor uns, und es ist ja nur gut, wenn wir das Unvereinbare mit aller bedrückenden Wucht empfinden. Es ist hier genauso, wie in all den zahlreichen Lebensbezirken, in die der Staat hart und autoritär eingreift, mit einer Gewalt, die er sich auch anscheinend selbst gegeben hat. Aber er tut es doch um der irdischen Ordnung willen: ohne ihn würden wir Menschen in unserer schmerzlichen, unaufhebbaren Unvollkommenheit erst recht in Sünde, Chaos und Anarchie verfallen. Darum ist ›die Obrigkeit von Gott gesetzt‹, und wir müssen ihr gehorchen nach Gottes Willen. Wenn menschliche Erkenntnis und Wissenschaft die Möglichkeit schaffen, schlechte Erbmasse aus einem Volk auszuschalten, dann sollen wir diese Errungenschaft als von Gott geschenkt annehmen: wenn der Staat sie im Gesetz verwertet, dann tut er es um der Gesunderhaltung und Gesundwerdung des Volkes willen, die zu pflegen ihm zur Aufgabe von Gott gesetzt ist. Genau so, wie wir als Christen lebensgefährliche Operationen und den Impfzwang um der Gesunderhaltung des Einzelnen willen bejahen, kann und soll die Sterilisierung zur Gesunderhaltung des Volkes benutzt werden. (...) Ja, wahrhaftig ›das Gesetz richtet Zorn an‹. Die Katholiken sind aus diesem Dilemma in die reine Luft ihrer Moraltheologie geflüchtet. Wir evangelischen Fürsorger wissen, daß wir mitten in diese Welt gestellt sind, um sie von innen heraus mit dem uns geschenkten Auftrag der Frohbotschaft zu durchleuchten. Das heißt: Wir haben in vollem Umfang der Obrigkeit zu gehorchen (...), wir haben in die notwendige Schärfe einer staatlichen Zucht und in die Leid bringenden Tatsachen des Gesetzes die Verkündigung von Erlösung und Gnade, von der ewigen Liebe Jesu Christi zu tragen, die jedes Leid umwandelt und überwindet. Ist Ihnen diese Doppelstellung des Christen in der Welt (...) klar geworden? (...) Vom Evangelium her (...) dürfen wir die selige Gewißheit verkündigen: Vor Gott gibt es kein lebensunwertes Leben, er sieht nur das Herz an und nimmt den zu sich, der ihn von ganzem Herzen (...) liebt; (...) und es offenbart sich auch hier (...) die Paradoxi des Christentums, daß in diesen schweren Gängen zu unseren Mündeln im Bereich der Sterilisationsfrage seltene Möglichkeiten beseligender Verkündigung liegen. (...)

Es gehört ferner auch zum Begriff des Opfers, daß der Sterilisierte tapfer und ohne Wanken die Gefahren bekämpfe, die in seiner neuen Situation liegen: Der Triebhaftigkeit zu verfallen, was bei der Erhaltung seines Geschlechtsempfindens sehr stark im Bereich der Möglichkeit liegt; und dies nun bei unseren Gefährdeten! Das heißt doch für uns: Die Lebensgemeinschaft zwischen Mündel und Vormund noch enger zu knüpfen, und nach dem Eingriff den Kampf gegen alle Versuchungen in dem Schützling noch unbedingter zu führen. Sind wir evangelischen Vormünder nicht geradezu die wichtigsten Mitarbeiter bei diesem Gesetz, weil wir verantwortlich sind für die Gestaltung des Lebens unserer sterilisierten Mündel in Zucht, Ordnung und Ehrfurcht vor den Geboten Gottes und des Staates?

Ich hoffe, daß es mir gelungen ist, die Doppelseitigkeit unserer Aufgabe, die voll im Diesseits und voll im Jenseits liegt, Ihnen lieb zu machen. Das soll nicht heißen, daß sie damit verkleinert oder bagatellisiert werde. Der Konflikt ist für uns in jedem einzelnen Falle da, weil wir Gott und der Obrigkeit in vollem Umfang zu gehorchen haben. Gott sei Dank, daß dieser Konflikt von uns so ernst genommen wird! Wir müssen durch ihn hindurch; die Frage unserer Gewissenshaltung bleibt nach meiner Erfahrung entscheidend, weil wir eben unseren Mündeln gegenüber in solch vielfältiger Hinsicht verpflichtet sind: nämlich als Beauftragte des Staates, aber gleichzeitig auch als Diener am Wort. Dazu helfe uns allen Gott!

In Treue und mit
Heil Hitler

Ihre ...«

(*Abschrift aus: Nachrichtendienst des evangelischen Hauptwohlfahrtsamtes Berlin, 11/1934, H. 4/6, S. 10 ff.*)

Bericht der Referentin im Centralausschuß für Innere Mission über »Die Sozialarbeiterin in der Volksgemeinschaft«
1933

»Wally Schick, Berlin-Dahlem, Zietenstr. 24

Von den gegenwärtigen Wandlungen im Staats- und Volksleben wird in ganz besonderem Maß auch die Wohlfahrtspflege betroffen. Auch bei ihr muß sich zeigen, daß der Nationalsozialismus keine politische Bewegung, sondern eine Welt- und Lebensanschauung ist. Schon heute ist nationalsozialistische Wohlfahrtspflege, wie sie sich vor allem in der NS-Volkswohlfahrt darstellt, ein fest umrissener Begriff. Aus dem Totalitätsanspruch des neuen Staates heraus ist auch die deutsche Wohlfahrtspflege unter nationalsozialistische Führung genommen. Wie auf allen anderen Gebieten, so auch auf dem der Wohlfahrtspflege, hat der Nationalsozialismus bereits in kurzer Zeit den Beweis erbracht, daß wahre Wohlfahrtspflege im nationalsozialistischen Geist zum *Sozialismus der Tat* führen muß. Denn dazu ist das Winterhilfswerk, zu dem der Führer das ganze deutsche Volk aufrief, geworden. Der Unterschied zwischen der früheren marxistisch-liberalistischen Wohlfahrtspflege und der Volkswohlfahrt von heute, zwischen dem Wohlfahrtsstaat und dem Dritten Reich tritt spürbar zutage und läßt die große Linie deutlich erkennen. Der Nationalsozialismus kämpft nicht gegen die Symptome der Not, sondern er geht den Grundübeln an die Wurzel. Er weicht ab von der marxistischen Auffassung, daß die Schäden unseres Volkes nur in wirtschaftlichen Nöten liegt. Schon die ersten Gesetze des neuen Staates berühren aufs engste die Volkswohlfahrt. Das Arbeitsbeschaffungsgesetz greift, wie kaum ein Gesetz je zuvor, hinein in die Fürsorge für ein Volk. Das Gesetz zur Verhütung erbkranken Nachwuchses gibt völlig neue Grundlagen für die Wohlfahrtspflege. Es vollzieht sich die Abkehr von einer irregeleiteten Fürsorge, die ihre Kraft in erster Linie einsetzte für alles Kranke und Schwache, während das Gesunde nicht mehr zu erhalten war. Ein völliger Umbruch muß sich in der Wohlfahrtspflege vollziehen, um diese Arbeit mit der Idee des Nationalsozialsimus zu durchdringen, auch da, wo an sich sachlich gute Arbeit geleistet ist oder erste wertvolle Ansätze vorhanden sind.

Die Wohlfahrtspflege hat heute im nationalsozialistischen Staat nur Berechtigung, wenn sie als ein sozialer Dienst am Volke geübt wird, die Volksgemeinschaft bildet.

Als Beauftragte für die Ausübung der durch den Staat geregelten Wohlfahrtspflege tritt den Volksgenossen die Sozialarbeiterin entgegen, sie ist das Bindeglied zwischen dem Auftraggeber und dem Hilfsbedürftigen. Dieses Bindegliedes bedarf es immer, gleich ob es sich um die Fürsorge des Wohlfahrtsamtes handelt oder eines freien Vereins, ob es beamtete Kräfte sind oder ehrenamtliche Helfer. Auch in der nachbarlichen Hilfe von Mensch zu Mensch stehen sich Objekt und Subjekt der Hilfe gegenüber.

(...)

In den Kreisen der Sozialarbeiter besteht eine große Bereitschaft zur Mithilfe am Neuaufbau des Staates. Oft haben sie schwer gelitten unter den Methoden eines Wohlfahrtsstaates und besonders unter der ›religiösen Neutralität‹, die zum Kampf gegen das Christentum und bis zum Verbot der Kindergebete und der religiösen Feiern in den Anstalten führte. So haben sich aus diesen Reihen mutige Kämpfer für die Bewegung des Nationalsozialismus gefunden, die heute befreit wieder ihren sozialen Dienst im wahren Sinne tun dürfen. In diesen Kreisen weiß man besonders unserem Führer zu danken, daß er das Christentum als ein Fundament des neuen Staates ansieht. Denn hier liegen die Kräfte für den selbstlosen Dienst am Nächsten, von hier aus ist wieder ein Aufbau und Erstarken der sittlichen Kräfte unseres Volkes möglich.

Die Arbeitsgebiete der Gesundheitsführung, der Bevölkerungspolitik und Rassenpflege stellen neue Anforderungen an die Sozialarbeiterinnen, indem sie ihnen die Aufgabe zuweisen, die praktische Erziehungsarbeit des Volkes, die besonders auch in einer Schärfung der Gewissen bestehen muß, zu tun. Diese wichtigen Gesetze würden zweck- und seelenlos sein, wenn nicht eine große Erziehungsarbeit und ein Aufklärungsdienst einsetzten. Hier muß die Sozialarbeiterin an der Front stehen mit ihren Erfahrungen und mit ihrem Einfluß.

Die Umstellung der Gesundheitsfürsorge auf eine Gesundheitsführung wird gerade auf die Wohlfahrtspflegerinnen befreiend wirken, die unter dem Negativen ihres fürsorgerischen Tuns an aussichtslosen Fällen gelitten haben. Aus der nun einsetzenden vorbeugenden Fürsorge, dem Schutz des Gesunden, wird wieder hoffnungsfreudige Zuversicht für die Arbeit entspringen. Eine wahre Fürsorgerin mit mütterlichem Herzen leidet an der Hoffnungslosigkeit eines ›Falles‹, als sei es ein Glied der eigenen Familie. In dieser seelischen Verbundenheit liegt der so starke Kräfteverbrauch der Sozialarbeiterinnen, die die Not des anderen als eigene tragen und deshalb auch die Not eines ganzen Volkes erfassen können.

(. . .)

Die Fragen der Ausbildung der Sozialarbeiterinnen werden vom Nationalsozialismus aufgegriffen werden müssen. Die junge Generation der Sozialarbeiterinnen muß aus der Idee des Nationalsozialismus heraus geschult werden für die Zukunftsaufgaben einer deutschen Volkswohlfahrt. Es muß abgewichen werden von dem Spezialistentum in der Ausbildung. Ein Einheitstyp der Wohlfahrtspflegerin auf der Grundlage der Familienfürsorge muß geschaffen und Rassenpflege muß im Vordergrund stehen. Vor allem aber muß mit der übersteigerten wissenschaftlichen Ausbildung auf den Wohlfahrtsschulen gebrochen werden, die zu Intellektualismus und Überproblematik führte. Die hauswirtschaftliche Schulung muß vor allem stärker berücksichtigt werden.

Das Fundament des nationalsozialistischen Staates ist die Familie. Der Dienst der Sozialarbeiterin gilt der deutschen Familie und ihrer Gesunderhaltung. So soll auch eine recht betriebene Wohlfahrtspflege den neuen Staat bauen helfen, damit auch sie dazu beitrage, Deutschland wieder stark zu machen, und Deutschland ist stark, wenn sein Volk gesund ist.«

(Abschrift aus: Nationalsozialistischer Volksdienst, 1/1933, H.3, S. 67 ff.)

Bericht einer Siedlungsfürsorgerin
1934

»... Das Siedlungsgebiet um *Blankenfelde* umfaßt die Stadtrandsiedlung und mehrere ziemlich große Laubegebiete, die sämtlich vor der Belaubung als Rieselfelder Verwendung fanden. Es handelt sich um ›mittleren‹ Boden, der zur Erzeugung von Kartoffeln und Gemüse ausreicht. – Die

Stadtrandsiedlung wurde in Gemeinschaftsarbeit in 135 Tagen von besonders ausgesuchten ›Familienvätern‹ erbaut; die 92 Häuser wurden nach der Fertigstellung unter 184 Familien verlost. Jede Familie hat im Erdgeschoß eine kleine Küche und 2 kleine Zimmer zur Verfügung, im Dachgeschoß ebenfalls einen mehr oder minder ausgebauten Raum.(...) Die Laubenbewohner sind zum großen Teil aus Berliner Wohnungen ermittelt, die sich das Holz zum Laubenbau auf Schulden genommen haben, von der Unterstützung aber auch nicht viel abzahlen können; sie haben deshalb durchweg 80 – 100 RM Schulden. Da es sich um langjährige Erwerbslose handelt, die Hoffnung auf Arbeit nicht mehr oder kaum hegen, finden wir hier den Typ des völlig gleichgültigen, flügellahmen Menschen oder den Willenlosen, der Gedanken über seine Nöte oder begrabenen Hoffnungen im Alkohol betäubt, – daneben aber den groben, brutalen Proletarier, der es als gutes Recht ansieht, nie Miete oder Pacht zu zahlen, überall Schulden zu machen, seine Unterstützung in 1 – 2 Tagen durchzubringen und sich die übrige Zeit durchzubetteln. Diese Menschengruppen sind auch in der Stadtrandsiedlung vertreten. Es ist manchmal schwer zu entscheiden, ob die Ursache der Not im schicksalmäßigen Ablauf der Dinge oder in persönlichem Verschulden zu suchen ist.

Da ist z.B. eine Familie mit 10 Kindern im Alter von 1 – 16 Jahren. Der älteste Junge gesund und kräftig, aber alle anderen körperlich und geistig zurückgeblieben, ja, z.T. minderwertig. Der Vater Bauarbeiter, zeitweise Aushilfsarbeiter, trinkt 98%igen Sprit, ¼ Ltr. zu 1,25 RM in Mengen. Die Mutter verbraucht und primitiv, hält dauernd das Jüngste auf dem Arm und läßt die ausbesserungsbedürftige Wäsche der 10 (!) Kinder sich zu Bergen türmen, die Kinder laufen zerrissen und ausgefranst herum. Entsprechende Vorhaltungen nimmt sie seelenruhig freundlich lächelnd an, ändert aber nichts in ihrem Verhalten. Selbst die 12jährigen sind noch Bettnässer, es sind aber nur wenige Betten, Bezüge überhaupt nicht vorhanden. Da nur selten gelüftet wird, kann man sich die Atmosphäre dieses Hauses vorstellen. Die Bewohner fühlen sich bis auf das mangelnde Geld aber ganz wohl.

(...)

Es gibt ... außer eingehenden Vorstellungen und Ermahnungen keine Mittel, die tatsächliche Nahrung der Kinder dauernd zu überwachen. Aus Berichten von Kindern und Augenzeugen wissen wir, daß so manches Kind als Hauptmahlzeit nur Kartoffeln bekommt. Es sind mehrere Fälle bekannt, wo der Vater die für die Kinder bestimmte Milch selbst trinkt. –

Leider behalten manche Frauen auch während der Schwangerschaft das häufige Trinken bzw. Rauchen bei. Sie kennen die Gefahren, sind aber nicht fähig, ihren Egoismus zu überwinden.

Im allgemeinen ist von den von uns versorgten Gebieten von der sonst so starken Verringerung der Arbeitslosigkeit noch wenig zu spüren. Männer und Frauen entkräften langsam durch die jahrelange Untätigkeit, die zu einer oft festgestellten ›Erwerbslosenkrankheit‹ führt.

Aus der individuellen Lagerung all dieser Dinge ergibt sich die Art der fürsorgerischen Betreuung, die mit Strenge und Milde versucht, Hilfe zu bringen. Wie oft gilt es, Verzweifelte zu trösten und immer wieder aufzurichten.
Wir betreuen z. Zt. 75 Familien, haben einen evangelischen Jugendkreis von ca. 30 Mädels und halten einen kirchlichen Frauenabend, dessen Besucherzahl (je nach Wetter) zwischen 18 – 30 schwankt. – Zu den meisten Familien haben wir trotz sachlicher eventueller Strenge ein persönliches Vertrauensverhältnis.«

(Abschrift aus: Nachrichtendienst des evangelischen Hauptwohlfahrtsamtes Berlin, 11/1934, H.4/6, S. 15f.)

Bericht einer Volkspflegerin aus einer »Beratungsstelle für Erb- und Rassenpflege« 1938/1939

»Seit Oktober 1938 arbeite ich in der Beratungsstelle für Erb- und Rassenpflege beim Gesundheitsamt Berlin-Charlottenburg. (...)

Von der Beratungsstelle für Erb- und Rassenpflege werden sämtliche Untersuchungen auf Erbgesundheit, zu welchem Zwecke sie auch seien, durchgeführt.
In engster Zusammenarbeit mit der Erbkartei, die alle in den verschiedenen Zweigen des Gesundheitsamtes einmal Untersuchtes erfaßt und verkartet hat, werden Sippentafeln aufgestellt und ergänzt, wird eingehende erbgesundheitliche Sippenforschung getrieben.
Die Aufgaben der Beratungsstelle sind folgende:

I. Die Durchführung des Ehegesundheitsgesetzes sowie des Blutschutzgesetzes.

II. Die Mitarbeit an sämtlichen zur Förderung des erbbiologisch wertvollen, d.h. des erbgesunden Nachwuchses ergriffenen Maßnahmen:
   1. Ehestandsdarlehen,
   2. Ausbildungsbeihilfen für kinderreiche Familien und Kinderreichenbeihilfe,
   3. Ehrenpatenschaften der Stadt Berlin.

III. Vornahme von allen weiteren Untersuchungen zur Feststellung der Erbgesundheit.

IV. Die Durchführung des Gesetzes zur Verhütung erbkranken Nachuchses.

Zu I.

Die Durchführung des Ehegesundheitsgesetzes besteht aus der Ausstellung der Ehetauglichkeitszeugnisse. Diese geschieht aus verschiedenen Gründen:

a.

Der Standesbeamte fordert bei der Bestellung des Aufgebotes die Beibringung eines Ehetauglichkeitszeugnisses, sei es auf Grund seiner eigenen Feststellungen bei dem üblichen Befragen, sei es auf Veranlassung des Gesundheitsamtes. Auch wenn der Grund für das Sperren des Aufgebotes nur bei einem der Verlobten liegt, müssen sich beide bei ihrem zuständigen Gesundheitsamt der Untersuchung unterziehen. Außer dieser ärztlichen Untersuchung wird von der Beratungsstelle aus eingehende Sippenforschung getrieben, und zwar hauptsächlich durch die Verkartung der nächsten Familienangehörigen – Eltern und Geschwister – nach den Richtlinien für die Tätigkeit der Erb- und Rassenpflege aus dem Jahr 1938, das bedeutet die Benachrichtigung der Gesundheitsämter der Geburtsorte der Einzelnen.

Außerdem gehört selbstverständlich zu der Bearbeitung die Einsichtnahme von Akten, die über das Leiden bzw. über die Lebensführung der Prüflinge Auskunft geben können. Es werden z.B. regelmäßig die etwa bestehenden Akten der Bezirksfürsorge eingesehen. Auch geht immer eine Anfrage an die Erbbiologische Zentralkartei im Hauptgesundheitsamt, die ja gleichzeitig Geburtsortkartei für alle Berliner Bezirke ist, so daß von dort mitgeteilt werden kann, ob und wo weitere Vorgänge über den Betreffenden vorhanden sind. Nach Abschluß der Ermittlungen wird das Ehetauglichkeitszeugnis bzw. die ablehnende Bescheinigung, wenn ein Ehehindernis vorliegt, ausgestellt, und zwar vom Gesundheitsamt der Braut.

Im Falle einer Ablehnung ihres Antrages auf das Ehetauglichkeitszeugnis haben die Verlobten die Möglichkeit, einen Antrag auf Befreiung von den Vorschriften des Ehegesundheitsgesetzes beim Polizeipräsidenten Berlin zu stellen. Nach der schriftlichen Antragstellung reicht das Gesundheitsamt unter Beifügung sämtlicher vorhandenen Akten und Unterlagen einen eingehenden Bericht einschließlich eigener Stellungnahme ein.

Häufig wird den Verlobten bei Aushändigung der ablehnenden Bescheinigung vom Arzt direkt der Rat gegeben, einen Befreiungsantrag zu stellen. Will z.B. eine Unfruchtbargemachte einen Mann heiraten, der nach dem Ergebnis der Untersuchung sowie der angestellten Ermittlungen erbbiologisch wenig wertvoll erscheint, ja, vielleicht sogar erheblich belastet ist, so wird zunächst wiederum die Ehe verboten werden müssen, da formell bei der Braut ein Ehehindernis besteht. Ein Befreiungsantrag würde aber auf jeden Fall befürwortet und vom Polizeipräsidenten auch bewilligt werden, da durch eine Eheschließung dieser beiden Verlobten wertvolles Erbgut dem Volksganzen nicht verloren gehen würde. Solche ähnlichen Fälle gäbe es noch viele aufzuzählen.

b.

Ähnlich wie diese eben beschriebenen Ehetauglichkeitszeugnisse für das Standesamt werden die Ehetauglichkeitszeugnisse bearbeitet, die zur Vorlage bei einem Gericht – meist das Vormundschaftsgericht bei der Volljährigkeitserklärung zwecks Eheschließung oder das Landgericht bei Anträgen auf Befreiung vom Eheverbot wegen Ehebruchs – bestimmt sind.

c.

Außer den obengenannten beiden Arten von Ehetauglichkeitszeugnissen sind noch die Ehetauglichkeitsbescheinigungen für ›Wehrmachtsbräute‹ zu nennen, die besonders jetzt während des Krieges zahlenmäßig den anderen Tauglichkeiten weit überlegen sind. Die Bräute aller aktiven Wehrmachtsangehörigen sowie der Reserveoffiziere und –offiziersanwärter benötigen zur Erlangung der Heiratsgenehmigung bei der zuständigen Militärbehörde eine amtsärztliche Bescheinigung über das Nichtvorliegen eines Ehehindernisses. Auch diese Zeugnisse werden von der Beratungsstelle für Erb- und Rassenpflege ausgestellt. Allerdings fällt bei diesen heute meist die Sippenforschung aus zeitlichen Gründen fort, da es sich meist um besonders eilige Kriegstrauungen handelt.

Für Bräute von Angehörigen des RAD sowie der HJ gelten dieselben Bestimmungen.

Die Durchführung des Blutschutzgesetzes obliegt zu einem wesentlich geringeren Teil der Beratungsstelle für Erb- und Rassenpflege. Es wird lediglich die Untersuchung und Sippenforschung der beiden Verlobten – d.s. Mischling 1. Grades und Arier – durchgeführt.

zu II.

Bei den der Förderung des erbbiologisch wertvollen Nachwuchses dienenden Maßnahmen ist selbstverständlich Hauptbedingung völlige Erbgesundheit beider Partner.

1.

Ehestandsdarlehensbewerber werden nach der Antragstellung auf der Beratungsstelle für Erb- und Rassenpflege untersucht. Hierbei ist jedoch die Hauptsache die Sippenforschung: jeder Prüfling reicht eine möglichst sorgfältig ausgefüllte Sippentafel ein, die genau durchgesehen wird, insbesondere auf Sterbealter und Todesursache der bereits verstorbenen Sippenangehörigen. Unter Umständen werden wenig glaubwürdige Angaben des Probanden durch Anfragen bei Standesämtern und ähnlichem nachgeprüft.

Abgelehnt wird das Ehestandsdarlehen natürlich in erster Linie bei Vorliegen eines Ehehindernisses, welches erst nachträglich bekannt wird, ferner bei Fortpflanzungsunfähigkeit, die gegebenenfalls durch einen Facharzt festgestellt wird.

Außerdem kann erbliche Belastung ebenfalls als Ablehnungsgrund gelten, selbst wenn der Untersuchte erscheinungsbildlich gesund ist. Hierbei kommt es selbstverständlich auf die Art der Belastung, auf Häufigkeit und Verwandtschaftsgrad des Erkrankten zum Probanden an.

2.

Die Ausbildungsbeihilfen für kinderreiche Familien werden ebenfalls nur erbgesunden jungen Menschen bewilligt. Die gesamte Bearbeitung dieser Anträge entspricht im wesentlichen der der Ehestandsdarlehensanträge. Auch der angelegte Maßstab bzgl. der Erbgesundheit der Sippe ist der gleiche.

Die Anträge auf laufende Kinderbeihilfen werden ohne Mitwirkung des Gesundheitsamtes, d.h. also ohne ärztliche Untersuchung der Bewerber, entschieden.

Lediglich vor Bewilligung der einmaligen Kinderbeihilfen muß das Gesundheitsamt den Antragstellern ein ärztliches Zeugnis ausstellen, nach dem keine Bedenken gegen die Bewilligung des Antrages bestehen. Hierzu erfolgt nur eine kurze Untersuchung und eingehendes Befragen nach den gesundheitlichen, insbesondere erbgesundheitlichen Verhältnissen der Sippen durch den Arzt. Die Kinder werden von dem Schularzt bzw. dem Arzt der Säuglingsfürsorge untersucht.

3.

Vorraussetzung für die Verleihung der Ehrenpatenschaft der Stadt Berlin ist ganz besondere erbbiologische Hochwertigkeit beider Eheleute. Das bedeutet also, daß auch nicht die geringste Belastung in den Sippen nachgewiesen sein darf.

Für die Bearbeitung der Anträge bedeutet das jedoch eingehende Auswertung der aufgestellten Sippentafeln. Es genügen nicht die sonstigen Forschungen über die nächsten Familienangehörigen, also Eltern und Geschwister, sondern es werden daneben sämtliche Gesundheitsämter angefragt, die für die Wohnsitze aller noch lebenden Sippenangehörigen zuständig sind, ferner werden die Todesursachen der verstorbenen Verwandten über die Standesämter festgestellt. Dann gehört die Anforderung von Strafregisterauszügen und eines politischen Leumundszeugnisses für beide Eheleute und schließlich die Nachprüfung des arischen Nachweises an Hand der vorgelegten Urkunden (bis zu den Geburtsurkunden der beiderseitigen Großeltern!) zur weiteren Bearbeitung.

Die Ehrenpatenschaft wird verliehen für das 3. bzw. 4. Kind, sie soll die Eltern von 2 bzw. 3 Kindern zu einer weiteren Geburt anregen. Jede Familie kann die Ehrenpatenschaft beantragen, ganz gleich, in welcher Wirtschaftslage sie sich befindet. Die ganze Maßnahme darf nach Art der Auswahl oder sonstigen Behandlung keineswegs den Charakter einer sozialen Hilfsmaßnahme annehmen, es handelt sich vielmehr bei der Verleihung biologische Wertigkeit der Antragsteller ein so hoher Maßstab gelegt werden. Dieser Maßstab der erbbiologischen Hochwertigkeit ist gerade im letzten Jahr noch strenger geworden. So kann z.B. ein Antrag schon wegen mehrfacher familiärer Belastung mit Tuberkulose abgelehnt werden.

zu III.

Zur Feststellung der Erbgesundheit werden auf der Beratungsstelle für Erb- und Rassenpflege ferner untersucht:

1.

Jungmannanwärter für eine nationalpolitische Erziehungsanstalt. Die Bearbeitung der Anträge entspricht der der Anträge auf Ausbildungsbeihilfen, im großen und ganzen werden beinahe noch höhere Anforderungen an die erbgesundheitlichen Verhältnisse der ganzen Sippe gestellt.

2.

Adoptiveltern und Eltern, deren Kinder adoptiert werden sollen.

3.

Fremde Staatsangehörige zum Zwecke der Einbürgerung. Bearbeitung wie bei Ehestandsdarlehen.

4.

Frauen, bei denen auf Kosten der Krankenkasse ein operativer Eingriff zur Herstellung der Gebärfähigkeit vorgenommen werden soll.

Bearbeitung ebenfalls ähnlich wie bei Ehestandsdarlehen. Meist rein aktenmäßig bearbeitet werden die Anträge auf das Ehrenbuch des Bundes der Kinderreichen. Ist die kinderreiche Familie weder in der Erbkartei noch bei der Bezirksfürsorge bekannt, dann wird ohne weiteres der Antrag befürwortend weitergegeben.

Ähnlich ist es bei den Anträgen auf das Ehrenkreuz der Deutschen Mutter, die besonders im Verlaufe des letzten Jahres den Beratungsstellen für Erb- und Rassenpflege einschließlich der Erbkartei ungeheuer viel Arbeit gemacht haben. Im allgemeinen erstreckt sich die Bearbeitung dieser Anträge lediglich auf das Nachsehen in der Erbkartei. Geht aus den etwa vorhandenen Karteikarten einzelner der Familienangehörigen irgendetwas Belastendes hervor, so müssen wiederum von der Beratungsstelle für Erb-

Belastendes hervor, so müssen wiederum von der Beratungsstelle für Erb- und Rassenpflege sämtliche nur erreichbaren Unterlagen und Akten herangezogen und ausgewertet werden, bis schließlich beurteilt werden kann, ob die Mutter des Ehrenkreuzes würdig erscheint oder nicht. Hierbei wird möglichst großzügig entschieden. Vereinzeltes Vorkommen von Erbleiden wird noch nicht als Ablehnungsgrund angesehen, während asoziales Verhalten der Familie, welches unter Umständen aus den hinzugezogenen Bezirksfürsorgeakten hervorgeht, schärfer beurteilt wird, da nach den hierzu ergangenen Richtlinien Mütter von asozialen Großfamilien nicht würdig erscheinen, das Ehrenkreuz der Deutschen Mutter zu bekommen.

zu IV.

Der Beratungsstelle für Erb- und Rassenpflege obliegt die Durchführung des Gesetzes zur Verhütung erbkranken Nachwuchses nur, soweit dieses die Vorarbeiten von der Anzeige bis zum fertigen Antrag beim Erbgesundheitsgericht betrifft, bzw. bis zur Zurückstellung oder Ablehnung durch den Amtsarzt.

Die Bearbeitung beginnt mit einer eingehenden Befragung des Prüflings nach der eigenen körperlichen und geistigen Entwicklung, nach den überstandenen Krankheiten sowie nach den aufgesuchten Krankenhäusern, Anstalten oder Ärzten, und außerdem nach den gesundheitlichen Verhältnissen der Familie. Ferner wird die Sippentafel sehr genau aufgestellt. Bei wegen Verdachts auf angeborenen Schwachsinn Angezeigten wird gleichzeitig eine Intelligenzprüfung vorgenommen. Darauf werden die von dem Prüfling gemachten Angaben sehr intensiv ausgewertet, d.h. unter Zuhilfenahme aller Krankengeschichten der angegebenen Krankenhäuser oder Anstalten, Berichten von Ärzten, Schulakten usw. verschafft man sich ein möglichst genaues Bild über den Krankheits- und Geisteszustand des Angezeigten. Die Sippenforschung wird ähnlich wie bei den Ehrenpatenschaften getrieben. Bei Schwachsinnigen werden z.B. alle erreichbaren Schulakten über Geschwister und Eltern eingesehen, bei Prüflingen mit körperlichen Mißbildungen werden möglichst sämtliche näheren Familienangehörigen auf dem Wege der Amtshilfe von ihrem zuständigen Amtsarzt untersucht, um festzustellen, ob irgendwelche Belastung nachzuweisen ist.

Wenn alles dieses fertig gestellt und genügend Material angesammelt ist, dann erfolgt die eigentliche Untersuchung des Kranken durch den Amtsarzt, der dann danach und nach Einsichtnahme in die vorhandenen Vormuß, ob eine Nachuntersuchung in einer befristeten Zeit erst die erforderliche Klarheit bringen kann oder ob es sich gar nicht um ein Erbleiden im Sinne des Gesetzes handelt und infolgedessen die Weiterverfolgung der Anzeige unterbleibt.

Meine Hauptarbeit während des vergangenen Jahres bestand in der Bearbeitung der Unfruchtbarmachungsangelegenheiten. Allerdings wurde mit Beginn des Krieges die Bearbeitung dieser Angelegenheiten zunächst einmal eingestellt, da nur die dringendsten Arbeiten der Erb- und Rassenpflege weitergeführt werden konnten wegen der anderweitigen Verwendung des Personals.

Erst jetzt fangen wir mit der Wiederaufnahme der U-Verfahren, weil ja gerade während eines Krieges eine gewisse Auslese des Nachwuchses von ungeheurer Bedeutung ist, an.

Im ganzen ist die Arbeit in der Erb- und Rassenpflege überaus interessant und abwechslungsreich, besonders durch das Verhandeln mit den verschiedensten Menschen aus allen Schichten der Bevölkerung, mit Gesunden und Kranken; das ist es auch, was einen immer wieder für das Fehlen jeglichen Außendienstes entschädigt.«

(Abschrift aus: FHSS-INFO, Sonderausstellung, Fachhochschule für Sozialarbeit/Sozialpädagogik Berlin-Schöneberg, Archiv, Berlin 1986)

Erinnerungen einer ehemaligen Volkspflegerin
»Dieser Beruf war weder mein Wunsch – noch mein Traumberuf ...«

»Mein beruflicher Lebenslauf (Jahrgang 1919) ist nicht sehr typisch für Fürsorgerinnen/Volkspflegerinnen, die in den dreißiger und vierziger Jahren ausgebildet wurden.

Dieser Beruf war weder mein Wunsch- noch mein Traumberuf. Das Zeitgeschehen brachte es einfach so mit sich. Ich bin Österreicherin, legte 1938 in Graz mein Abitur ab.

Am 12.3.1938 marschierten die deutschen Truppen in Österreich ein (›Hitler holte die Ostmark heim ins Reich‹). Nach den Truppen kamen die Gulaschkanonen der NS-Volkswohlfahrt (Winterhilfswerk nach dem Motto: Keiner soll hungern und frieren) und ihren anderen sozialen Einrichtungen. In Österreich herrschte soziale Not. Nach dem Einmarsch wurde sofort die Reichsmark und das deutsche Recht auf allen Gebieten eingeführt.

Die NSV begann mit Betreuungen, Lebensmittel, Kleider und Erholungsverschickungen für Kinder und Jugendliche.

In meiner Schulzeit war ich Mitglied einer Jugendgruppe, die in den BdM übernommen wurde. Im September betreute ich eine Gruppe Jugendlicher, die in eine Berghütte zur Erholung verschickt worden war. Als dieses Lager vom Gauamtsleiter der NSV besichtigt wurde, wurde ich aufgefordert, hauptamtlich ab 1. Oktober in der Abt. Jugendhilfe mitzuarbeiten. Alle Dienststellen der Parteigliederungen wurden von bewährten Parteigenossen aus dem Altreich aufgebaut und wir Österreicher angeleitet. Der Leiter einer Abteilung, der ich zugeteilt wurde, ein ausgebildeter Volkspfleger aus Baden-Würtemberg, überzeugte mich davon, diese Ausbildung zu machen, um als Fachkraft im eigenen Land zu arbeiten.

Zu der Frage einer Attraktivität des Volkspflegeberufes will ich folgendes sagen: Ich glaube nicht, daß in den dreißiger und vierziger Jahren nach Attraktivität des Berufes überhaupt gefragt wurde und was damit zu verdienen wäre. In der damaligen wirtschaftlichen Situation war jeder froh, Arbeit und damit ein Auskommen zu haben. Auch damals wurden Fachkräfte im sozialen Bereich besser bezahlt als Mitarbeiter ohne Ausbildung. Das trifft auch heute noch bei den Wohlfahrtsverbänden zu.

Die Teilnehmerinnen meines Lehrgangs von 1939 kamen aus allen Teilen des damaligen Großdeutschen Reiches, aus den verschiedensten Bevölkerungsschichten, z.B. eine Siegerin im Reichberufswettkampf der Deutschen Arbeitsfront, Abteilung Steine und Erden, dann die Tochter eines Bauern und die eines Generals. Wir kamen nicht nur aus verschiedenen Gegenden und waren demnach auch von unterschiedlicher Mentalität, sondern der Altersunterschied betrug in meiner Gruppe 16 Jahre (20 bis 36). Da gab es anfangs im Zusammenleben oft, und vor allem unter den Älteren, Probleme, weil einige den Typ der Fürsorgerin mit strengem Blick, Haarknoten und Trägerrock verkörperten. Wir hatten nur das gemeinsame Ziel, diesen Beruf zu erlernen. Ich kann mich nicht erinnern, ob damals über Motivation, wie man heute so schön sagt, gesprochen wurde. Vielleicht war es für uns selbstverständlich, unsere Pflicht gegenüber dem deutschen Volk zu erfüllen? Ich kann da nur für mich sprechen und wie ich mit 20 Jahren dachte. Über diese Ideologie begann ich erst viel später nachzudenken.

Am 2.5.1939 begann die zweijährige Ausbildung im Reichsseminar für Volkspflege in Blumberg Reg. Bez. Potsdam. Das Seminar unterstand der Reichsleitung der NSV und war im Schloß Blumberg des Grafen Achim von Arnim untergebracht. Die Studiengebühr inklusive Unterkunft und Verpflegung betrug RM 55,- im Monat. Unterbringung in gut eingerichteten Zweibettzimmern in Baracken. Im Schloß befanden sich Verwaltung, Speisesaal, Lese- und Musikzimmer. Mit Ausbruch des Krieges im September 1939 wurde der Stab einer Flak-Scheinwerferabteilung im Schloß einquartiert.

Vorbedingungen zur Aufnahme in das Reichsseminar waren: Ableistung des Arbeitsdienstes im RAD (Reichsarbeitsdienst), abgeschlossene Berufsausbildung, fünfjährige Berufserfahrung im Sozial- oder Gesundheitsdienst, oder Abitur mit mindestens einjährigem Praktikum im Sozial- oder Gesundheitsdienst.

Der Unterricht wurde von hauptamtlichen Dozentinnen, die auch in Nebengebäuden des Schlosses wohnten, erteilt. Außerdem gab es Gastdozenten von Hochschulen für Politik, Wirtschaft und Medizin.

Unterrichtsfächer:

1. Wohlfahrtskunde
2. Recht
3. Wirtschaftskunde
4. Gesundheitslehre
   Dozenten waren drei Mediziner, einer vom Gesundheitsamt, ein Psychotherapeut und ein Arzt, der vermutlich vom Rasse- und Siedlungsamt der SS kam.
5. Geschichte
6. Geographie
7. Sport und Singen

Man hatte Gelegenheit, das Reichssportabzeichen und den Grundschein der DLRG zu erwerben.

An Themen und Inhalte des Unterrichtsstoffes habe ich keine Erinnerung mehr. Vor Ende eines jeden Semesters waren Studienfahrten durch verschiedene deutsche Gaue vorgesehen. Im Juni 1939 besuchten wir in Hessen Kindergärten, Kinder- und Müttererholungsheime und Landfrauenschulen. Weitere Studienfahrten konnten wegen des Kriegsausbruchs nicht mehr durchgeführt werden.

Frühjahr 1940: Praktikum in der Kreisleitung Graz der NSV: Kindergarten, Heim für schwer erziehbare Mädchen, Stadtranderholung, Begleitperson für Erholungsverschickung der Schulkinder. Bergbauernkinder, die noch nie aus ihrem Dorf herausgekommen waren, sollten sich nach 30 Stunden Fahrt im Personenzug in Stade an der Nordsee erholen. Sie litten unter Heimweh, fremder Kost und dem extremen Klimaunterschied.

Juli, August 1940: Praktikum im Gesundheitsamt der Stadt Königsberg Ostpr., vorwiegend in der Mütterberatung und in der Tb-Fürsorge. Anschließend Treffen aller Seminarteilnehmerinnen in Posen/Warthegau. Dort wurden wir den einzelnen Kreisstätten zur Mitarbeit in der NSV zugeteilt.

Ende Februar 1941 mündliches und schriftliches Staatsexamen vor einer Kommission, die sich aus Regierungsvertretern und Gastdozenten zusammensetzte. Die Themen der schriftlichen Arbeit waren in drei Gruppen gegliedert: Jugendhilfe, Gesundheitspflege und Werksfürsorge. Sie konnten je nach Vorbildung gewählt werden. Die staatliche Anerkennung wurde nach einem einjährigen Berufspraktikum von der Regierung erteilt.

Nach dem Examen wurden wir zwar nicht offiziell in den Warthegau dienstverpflichtet, aber nachdrücklich auf unsere Verpflichtung, im deutschen Osten am Aufbau mitzuhelfen, hingewiesen. Ich sah das damals auch noch so, obwohl ich diese Ausbildung absolvierte, um in meiner Heimat zu helfen.

Vom 1.4.1941 bis zum 30.9.1942: NSV Keisleitung Ostrowo/Warthegau. Aufbau von Jugendhilfsarbeit inklusive Pflegekinderwesen. Sehr schwierig war es, mit rein theoretischen Kenntnissen in einem besetzten polnischen Gebiet ohne Sprachkenntnisse und ohne Verständnis für die Nöte und Ängste der dort lebenden Volksdeutschen in Polen, zu arbeiten, jedenfalls aus meiner heutigen Sicht.

Am 1.10.1942 erfolgte auf eigenen Wunsch die Versetzung in meine Heimatstadt Graz. Dort erfolgte der Einsatz in der Keis- und Gauamtsleitung in der Jugendhilfe, zuletzt in der Abteilung Mutter und Kind, vorwiegend in der Mütterberatung, Überprüfung der Pflegeplätze und Müttererholung. Zuletzt in der Evakuierung und Unterbringung schwangerer Frauen in Entbindungsheime außerhalb von Graz wegen der zunehmenden Luftangriffe. Außerdem hatte ich ein Auffanglager zu betreuen, das nach jedem Luftangriff besucht werden mußte.

Mein Aufgabengebiet umfaßte je 3 Bezirke im Stadt- und Landkreis Graz (250 000 Einwohner). Die Hausbesuche erfolgten zu Fuß, mit dem Fahrrad oder mit Straßenbahn und Bus. Im Landkreis waren bei der Überprüfung der Pflegesätze auf entlegenen Bauernhöfen im bergigen Gelände Fußmärsche von 1 ½ Stunden nicht selten.

Arbeitszeit 8 – 13 und 15 – 19 h, Samstags bis 13 h.

Verdienst nach dem Examen: RM 200,–, nach staatlicher Anerkennung RM 220,–. Letztes Gehalt 1945, soweit ich mich erinnere, RM 250,–.

Im April 1945, beim Herannahen der russischen Armee, sollte ich in der Obersteiermark evakuierte Frauen und Kinder betreuen, wurde jedoch selbst zum Flüchtling. Um zu überleben, arbeitete ich als Landarbeiterin.

Am 8.12.1948 erfolgte meine Einstellung als Fürsorgerin im Wohlfahrtsamt (Sozialamt) des Magistrats in Graz bis 15.3.1950. Diese Arbeit war deshalb so unbefriedigend, weil die Not und das Elend nach dem Zusammenbruch so groß und die Mittel, um diesem Notstand abhelfen zu können, äußerst gering waren.

Als mein Mann aus russischer Kriegsgefangenschaft in seine Heimatstadt Duisburg entlassen wurde, ließ ich mich nach Duisburg repatriieren. Im Januar 1951 erfolgte die Geburt einer Tochter.

Die Wiederaufnahme meiner Berufstätigkeit beim Kreisverband der Arbeiterwohlfahrt in Duisburg erfolgte ab Mai 1968 bis April 1979 als Sozialarbeiterin in der Jugendgerichts- und Erziehungshilfe.

Bilder oder andere Dokumente, außer meinen Zeugnissen, besitze ich nicht, da alles verloren gegangen ist.

Heimrada Volkenborn

Chroniken der drei Pioniereinrichtungen zur Ausbildung für die Sozialarbeit 1920 – 1945

Chronik der ersten überkonfessionellen Sozialen Frauenschule Berlin unter der Leitung von A. Salomon und Ch. Dietrich

»1920

Das neue preußische Ministerium für Volkswohlfahrt zeigte für die Anschauungen der Konferenz sozialer Frauenschulen volles Verständnis, zumal da ein Mitglied der Konferenz, Helene Weber, zur federführenden Dezernentin im Ministerium ernannt wurde. So entstand die zweite, in den wesentlichen Punkten noch heute geltende Prüfungsordnung, die sich als brauchbare Grundlage für die Weiterentwicklung der sozialen Berufsausbildung erwies.

Ein Sonderlehrgang für Arbeiterinnen zur Ausbildung in der Wohlfahrtspflege wurde in diesem Jahre an unserer Schule veranstaltet.

1922

Ein Teil der Schülerinnen, besonders der auswärtigen, hatten in den Kriegs- und Nachkriegsjahren unter schlechten wirtschaftlichen Verhältnissen so sehr gelitten, daß die Schulleitung sich um ihren Gesundheitszustand ernsthaft sorgte. (...)

1925

Im Laufe des Schuljahres 1924/25 hat sich außerordentlich viel in unserer Schule, deren Schülerinnenzahl immer größer wurde, zugetragen.

Alice *Salomon* hatte mit Rücksicht auf ihre schwankende Gesundheit den Wunsch, als vollamtliche und vollverantwortliche Leiterin entlastet zu werden. Im Zusammenhang mit den dadurch notwendigen Veränderungen schied Adele Beerensson aus der Arbeit aus. Die Schule, die bisher unter eigener Verwaltung auch ihre wirtschaftlichen Aufgaben und Sorgen getragen hatte, wurde als Pestalozzi-Fröbel-Haus III dem Berliner Verein für Volkserziehung angeschlossen. So kehrte die Soziale Frauenschule zum Pestalozzi-Fröbel-Haus, das ihr durch viele Jahre hilfreich Pate gestanden hatte, als selbständiges Glied zurück.

Dieser äußeren Umgestaltung entsprach eine innere Veränderung von großer Bedeutung. Das Pestalozzi-Fröbel-Haus berief Dr. Charlotte Dietrich zur Leitung der Schule. Während der nächsten zwei Jahre war Alice Salomon noch kollegial an der Schulleitung beteiligt. Seit 1927 wirkt sie nur noch als Dozentin im Schulkollegium, während die Schulleitung ausschließlich von Dr. Charlotte Dietrich geführt wird. (...)

1929

Eine Ausweitung der Arbeit über die Grenzen des Landes hinaus zu internationaler Verständigung über das soziale Ausbildungswesen wurde schon 1926 in die Wege geleitet. Es bildete sich ein Komitee zur Vorbereitung eines Internationalen Kongresses für Soziale Arbeit. Dr. Alice Salomon wurde gebeten, die Sektion für soziale Ausbildung zu leiten. In den nächsten Jahren fanden Besprechungen mit Vertretern ausländischer Schulen in Berlin statt. (...)

Es ist ein weiter Weg, der von den Mädchen- und Frauengruppen für soziale Hilfsarbeit über die Jahreskurse zur ausgebauten, Sozialen Frauenschule und zur Frauenakademie führte, über den Zusammenschluß der deutschen Schulen in der Konferenz Sozialer Frauenschulen (Wohlfahrtsschulen) Deutschlands zum Internationalen Komitee Sozialer Schulen. (...)

1932

Der 60. Geburtstag von Alice Salomon wurde im April in den Räumen des Pestalozzi-Fröbel-Hauses I gefeiert. In vielen Reden wurde Alice Salomon der Dank für ihr Wirken ausgesprochen. Das Preußische Staatsministerium, vertreten durch Dr. h.c. Helene Weber, ehrte Alice Salomon durch Verleihung der silbernen Staatsmedaille. Der Dekan der medizinischen Fakultät der Friedrich-Wilhelm-Universität Berlin überreichte Alice Salomon, als damals noch ungewöhnliche Ehrung, die Urkunde, die sie zum Dr. med. h.c. der Universität Berlin ernannte. Die Soziale Frauenschule nahm jetzt offiziell den Namen ›Alice Salomon-Schule‹ an. (...)

1933 bis 1945

Die Zeit von 1933 bis 1945 war für die Schule, die weiterhin unter der Leitung von Dr. Charlotte Dietrich stand, eine Zeit voll schwerer innerer und äußerer Erschütterungen. Das, was ihr Stolz war, die ›Alice Salomon-Schule‹ zu sein, wurde zur schweren Aufgabe. Es hieß nicht nur, sich äußerlich zu behaupten, sondern innerlich intakt zu bleiben und den Geist, aus dem sie erwachsen war: den Willen zu helfen und Leid zu mindern aus dem Geiste der Menschlichkeit heraus, aufrechtzuerhalten und weiterzupflegen.

Die vom Staat ausgehenden Forderungen in bezug auf die Zusammensetzung des Lehrkörpers wurden auch an die Schule gestellt und mußten erfüllt werden. Die Schule mußte sich bereits 1933 von mehreren bewährten Mitarbeiterinnen trennen, denen sie sich für ihre gewissenhafte und treue Arbeit dauernd verpflichtet fühlen wird. Waren es 1933 allgemeine Bestimmungen, die diese Trennung erforderten, so schied 1934, eines persönlichen Gewissenskonfliktes wegen, der nicht zu einer Verständigung mit dem neuen nationalsozialistischen Vorsitzenden des Pestalozzi-Fröbel-Hauses führte, eine wertvolle Mitarbeiterin aus, die das Gesetz zur Bekämpfung erbkranken Nachwuchses nicht mit ihrer Weltanschauung vereinigen konnte. 1935 mußte auch die Sekretärin der Schule aus rassischen Gründen ihre Arbeit aufgeben.

Alice Salomon legte bereits 1933 den Vorsitz der Konferenz der Wohlfahrtsschulen, den sie seit 1917 ununterbrochen innegehabt hatte, nieder; sie tat es um der Sache willen von sich aus, obwohl sie es lieber gesehen hätte, dazu von außen gezwungen zu werden. Ein solcher Zwang bedingte dann 1937 ihre Auswanderung. Immer hatte sie sich als Deutsche gefühlt und hatte auch in den Jahren 1933 bis 1937 bei ihren Auslandsreisen und –vorträgen und in ihrer Funktion als Vorsitzende des Internationalen Komitees Sozialer Frauenschulen, dessen Tagung sie 1936 in London geleitet hatte, niemals ein Wort gesagt, das dem Ansehen Deutschlands hätte schaden können. Nun wurde sie vor die Wahl gestellt, entweder Deutschland zu verlassen oder verhaftet zu werden. 1947 schickte uns Alice Salomon aus New York, wo sie nach ihrer Emigration lebte, herzliche persönliche Grüße und gute Wünsche für die Weiterarbeit unseres Seminars. Im August 1948 erreichte uns dann die traurige Nachricht von ihrem Tode. Ihre alten Freunde, ihre ehemaligen Schülerinnen und die jetzigen Mitarbeiter und Studierende unseres Seminars kamen im November 1948 zu einer Feierstunde zusammen. Marie Elisabeth Lüders hielt die Gedenkrede und würdigte die entscheidende Bedeutung Alice Salomons für die Entwicklung der sozialen Ausbildung und der sozialen Arbeit.

Die ersten Monate nach dem Umbruch 1933 ergaben auch Schwierigkeiten für die Schülerinnen. Es bestanden bei manchen Berliner Bezirksämtern Bedenken, Schülerinnen der Alice Salomon-Schule in die Praxis einzuführen, obwohl bei einer Besprechung darüber mit dem damaligen stellvertretenden Oberbürgermeister ein durchaus positives Urteil über die Schülerinnen der Schule und über die auf ihr ausgebildeten Berufskräfte gefällt wurde. Es galt also für die Schule, entweder gleich ihre Tore zu schließen oder zusammen mit den Schülerinnen abzuwarten. Manche Schülerinnen verließen die Schule, um an anderer Stelle ihre Ausbildung zu Ende zu führen, andere hielten tapfer durch. Bald erlahmte ohne Zugeständnisse der Schule der Widerstand der Bezirksämter und im Sommer 1933 waren die Ausbildungsbedingungen wieder auch für das Einführen in die praktische Arbeit gewährleistet. Die Schülerinnen setzten sich ehrlich mit dem Neuen auseinander, gaben aber nichts preis, was sie als gut und wertvoll erkannten.

Bald stellte sich heraus, daß auch die neuen Machthaber die Schule brauchten. Von seiten des Reichserziehungsministeriums wurde der Grundsatz vertreten, daß bei Sonderlehrgängen für verschiedene Interessengruppen die Mitarbeit einer erfahrenen, staatlich anerkannten Schule Vorraussetzung sei. In Berlin kam unsere Schule als die einzige interkonfessionelle dafür in Betracht. So begannen 1935 auf Wunsch der Stadt Berlin Abendlehrgänge für Berufstätige, die so organisiert waren, daß durch Abendunterricht in drei Jahren der gleiche Unterrichtsstoff erarbeitet wurde wie in den Vollehrgängen; auch das Ableisten eines halbjährigen sozialen Praktikums während dieser drei Jahre wurde gefordert. (...)

Schwere Konflikte erwuchsen (...) aus Nachschulungslehrgängen für die Mitarbeiterinnen der NSV in den Jahren 1936 und 1937. Nicht mit den Schülerinnen, die an sich wohl alle mit eigenen oder eingeimpften Vorbehalten auf die Schule kamen, sondern durch die unterrichtenden Mitarbeiter aus dem Kreise der Reichsleitung der NSV. Diese hatte wohl gehofft, durch entstehende Schwierigkeiten eine Handhabe zu gewinnen, um die Schule in eigene Regie zu übernehmen. Die Teilnehmerinnen ließen die von der Schule für die Kernfächer der sozialen Ausbildung gestellten Lehrkräfte einschließlich der Leitung gelten. Die Folge davon war, daß die

Leitung der Schule an dem zweiten Lehrgang, den zu verweigern das Zahlen einer für die Schule nicht tragbaren Konventionalstrafe zur Folge gehabt hätte, weder organisatorisch noch unterrichtend beteiligt war. Daß sie nicht völlig aus der Schularbeit ausschied, war auf die Tatsache zurückzuführen, daß die NSV keine vom Ministerium als ausreichend erfahren anerkannte Leiterin für die Schule vorschlagen konnte: auch nahm der damalige Vorsitzende des Pestalozzi-Fröbel-Hauses ein Rücktrittsangebot der Leiterin der Schule nicht an. Die Folge der sich länger hinziehenden Kämpfe war dann, nach einem Wechsel im einschlägigen Referat des Ministeriums, die Gründung einer eigenen Schule der Reichsleitung der NSV in der Nähe Berlins. (...)

Neben diesen Lehrgängen lief der normale Betrieb in den Vollehrgängen weiter. Neue haupt- und nebenamtliche Lehrkräfte wurden gewonnen, die der Schule wertvolle Mitarbeiter wurden: die Zahl der Schülerinnen wuchs allmählich wieder an. Neben dem Unterricht und der Einführung in die praktische Arbeit konnten auch, mit Ausnahme des Jahres 1940, die Studienreisen weiter durchgeführt werden. (...)

In den Jahren 1942 und 1943 leisteten Schülerinnen unserer Schule als ›Werkehrendienst‹ je drei Wochen praktische Arbeit in kriegswichtigen Betrieben, um besonders überlasteten dienstverpflichteten Frauen einen zusätzlichen Urlaub zu ermöglichen.

Der schwere Bombenangriff auf Berlin am 22. November 1943, der das Pestalozzi-Fröbel-Haus aufs schwerste getroffen hat, ließ das Haus der Sozialen Frauenschule unzerstört, obwohl es mehr als dreißig Brandbomben getroffen hatten. Die Bomben waren im Erdreich des Dachgartens steckengeblieben und nicht explodiert.

Alle Lehrgänge wurden trotz der sich immer mehrenden Luftangriffe und der damit immer schwierigeren Verkehrsverhältnisse, was bei der Ausdehnung Berlins besonders fühlbar war, bis zum Schluß des Schuljahres Ostern 1945 durchgeführt, eine beachtliche Leistung aller Beteiligten, der Lernenden und der Lehrenden, ebenso wie der im Sekretariat und in der Wirtschaftsführung des Hauses Tätigen. Alle Prüfungen wurden im März 1945 ordnungsgemäß abgelegt.

Bestrebungen in den Jahren 1933 bis 1945, die soziale Ausbildung zu politisieren, hatten keinen dauernden Erfolg. Versuche in dieser Richtung waren ausgegangen von der Reichsleitung der NSV, die anstelle der lahmgelegten Konferenz der Wohlfahrtsschulen vom Ministerium mit der Federführung für Vorschläge zur Neuordnung der sozialen Ausbildung betraut worden war. Für die Stellung der Reichsleitung zu unserer Schule war bezeichnend, daß diese, im Gegensatz zu den anderen Berliner Sozialen Schulen, zu den Besprechungen nicht zugezogen wurde. Sie wurde aber von Fall zu Fall nachträglich vom Ministerium um gutachtliche Stellungnahme zu den neuen Vorschlägen für Vorbildung und Ausbildung ersucht. Es gelang, grundsätzliche Änderungen hintanzuhalten. Wahrscheinlich machte sich hier auch geltend, daß der inzwischen ausgebrochene Krieg die Aktivität der politischen Instanzen auf andere, vordringlichere Aufgaben lenkte. Bei den wenigen, diese Frage betreffenden Besprechungen im Ministerium, zu denen auch Vertreter der nicht preußischen Länder eingeladen waren, war unsere Schule vertreten.

Am 21. April 1945 wurde das Haus der Sozialen Frauenschule für Lazarettzwecke beschlagnahmt. Es folgte die Belagerung Berlins. Das Pestalozzi-Fröbel-Haus lag mitten im Kampfgebiet. Es galt, die Soldaten des Lazaretts zu versorgen. Zu den im Pestalozzi-Fröbel-Haus und seiner nächsten Umgebung wohnenden Mitarbeiterinnen gesellte sich auch die Leiterin der Sozialen Frauenschule und deren Sekretärin, um zu helfen. Sie denken noch heute dankbar zurück an die lebendige Gemeinschaft, die die zusammenschloß, die diese bangen Tage zusammen im Pestalozzi-Fröbel-Haus erlebt haben. Diese Gemeinschaft ließ die Schrecknisse als gemeinsames Schicksal tragen, und die Sorge für- und miteinander schloß alle zusammen zu einer Einheit, wie sie so erfüllt kaum in guten Tagen entstehen kann. Am 8. Mai erfolgte die Kapitulation. In diesen Wochen war selbstverständlich an Unterricht nicht zu denken. (...)

Am 24. Mai wurden die Räume unserer Schule wieder freigegeben. Ihre Mitarbeiterinnen setzten das Haus instand, und am 4. Juni 1945 wurde der Unterricht wieder aufgenommen, wenn auch noch unter erheblichen Verkehrsschwierigkeiten. Im Juni mußten die politisch belasteten Mitarbeiterinnen ausscheiden, von denen später diejenige hauptamtliche Dozentin, die nicht in leitender Stellung war, nach erfolgter Entnazifizierung in die Arbeit zurückkehrte. Neue Lehrkräfte wurden gewonnen. Am 14. Juni 1945 wurde Dr. Erna *Runkel* – seit 1928 hauptamtliche Lehrkraft der Schule – vom Kuratorium des Pestalozzi-Fröbel-Hauses als kommissarische Leiterin der Schule eingesetzt; 1947 wurde sie als Leiterin der Schule bestätigt. (...)«

(Auszug aus: Chronik der sozialen Frauenschule. Wohlfahrtsschule Pestalozzi-Fröbelhaus III 1899 – 1958. Zusammengestellt von ehemaligen Schülerinnen, Berlin o.J., S. 9 ff. Archiv der Fachhochschule für Sozialarbeit und Sozialpädagogik Berlin-Schöneberg)

Chronik der ersten Evangelischen Sozialen Frauenschule Berlin unter der Leitung von B. v. d. Schulenburg und E. Nitzsche

»1920

Gräfin Bertha von der Schulenburg sprach 1919 anläßlich des 10. Erinnerungstages an die Schulgründung von 1909 rückblickend von den ›schönen glücklichen Jahren der ersten Liebe an dem Unternehmen‹. Ihren Worten war freilich auch zu entnehmen, daß die Schule im Lauf der vergangenen zehn Jahre nicht immer nur Anerkennung und Bestätigung seitens des Central-Ausschusses erfahren hat. Das Entscheidende aber war doch, daß sich die Schule nach wie vor dem Erbe Wicherns verpflichtet fühlte und so in die neue Ära hineinging, das heißt, daß sie auch weiterhin, der Pionieraufgabe der Inneren Mission folgend, junge Mädchen und Frauen zum Dienst in der Kirchengemeinde und in freien Vereinen der Inneren Mission sowie auf dem Gebiet der privaten, kommunalen und staatlichen Wohlfahrtspflege ausbildete. (...)

(Schulenburg, S.Z.) ... berief als wissenschaftliche Leiterin Frau Elisabet Nitzsche, die bisher schon über Jahre im Unterricht tätig war, und beschränkte ihre eigene Mitarbeit auf die Vertretung der Schule nach außen und auf die Betreuung der Ehemaligen. Sie blieb im Heim wohnen und hatte damit ständige Verbindung zu den Schülerinnen und zum Geschehen der Schule. Der zweite Schritt war, daß sie der ursprünglich kirchlichen Bestimmung der Frauenschule gemäß die katechetischen Kurse einführte. (...)

An dieser Stelle ist es angemessen, ein Wort über die außerordentliche Persönlichkeit der Frau zu sagen, die von Anfang an bis zu ihrem Todestag im September 1940 das Schicksal der Evangelischen Frauenschule so entscheidend geprägt und bestimmt hat, Gräfin Bertha von Schulenburg. Sie war wohl keine vitale, dynamische Frau, die durch äußeres Auftreten ihre Umwelt bezwang. Vielmehr müssen ihr eine außergewöhnliche innere Würde und Ausstrahlungskraft, verbunden mit einer großen Warmherzigkeit und Mütterlichkeit, zu eigen gewesen sein. Die ihr eigene Dynamik war begründet in ihrer Beständigkeit und Zielstrebigkeit, die ihre Wurzeln in einer tief verankerten christlichen Überzeugung und in dem hochgradigen Engagement an der Sache dieser Ausbildungsstätte hatten. Das Schicksal dieser Schule, jeder einzelnen Schülerin, jeder Ehemaligen, jedes Dozenten lag ihr am Herzen; und sie war eine bescheidene Frau. Ihrer eigenen Möglichkeiten und Grenzen bewußt, ist sie nie als bedeutende Sozialpolitikerin nach außen aufgetreten. Sie hat die geistigen, kulturellen und politischen Strömungen der Zeit in die Ausbildungsstätte hineingelassen, sie hat dafür gesorgt, daß die Schülerinnen in der Begegnung mit profilierten Persönlichkeiten der Zeit sich über ihr enges Fachwissen hinaus auseinandersetzten und bilden konnten. So war sie im rechten eigentlichen Sinne eine große Führerin, die Anstöße gab und den Raum zur Entwicklung schuf, sich selbst aber im rechten Augenblick zurücknehmen konnte, um das Wachstum nicht zu behindern. Dies muß wohl auch den leitenden Vertretern der Inneren Mission damals deutlich gewesen sein. Jedenfalls erhielt sie beim 75jährigen Jubiläum der Inneren Mission am 23. September 1923 in der Schloßkirche zu Wittenberg vom Geheimrat D. Seeberg den Doktor der Theologie ehrenhalber, und dies als erste Frau überhaupt. (...)

1929

Im Jahr 1929 entschlossen sich neun evangelisch-soziale Frauenschulen zum Beitritt in die Internationale Vereinigung sozialer Frauenschulen (International Association of Schools of Social Work), darunter auch die Frauenschule der Inneren Mission in Berlin (...).

In den folgenden 16 Jahren stand die Schule unter starker, vom Zeitgeschehen ausgelöster Bedrängnis. Ihre Existenz wurde immer wieder in Frage gestellt, ebenso oft mußte ihre Bedeutung unter Beweis gestellt werden. (...)

1933

Die existentielle Bewährungsprobe der Evangelischen Wohlfahrtschulen erfuhr ihre Zuspitzung durch die Forderungen des Nationalsozialismus. Die Wohlfahrtsschule der Inneren Mission in Berlin hat versucht, trotz starker nationalsozialistischer Strömungen, die auch in der Erziehung, in der Ausbildung und in der Wohlfahrtspflege immer mehr an Einfluß gewonnen hatten, ihre christliche Grundhaltung zu wahren. Anfangs war es für die Verantwortlichen schwer, voll einzuschätzen, welche Entwicklung die genannten Bereiche unter dem nationalsozialistischen Regime nehmen würden. Im Mittelpunkt standen dabei das Prinzip der Volksgemeinschaft, die Abkehr vom Individualismus, der führerorientierte Aufbau aller Einrichtungen und Organisationen sowie die Rassenfrage. (...)

Im gleichen Jahr wurden den in Volkspflegeschulen umbenannten ehemaligen sozialen Frauenschulen neue Lehrpläne zugewiesen. (...)

Auch in den Reihen der Verantwortlichen der Inneren Mission bestand zunächst große Unsicherheit. Die Stellung der sozialen Frauenschule zur Inneren Mission war demzufolge in den ersten Monaten nach der Machtübernahme durch den Nationalsozialismus äußerst problematisch. In der Arbeitsausschußsitzung der sozialen Frauenschule vom 2. Juni 1933 wurde der bisherige Ausschuß aufgelöst. An seine Stelle trat ein kleiner Vorstand, bestehend aus Direktor D. Jeep als Vorsitzenden, Gräfin von der Schulenburg als stellvertretende Vorsitzende, Frau Nitzsche, Fräulein Walli Schick und Konsistorialrat Dr. Duske. Daneben wurde ein Beirat gewählt, der in der Art eines größeren Freundeskreises gedacht war und ein- oder zweimal im Jahr zusammenkommen sollte, um Berichte aus der Arbeit der Schule entgegenzunehmen. Der Vorstand war beschlußfähig in allen anstehenden Fragen ohne Anhörung des Beirats. Durch diese Neuformierung und durch die Tatsache, daß sich im Vorstand drei Parteimitglieder befanden, wurde den Anforderungen der neuen Regierung auf Bildung eines ›Führerrates‹ entsprochen.

Seitens der Inneren Mission wurde den inzwischen eingesetzten staatlichen Kommissaren der Inneren Mission durch Pfarrer Schirmmacher mit Schreiben vom 29. Juni 1933 mitgeteilt, daß als Nachfolgerin der bisherigen Leiterin der Sozialen Frauenschule der I.M., Frau Gräfin von der Schulenburg, Fräulein Walli Schick mit Wirkung vom 1. Juli 1933 kommissarisch zur Leiterin bestellt worden sei. Frau Studienrätin Nitzsche wurde vorläufig beurlaubt; ebenso wurde D. Jeep beurlaubt und Pastor Themel dafür zum Vorstandsmitglied bestellt.

Gräfin von der Schulenburg wehrte sich. Am 5. Juli 1933 teilte sie den staatlichen Kommissaren der I.M. mit, daß sie noch Leiterin der von ihr gegründeten Sozialen Frauenschule der I.M. sei. Sie schreibt weiter: ›Ich habe allerdings mit Herrn Direktor D. Jeep besprochen, die Leitung der Schule jetzt Frau Nitzsche zu übergeben, die vor 12 Jahren als Mitleiterin unter der Bedingung eingetreten ist, meine Nachfolgerin zu werden. Im neu errichteten Vorstand, der in einer Sitzung am 2. Juni d.J. gebildet wurde, wollte ich auf alle Fälle verbleiben.‹ (...)

Aber nicht nur die Schulleiterin wehrte sich, auch die ehemaligen Schülerinnen und der Bund der Frauenschülerinnen erhoben Einspruch. Selbst die ausländische Presse nahm Kenntnis von diesem Vorgang, ersichtlich aus der Kopie der ›Neuen Zürcher Zeitung‹, die sich ihrerseits auf den Berliner Korrespondenten der ›Times‹ berief.

Aus dem Schreiben vom 26. Juli 1933 von D. Jeep an den Vorstand des Bundes der Frauenschule geht schließlich hervor, daß mit der Zurückziehung der Kommissare aus dem C.A. für Innere Mission auch die kommissarische Beauftragung von Fräulein Schick mit der Leitung der Sozialen Frauenschule ebenso wie die Beurlaubung von Gräfin von der Schulenburg und Frau Nitzsche wieder aufgehoben sind. In diesem Brief heißt es weiter: ›Damit sind die seinerzeit zwischen dem Vorstand und der Leitung der Schule unter Führung von D. Jeep getroffenen Abmachungen wieder in Kraft getreten. Die endgültige Regelung der Verhältnisse der Schule bzw. ihrer Leitung wird erst möglich sein, wenn die neue Kirchenregierung feststeht und der Einbau der Inneren Mission in die Verfassung der neuen Kirche durchgeführt wird.‹

Dieser gesamte Vorgang, der sich nur über wenige Wochen erstreckte, zeigt zum einen die große Unsicherheit, die in vielen Gremien durch die radikale Machtübernahme ausgelöst worden war, zum anderen aber auch sowohl die Notwendigkeit zur persönlichen Entscheidung und Stellungnahme wie auch die, konkrete Schritte zu übernehmen und den Anfängen zu wehren. Vom gegenwärtigen Standpunkt aus freilich ist die Frage zu stellen, wann die Anfänge zu Tage traten, gegen die sich aufzulehnen noch Erfolg versprach. (...)

Auch die Soziale Frauenschule der Inneren Mission konnte an (den neuen nationalsozialistischen, S.Z.) Bestimmungen nicht vorbei. Fortan gehörte zur Bewerbung der Schülerinnen der Nachweis der arischen Abstammung. In der Protokollaufzeichnung des Arbeitsausschusses vom 2. Juni 1933 findet sich unter Punkt 5 der Tagesordnung der Satz: ›Frau Landgerichtsrat Dr. Munk und der Stadtarzt vom Gesundheitsamt Kreuzberg, Dr. Bejac schieden wegen des Arierparagraphen als Dozenten aus.‹

Unter den gegebenen Umständen war eine überzeugende gegenwartsbezogene politische Orientierungshilfe im Rahmen der Ausbildung extrem erschwert. Eine Ehemalige beschreibt nach mehr als 40 Jahren ihre Erfahrungen zu dieser Zeit wie folgt:

> ›Diese Schule der Inneren Mission gab es noch bis 1942, als eine Art Reservat. Die Leiterin hat ehrlichen Herzens versucht, die Nazisache mit den Ideen der Schule zu verbinden. Sie mußte Konzessionen machen, um die Schule überhaupt halten zu können. Mein Schulweg führte mich z.B. durch die Zoo-Gegend, wo

in der ‹Reichskristallnacht› das meiste passiert war. Wir sahen die zerstörten Geschäfte und die brennende Synagoge. Erschrocken kamen wir in die Schule. Es wurde uns aber kein Wort dazu gesagt.‹

(vgl. Fides von Gontard und Olga Büren in: Hering, S.; Kramer, E. (Hrsg.) Aus der Pionierzeit der Sozialarbeit. Elf Frauen berichten. Weinheim 1984, S. 114). (...)

1939, als die Gründerin und langjährige Vorsitzende der Konferenz der Sozialen Frauenschulen, Alice Salomon, durch politische Einflußnahme an der Weiterarbeit gehindert wurde, übernahm Frau Nitzsche den Vorsitz dieser Konferenz. Ab 1936 aber verstärkten sich die politischen Eingriffe, die Zusammenarbeit mußte aufgegeben werden. (...)

1940

Ein einschneidendes Geschehen für alle, die bis dahin der Sozialen Frauenschulen innerlich verbunden gewesen sind, war der Heimgang von D. Gräfin Bertha von der Schulenburg am 10. September 1940. (...)

Im Verlauf der ersten Kriegsjahre stellte sich heraus, daß die Schule weder ideell noch finanziell länger beim Zentralausschuß für Innere Mission zu halten war. Die Reichsjugendführer und die Reichshauptstadt Berlin interessierten sich für die Schule und hatten bereits Vertreter zur Verhandlung entsandt. Da aber die Schule bisher überwiegend Schülerinnen für die Provinz ausgebildet hatte und zudem die personelle Besetzung in der Verwaltung des Provinzialverbandes der Mark Brandenburg durch die Persönlichkeit von Präsident von Arnim, der dem Geist der Sozialen Frauenschule der I.M. nahestand, wurde ein von dort vorliegendes Angebot zur Übernahme der Schule aufgegriffen und weiterverhandelt. (...)

1942

Nachdem der Vorstand des Zentral-Ausschusses zugestimmt hatte, ... (wurde am 30. März 1942, S.Z.) die Soziale Frauenschule der Inneren Mission zur Volkspflegeschule der Provinz Mark Brandenburg (vormals Schulenberg-Schule) (...). In der Mitteilung an die Ehemaligen der Schule vom 30. Juni 1942 schreibt Frau Nitzsche u.a.:

›Ich kann Ihnen nicht alle Einzelheiten erzählen, die mich dazu geführt haben. Aber Sie müssen mir glauben, daß alles jahrelang eingehend erwogen worden ist. Es ist mir eine besondere Freude,

Ihnen sagen zu können, daß alles schon ausführlich mit Gräfin besprochen worden ist und ihre volle Zustimmung gefunden hat.‹
(...)

1943

In der Nacht vom 22. zum 23. November wurde das Amalienhaus mit Verwaltung, sämtlichen Unterlagen und Lehrräumen bei einem Fliegerangriff auf die Innenstadt völlig zerstört. Menschen kamen, Gott sei Dank, nicht zu schaden. Der Unterricht wurde nach Potsdam in die Räume der Provinzialverwaltung, Alte Zauche 67, verlegt. Hier wirkten sich die Beeinträchtigungen durch den Krieg aus, weil Schülerinnen und Dozenten, bedingt durch Luftangriffe und Verkehrsstörungen die Schule oft nicht rechtzeitig erreichen konnten. Schließlich, im Februar 1945, legte der Oberkursus ein vorgezogenes Examen ab, die übrigen Schülerinnen wurden entlassen, Neuanmeldungen rückgängig gemacht. Das letzte katechetische Examen fand im März 1945 statt. (...)

1945

Nach Kriegsende und dem totalen Zusammenbruch des Dritten Reiches begannen Frau Philipps und Frau Nitzsche durch persönliche Besuche – weder Post noch Verkehrsmittel funktionierten –, Schülerinnen und Dozentinnen wieder zu sammeln. Frau Nitzsche stellte ihr Amt zur Verfügung und bat Frau Coler, die bereits als Dozentin in Potsdam tätig war, die Verantwortung zu übernehmen. Es war der Versuch, die abgebrochene Ausbildung weiterzuführen. Tatsächlich konnte bereits in den Sommermonaten eine kleine Gruppe von Schülerinnen und Dozentinnen in der Wohnung von Frau Philipps in Zehlendorf, Hammersstraße, anfangen zu arbeiten. Wenig später wurde der Unterricht in die Villa einer Ehemaligen in die Sophie-Charlotte-Straße, ebenfalls Zehlendorf, verlegt. (...)«

(Auszug aus: Blauert, I., von den Kursen des Kapellenvereins zur Evangelischen Akademie für Sozialarbeit 1904 bis 1971, In: 80 Jahre kirchliche Sozialarbeiterausbildung. Festschrift Evangelische Fachhochschule Berlin, Berlin/Bonn 1984, S. 92 ff.)

Chronik der ersten Katholischen Sozialen Frauenschule Heidelberg unter der Leitung von M. v. Graimberg

»1920

In der Schulchronik der beginnenden zwanziger Jahre fällt auf, dass die Schulleiterin Maria von Graimberg in ihrem Unterrichtsplan einen wichtigen Aspekt berücksichtigte. Sie setzte in unregelmässigen Abständen Diskussionsabende auf ihren Veranstaltungskalender. Das Frauenstimmrecht, neue ›Frauen‹-Fragen im weitesten Sinne, religiöse Themen, aber vor allem die veränderten politischen Verhältnisse nach dem Krieg boten genügend Stoff für gemeinsame Gesprächsrunden. Maria von Graimberg liess vor Reichstags- bzw. Landtagswahlen Schülerinnen der Oberstufe auch kleine politische Wahlreden ausarbeiten. Sie organisierte einen Vortragszyklus über Fragen, die sich unter den – nach dem Kriege veränderten – Bedingungen für die Frauenerwerbsarbeit sowie insgesamt für den »Bestand der modernen Familie« ergaben (vgl. Chronik der Sozialen Frauenschule, in: Soziale Grüsse, Jahrgänge 1920-22). Für Maria von Graimbergs Offenheit und Toleranz auch in religiösen Fragen spricht die Tatsache, dass Angehörige des jüdischen Glaubens und Protestantinnen selbstverständliche Aufnahme an der Katholischen Sozialen Frauenschule Heidelberg finden konnten.

Für die Durchführung des Unterrichts konnte Maria von Graimberg in der Regel ohne Probleme kurzfristig Referenten und Referentinnen gewinnen. Die Schwierigkeit lag vielmehr darin, hauptamtliche Kräfte zu finden, die bereit waren, für ein geringes Gehalt Unterricht zu halten.Es fehlte nicht nur an hauptamtlichen Dozenten, sondern auch an Personal zur Bewirtschaftung des Hauses. Die Internatsschülerinnen waren bisher im Hause verköstigt worden. Dies konnte nun nicht mehr geleistet werden.

Von den Schülerinnen erhielt Maria von Graimberg ein bescheidenes Schulgeld. Aus alten Abrechnungslisten geht hervor, dass Maria von Graimberg sich selbst kein geregeltes Monatseinkommen als Leiterin und Dozentin festsetzen konnte, da immer erst andere Kosten beglichen werden mussten. Das grosse Anwesen am Heidelberger Kornmarkt verschlang immer grössere Mittel.

Während der härtesten Herbstmonate des Inflationsjahres 1923 waren viele der Fürsorgeschülerinnen gezwungen, neben dem Unterricht das ohnehin geringe Schulgeld durch häusliche Hilfsdienste, Kinderhüten, Nachhilfeunterricht und Handarbeiten zu verdienen. Das Schulgeld zahlten sie nun wegen des rapiden Geldverfalls wöchentlich an Maria von Graimberg aus.

1929

Maria von Graimberg entschloss sich 1929, noch einen zusätzlichen Abschluss in Seelsorgehilfe anzubieten. Die Fürsorgeschülerinnen konnten also zusätzlich die ‹missio canonica› an der Sozialen Frauenschule Heidelberg für die Erteilung von Religionsstunden im Rahmen ihrer sozialen Berufstätigkeit erwerben.

1931

Im Jahr 1931 stand das 20jährige Jubiläum der Sozialen Frauenscchule Heidelberg an. Maria von Graimberg erhielt an diesem Festtag erstmals eine hohe Anerkennung für ihre Verdienste. Im Auftrag des Erzbischöflichen Ordinariats wurde ihr am 7. Mai 1931 das Ehrenkreuz ›pro ecclesia et pontifice‹ mit der päpstlichen Urkunde überreicht.

1934

Die Soziale Ausbildungsstätte Heidelberg – ohnehin stets in Geldnöten – erhielt ab 1934 keine staatlichen Zuschüsse mehr. Sie war somit mehr denn je darauf angewiesen, dass gläubige Familien ihren Töchtern eine Fürsorgeausbildung an einer konfessionellen Einrichtung finanzierten. Maria von Graimberg bedauerte manches Mal die ›Ängstlichkeit‹ mancher Familien, die ihre Töchter nicht gerne in konfessionelle Bildungsstätten gehen lassen wollten (Maria von Graimberg, unveröffentl. Manuskript, o.J., Stadtarchiv Heidelberg). Darüber hinaus fehlten auch die Zuschüsse für die Gehälter und Honorare der Dozenten und Dozentinnen.

Maria von Graimberg hatte 1932 zusammen mit der ‹Arbeitsgemeinschaft katholischer Frauenorganisationen in Heidelberg› einen freiwilligen Arbeitsdienst für Mädchen an ihrer Sozialen Frauenschule eingerichtet (vgl. Maria von Graimberg in einem Schreiben an den Caritasverband vom 12.1.1933, Caritasarchiv). Nachdem nach 1933 überall Mütterschulungskurse unter nationalsozialistischen Prinzipien stattfanden, versuchte Maria von Graimberg zusammen mit der Arbeitsgemeinschaft und dem Caritasverband, eine katholische Mütterschulung an ihrer Ausbildungsstätte aufzubauen. Ihr Vorhaben scheiterte aber an dem Verbot der Kreisfrauenschaftsleiterin Sofie Klein. Maria von Graimberg musste ihre katholische

Mütterschulung aufgeben, machte aber nie ein Hehl daraus, dass von ihrer Sozialen Frauenschule keine ›Werbung für das NS-System‹ ausging, wie dies offiziell erwünscht wurde.

Um die stets drohende Schliessung ihrer Schule hinauszuzögern, hatte sich Maria von Graimberg noch machen anderen Auflagen zu fügen. So fand im Wintersemester 1933/34 ein Fortbildungslehrgang für ehemalige Schülerinnen statt. Es galt, die neuen Wohlfahrtsrichtlinien weiterzugeben. Maria von Graimberg sprach zwar über die geforderten rassenhygienischen Gesichtspunkte in der Fürsorge. Sie problematisierte diese aber hinsichtlich ihrer religiös-sittlichen Bedeutung für die engagierte Fürsorgerin katholischen Glaubens.

Der Tenor im ministeriellen Schreiben und Mitteilungen an die Soziale Frauenschule änderte sich zusehends. Es herrschte ein allgemeiner Befehlston. Zum Muttertag ordnete das Reichsinnenministerium an, dass in den Sozialen Frauenschulen Feiern zu ›Ehren der deutschen Mutter‹ stattzufinden hatten, als ›Bekenntnis zur artreinen, erbgesunden und kinderreichen deutschen Familie der Zukunft‹ (Schreiben des Reichsinnenministeriums an Soziale Frauenschulen vom 9.5.1934, Caritasarchiv).

1935

Am 16. März 1935 führte Hitler wieder die allgemeine Wehrpflicht in Deutschland ein. Im selben Jahr wurden auch alle Leiter und Leiterinnen von Sozialen Frauen- und Wohlfahrtsschulen angehalten, die Schüler und Schülerinnen an sog. Luftschutzkursen teilnehmen zu lassen.

Nach den ersten Jahren der Umstellung auf die neuen politischen Verhältnisse schien für die Katholische Soziale Frauenschule Heidelberg 1935 erstmals eine Schliessung kaum noch abwendbar zu sein. Die negative Propaganda der Berufsberatungsstelle Heidelberg dieser konfessionellen Ausbildungsstätte gegenüber hatte ihre Wirkung gezeigt. Es gab nur wenig Anmeldungen. Maria von Graimberg wollte aber unter allen Umständen verhindern, dass unter diesen politischen Verhältnissen ausgerechnet eine katholische Einrichtung schliessen musste. Sie wandte sich mit einem Hilferuf an den Präsidenten des Deutschen Caritasverbandes Freiburg, Prälat Benedict Kreutz. Dieser half Maria von Graimberg mit einer finanziellen Zuwendung, so dass wenigstens die Dozentengehälter ausbezahlt werden konnten.

1942

Ab 1942 schien die Schulschliessung endgültig unabwendbar zu sein. Dabei hatte Maria von Graimberg noch kurz vor Kriegsbeginn die Zusicherung bekommen, ihre Ausbildungsstätte aufrechterhalten zu können (vgl. Schreiben des Reichsinnenministeriums an die Soziale Frauenschule Heidelberg vom 5.11.1938, Caritasarchiv). Ab 1939 bestanden aber Pläne des Innenministeriums, eine reichseinheitliche Regelung für alle Sozialen Frauen- und Volkspflegeschulen zu treffen. Danach sollten nur Gebietskörperschaften Volkspflegeschulen führen dürfen. Alle privaten Einrichtungen wären danach aufzulösen gewesen. In einem erhalten gebliebenen Bericht, der aller Wahrscheinlichkeit nach aus der Feder von Maria von Graimberg stammt, wird das weitere Schicksal der Sozialen Frauenschule Heidelberg beschrieben.

1943/44:

»Ein unmittelbarer Vorstoss gegen ... (die Heidelberger Soziale Frauenschule, S.Z.) erfolgte im Januar 1943, als ein Schreiben vom Stadtjugendamt eintraf, des Inhalts, dass mit sofortiger Wirkung keine Schülerin unserer Schule am Stadtjugendamt mehr praktizieren dürfe.(...)

Herr Dr. von Babo teilte uns mit, dass eine Beschwerde gegen die Schule vorliege und las aus dem Schriftwechsel die Hauptpunkte vor. Kreisleiter Seiler, Heidelberg, ist der Urheber der Beschwerde. Er beanstandete vor allem den Prospekt, u.a. seine Überschrift ›Soziale Frauenschule Heidelberg, staatlich anerkannte katholische Fachschule für soziale Arbeit‹. Was staatlich anerkannt sei, könne nie katholisch sein. Es sei untragbar für den N.S.-Staat, eine solche Schule zu dulden, die auch die ›berüchtigten Pfarrhelferinnen‹ ausbilde. Die Beschwerde ist an die Gauleitung gerichtet und Kreisleiter Seiler bittet die Gauleitung, die erforderlichen Schritte zu unternehmen, um die Schule aufzulösen. (...)

Die Gauleitung hat sich dann an das Kultusministerium gewandt, mit dem Ersuchen, die Schule zu verstaatlichen oder zu schliessen. Da in Baden das Innenministerium zuständig ist, so wurde die Angelegenheit nach dort weitergeleitet. Das Kultusministerium machte den Vorschlag, als vorläufige Massnahme einen Staatskommissar zu bestellen. Herr von Babo teilte uns mit, dass er Fräulein Dr. Rocholl, Leiterin der N.S.V.-Schule in Mannheim, dafür gewinnen wolle. Er suchte uns diese Massnahme annehmbar zu machen, um auf diese Weise eine Schliessung der Schule zu vermeiden. (...)

Es wurde eingehend erwogen, ob durch einen Staatskommissar der konfessionelle Charakter der Schule aufrecht erhalten bleiben könne. Die geistlichen Herren vor allem stellten sich auf den Standpunkt, der Forderung nach Ernennung eines Staatskommissars nachzugeben, falls nicht der Charakter der Schule dadurch aufgehoben würde. Da aus dem Prospekt die Schule als konfessionelle Einrichtung klar zu Tage tritt, so wurde beschlossen, einen neuen Prospekt herauszugeben, der mehr neutral gehalten ist, ohne jedoch den katholischen Charakter der Schule zu verleugnen.

(...)

Im Februar 1944 erschien unangemeldet eine uns unbekannte Dame, die sich als Frau Rilke, Leiterin der neu zu errichtenden N.S.V.-Schule in Freiburg, vorstellte. Sie wies ein Schreiben des Badischen Innenministeriums vor, wodurch sie beauftragt war, die Schule zu kontrollieren. Sie frug nach allen Details, auch nach solchen, die mit dem Unterricht nichts zu tun haben, z.B., ob wir Exerzitien abhielten, liess sich alle möglichen Unterlagen geben und erklärte, am folgenden Vormittag dem Unterricht beiwohnen zu wollen. Einige Wochen später, am 9. März 1944, wurden Gräfin Graimberg und Fräulein Aberle an das Innenministerium bestellt. Herr Min.Rat Straub leitete die Besprechung, an der auch der derzeitige Chef der Wohlfahrtsschulen in Baden, Herr Direktor Goldschmidt teilnahm. Min.Rat Straub entschuldigte sich über den Kontrollbesuch von Frau Rilke. Sie sei von der Reichsleitung der Partei als Staatskommissar für die Schule in Heidelberg bestellt worden. Er berichtete dann über die Eindrücke, die Frau Rilke bei ihrem Aufenthalt an hiesiger Schule gewonnen habe und worüber sie dem Innenministerium eine umfangreiche Denkschrift überreicht hat. Die Schule habe gute Leistungen zu verzeichnen, die auch bei den Prüfungen zutage treten, sei aber durchaus keine N.S.-Schule; es fände keine Werbung für den N.S. statt und sie entspreche deshalb nicht den Anforderungen des N.S. Was den Unterricht betrifft, so müsse nationalpolitische Schulung von einer Persönlichkeit erteilt werden, die in der Partei aktiv mitwirke; ausserdem fehle der Unterricht in Rassenkunde.

(...)

Min.Rat Straub stellte an Gräfin Graimberg die Frage, ob sie glaube, ihre innere Überzeugung so gleichschalten zu können, dass eine Leitung der Schule im N.S.-Geiste möglich sei. Gräfin Graimberg verneinte dies. Min.Rat Straub erwiderte, dass es Mittel gäbe, dem Entweder-Oder auszuweichen; aber die grundsätzliche Frage müsse zuerst besprochen werden. Frau Rilke stellte sich auf den Standpunkt, dass es nicht möglich sei, aus der hiesigen Schule eine N.S.-Schule zu machen. Ein Staatskommissar müsse am Ort selbst sein, um ständig mit der Schule in Fühlung zu bleiben. Das würde also eine dauernde Kontrolle der Schule bedeuten. Min.Rat Straub erklärte, wenn die Schule einen Staatskommissar in dieser Form ablehne, eine Schliessung der Schule unvermeidlich sei. Aber die vorhandenen Schülerinnen könnten noch ihre Ausbildung erhalten, die Zeit rücke dadurch weiter und es ergäben sich vielleicht bis dahin neue Gesichtspunkte. ... Es wurde in Erwägung gezogen, dass ... Bewerberinnen noch aufgenommen, aber nach Schliessung der Schule evtl. in den Oberkurs einer N.S.-Schule aufgenommen werden sollten.

Die andere Frage wäre die, wenn man nicht zu dieser Lösung kommt, was man an Besonderheiten im Lehrplan ändern soll. Min.Rat Straub betonte, dass auf jeden Fall gewisse Modifikationen erfolgen müssten, unabhängig davon, ob die Schule der Kontrolle eines Staatskommissars unterstellt wird oder nach einer bestimmten Frist die Auflösung erfolgt. Gräfin Graimberg sagte zu, im neuen Jahr den Lehrplan dahin zu ergänzen, dass der Unterricht in Rassenkunde eingefügt wird und eine entsprechend qualifizierte Persönlichkeit gesucht wird, die den Unterricht in Nationalpolitik erteilt.

Am 1. April 1944 wurden Gräfin Graimberg und Frl. Aberle wieder zu einer Besprechung an das Innenministerium gerufen, die wegen Luftalarm im Keller des Ministeriums stattfand. Herr Direktor Goldschmidt wünschte zunächst Auskunft darüber, wie sich die Schulleitung zu den bei der letzten Sitzung besprochenen Fragen stellt. Gräfin Graimberg erklärte, dass sie eine Kontrolle durch einen Staatskommissar ablehne, dass sie aber bitte, die bei der letzten Sitzung besprochenen Möglichkeiten einer Übergangsregelung, welche die Schliessung der Schule verzögere, in wohlwollende Erwägung zu ziehen. (...)

Ministerialrat Straub erklärte sich bereit, auch die 3. Möglichkeit, nämlich die Weiterführung der Schule bis auf Weiteres, zu befürworten. Er teilte uns aber mit, dass das Gaustabsamt der N.S.D.A.P. einen scharfen Vorstoss gegen die Schule gemacht habe und dass deshalb das Ministerium sich entschlossen habe, die Angelegenheit an das Reichserziehungsministerium in Berlin weiterzuleiten. (...)

Über die Ergebnisse der Verhandlungen mit dem Reichserziehungsministerium hat die Schulleitung keine Kenntnis mehr erhalten. Das Schuljahr 1944-45, das ohne weitere Störungen verlief, schloss mit der staatl. Prüfung am 6. u. 7. Februar 1945 ab. (...)«

(vgl. Denkschrift über den Kampf der Sozialen Frauenschule Heidelberg und ihr Bestehen in den letzten 12 Jahren. Unveröffentlichtl. Manuskript o.J., Caritasarchiv Freiburg).

Die wenigen noch erhalten gebliebenen Dokumente zeigen, daß sich Maria von Graimberg 1937 beim Deutschen Caritasverband für eine ›nichtarische‹ Schülerin eingesetzt hat. Sie bat Benedict Kreutz um finanzielle Zuschüsse, damit diese Schülerin eine soziale Ausbildung in Heidelberg absolvieren könne. Kreutz sagte seine Hilfe auch zu (vgl. Briefwechsel Graimberg – Kreutz vom 8.6. und 9.6.1937, Caritasarchiv). Als ab 1940 die ersten großen Deportationen Heidelberger Mitbürger und Mitbürgerinnen jüdischer Herkunft nach Gurs in Frankreich begannen, muß nach Aussagen von Zeitzeuginnen das Haus am Kornmarkt 5 eine Adresse gewesen sein, von der viele bedrohte und verfolgte Menschen wußten. Maria von Graimberg soll in einer kleinen Dachkammer solchen Hilfesuchenden zeitweise Asyl gewährt haben.

Das Haus am Kornmarkt bot sich dafür an, weil durch die Schule, den Antiquitätenladen, das Internat und die Mietwohnungen ständig zahlreiche Menschen ein- und ausgingen. Das Anwesen Kornmarkt 5 war also nur schwer zu kontrollieren.

1945

Gegen Ende des Zweiten Weltkrieges wurde die Aufrechterhaltung des Schulbetriebes immer mühseliger. Bei Fliegeralarm mußte der Unterricht im Keller weitergeführt werden. Auswärtige Schülerinnen konnten während der schweren Bombenangriffe auf Mannheim ihren Schulweg nach Heidelberg nicht antreten. Aufgrund des Kohlenmangels fanden die Prüfungen des Februar 1945 nicht mehr im großen Schulsaal, sondern, zweimal unterbrochen vom Gang in den Luftschutzkeller, im Graimbergschen Wohnzimmer statt.

Mitte März 1945 drohte wiederum der Schulbetrieb zusammenzubrechen. Vom Stadtschulamt kam im Auftrag des Badischen Innenministeriums ein Schreiben an Maria von Graimberg, daß alle Schuleinrichtungen, die in ca. 25 km Tiefe ostwärts vom Rhein betrieben wurden, wegen der Kriegshandlungen zu schließen seien (vgl. Schreiben des Stadtschulamts Heidelberg vom 18.3.1945, Stadtarchiv Heidelberg). Dazu sollte es aber angesichts des Herannahens der Amerikaner doch nicht mehr kommen. Heidelberg war als Lazarettstadt weniger bedroht. Durch Verhandlungen mit den Amerikanern konnte die Stadt auch vor Zerstörungen weitgehend verschont bleiben. Allerdings sprengte man noch kurz vor dem Abzug der deutschen Truppen alle wichtigen Brücken Heidelbergs. Maria von Graimberg soll am 29. März 1945 hinunter zur Alten Brücke gegangen sein, um mit den dort stationierten Soldaten des Sprengkommandos über die Sinnlosigkeit ihres Befehls zu sprechen. Wenige Stunden später flogen die Mittelpfeiler der berühmten Alten Brücke doch noch in die Luft. Als die Amerikaner schließlich über den Neckar setzten, um die Stadt einzunehmen, wurde Maria von Graimberg von wohlmeinenden Nachbarn aufgefordert, eine weiße Fahne zu hissen. Sie soll in ihrer charakteristischen klaren Art darauf geantwortet haben, daß sie noch niemals irgendwelche Fahnen am Hause habe wehen lassen und daß sie auch jetzt nicht bereit sei, dieses zu tun.

Die Amerikaner wollten das große Anwesen am Kornmarkt zur Einrichtung eines Lazaretts unverzüglich räumen lasen. Zeitzeuginnen Marias berichteten, daß die Offiziere enormen Respekt zeigten vor dem unerschrockenen, ruhigen Auftreten der Hausherrin. Auch der Anblick der zahllosen wertvollen Bilder und Möbel dieses gräflichen Hauses hinterließ seine Wirkung. Das Palais mit seiner Atmosphäre muß im allgemeinen Chaos dieser Tage wie eine unantastbare Insel gewirkt haben. Die Offiziere gaben jedenfalls ihren Plan, den Kornmarkt 5 räumen zu lassen, auf.

Dreimal – 1923 während der Inflation, dann 1933 und schließlich 1944 – hatte Maria von Graimberg die Schließung der Heidelberger Sozialen Frauenschule verhindern können. Der Krieg und der tägliche politische Druck waren überstanden. Die Nachkriegszeit brachte aber andere existentielle Sorgen des Alltagslebens. Die Ernährung war, wie für die meisten Menschen damals, auch für die Frauen am Kornmarkt mehr als kümmerlich.

Während der ersten Nachkriegsjahre mußten alle Internatsschülerinnen selbst für Lebensmittel sorgen und im Winter Holz zum Heizen mitbringen.

Am 16. Oktober 1945 eröffnete Maria von Graimberg wieder ihren Schulbetrieb. Viele Soziale Frauenschulen in Baden konnten noch nicht gleich 1945/46 ihre Ausbildungsstätten eröffnen. Die einzige Mannheimer Volkspflegeschule war geschlossen worden. Die Heidelberger Schule genoß großes Ansehen in der Umgebung. Die Bewerbungen rissen nicht ab. Es wurden dringend ausgebildete Fürsorgekräfte gebraucht, besonders für die jetzt einsetzende Flüchtlingsfürsorge.

(vgl. Zeller, Susanne 1989a, S. 69 ff.)

Die historische Entwicklung von der Armenpflege zur Sozialarbeit/Sozialpädagogik

Eckdaten zur Geschichte der Sozialarbeit/ Sozialpädagogik als professioneller Berufszweig (1893 – 1972)

1893	Gründung der Berliner »Mädchen- und Frauengruppen für soziale Hilfsarbeit« durch Jeanette Schwerin, Minna Cauer, Lina Morgenstern, Henriette Goldschmidt u.a.
1899	Erweiterung dieser Kurse zum »Jahreskursus zur beruflichen Ausbildung in der Wohlfahrtspflege« durch Jeanette Schwerin und später Alice Salomon
1904/1905	Schulungskurse für soziale Arbeit durch die Innere Mission und Einrichtung der einjährigen »Christlich-sozialen Frauenschule« in Hannover
1908	Erste zweijährige, überkonfessionelle »Soziale Frauenschule« in Berlin-Schöneberg (Alice Salomon)
1909	»Soziale Frauenschule« der Inneren Mission in Berlin (Bertha von der Schulenburg), Schulungskurse in sozialer Arbeit durch den Katholischen Frauenbund in München (Luise Jörrissen)
1911	»Katholische Soziale Frauenschule« Heidelberg (Gräfin Maria von Graimberg)
1917	Konferenz Sozialer Frauenschulen Deutschlands unter der Leitung von Alice Salomon
1918/1920	Staatliche Prüfungsordnung für Soziale Frauenschulen durch das Preußische Volkswohlfahrtsministerium Berlin
1923	Ausbildungskurse in Wohlfahrtspflege für Männer an der »Deutschen Hochschule für Politik« Berlin (Carl Mennicke)

1924	Lehrplankonferenz Sozialer Frauenschulen in Berlin
1928	Lehrplankonferenz über die inhaltlichen Richtlinien für die Lehrpläne an Sozialen Frauenschulen, Eröffnung der »Arbeiterwohlfahrtsschule« in Berlin (Hedwig Wachenheim)
1930	Lehrplankonferenz über Methodenfragen an Sozialen Frauenschulen
1932	Staatliche Anerkennung der Wohlfahrtsschulen für Männer durch das Preußische Volkswohlfahrtsministerium Berlin, Auflösung des Volkswohlfahrtsministeriums
1934	»Übergangsbestimmungen« für die Neuregelung der Lehrpläne an »Nationalsozialistischen Frauenschulen für Volkspflege«
1938	Lehrplankonferenz zur Vereinheitlichung der Lehrpläne an Volkspflegeschulen
1947	Gründung von Referaten »Soziale Frauenarbeit« bei den Abteilungen Sozialwesen der Bezirksämter
1961	Umwandlung der Seminare für soziale Berufsarbeit in »Höhere Fachschulen für Sozialpädagogik/Sozialarbeit«
1971/1972	Umwandlung der Höheren Fachschulen in »Fachhochschulen für Sozialarbeit und Sozialpädagogik« und Einrichtung erziehungswissenschaftlicher Fachbereiche an Pädagogischen Hochschulen, Gesamthochschulen und Universitäten mit sozialpädagogischen Schwerpunkten

SKIZZIERUNG DER HISTORISCHEN ENTWICKLUNG VON ARMENPFLEGE UND WOHLFAHRTSPFLEGE SEIT DEM MITTELALTER

ZEIT:	ARMENPFLEGE- UND FÜRSORGEINSTITUTIONEN:	ARMENPFLEGE- UND FÜRSORGEMASSNAHMEN, FÜRSORGETHEORIEN/METHODEN UND BERUFSKRÄFTE:
9.–13. Jhdt. Feudalgesellschaft; Lehnswesen; Naturalienwirtschaft; seit dem 12. Jhdt. Herausbildung der Zünfte; Frondienste; langsame Entwicklung von Geldwirtschaft	Hospitäler (Bischöfe, die durch Hospitalsgründungen und Anlegung von Getreidevorräten, Vorsorge für Hungersnöte trafen); Herbergen; Klöster	Arme und Bettler gelten aufgrund der Verknüpfung von Armut und Heilserwartung durch das Neue Testament als integrierte Mitglieder der mittelalterlichen Gesellschaft (einmal freiwillig Armut als christliche Verheißung und zum anderen die unfreiwillige Armut als soziales Schicksal); Almosenlehre von Thomas von Aquin (Almosengeben als religiöse Pflicht); Benediktus-Regel aus dem 6. Jhdt. schreibt Armenfürsorge vor; Aufkommen des Stiftungswesens
14./15. Jhdt. Pestepidemien; Aufweichung feudalistischer Strukturen; Aufbrechen mittelalterlicher Sozialordnungen	Hospitäler; Herbergen; Klöster	Aufweichung des Almosenwesens durch Restriktionen der Bettler; "Verweltlichung" und "Bürokratisierung" von Armenpflege durch Maßnahmen der Städte und Gemeinden (städtische Bettel- und Armenordnungen); Verteilung von Bettel(ab)zeichen durch sog. Armenvögte/Bettelvögte/Gassendiener
16. Jhdt. Humanismus; Reformation; Kapitalkonzentration; Verlagswesen; Abbau feudalistischer Strukturen; beginnende Landflucht; erste Ansätze zur Lohnarbeit	Hospitäler, Klöster, erste "Almosenämter"; erste Arbeits- und Armenhäuser; Kirchen und Städte als Träger	Religiöse Akzeptanz der Armut ändert sich endgültig durch die Reformation mit der Folge einer repressiven Arbeitsethik (Bedeutungswandel der Arbeit); Armut gilt als selbst verschuldet; Zwang zur Arbeit; Zuchtmaßnahmen; "Fürsorge" als "Arbeitsbeschaffungsmaßnahme"; Verfolgungen; "Betteljagden"; Armenvögte/Bettelvögte/Gassendiener/Polizeidiener Langsame Entwicklung von Ideen einer Individualisierung von Armut; erste Ansätze von Fürsorgetheorien (Kaysersberg und Major; aber erst Morus stellt Zusammenhang zwischen Armut und sozioökonomischen Bedingungen her; Vives formuliert erste Vorstellungen städtisch organisierter Armenbetreuung)

17. Jhdt. 30jähriger Krieg; merkantilistische Wirtschafts- und Staatspolitik; zunehmende Massenarmut; Manufakturwesen	Klöster; geschlossene Arbeitshäuser (1609 erstes Arbeitshaus in Bremen); Zuchthäuser; Internierungshäuser; Armenanstalten, die häufig Manufakturen angeschlossen waren; Armenkassen	Erste Formen staatlicher Armenpolitik durch Bevölkerungspolitik und Maßnahmen zur Beschaffung von Arbeitskräften (Bettelverbote); Abbau von körperlichen Mißhandlungen von Bettlern, da "gesunde" Arbeitskräfte bes. in Manufakturen gebraucht wurden
18. Jhdt. "Soziale Frage" des 18. Jhdts.; Vorformen der Industrialisierung; Landflucht; Entwicklungstendenzen liberalistischer Wirtschaftsordnung; Aufklärung; Französische Revolution	Arbeitshäuser und geschlossene Anstalten (z.B. Spinnhäuser); Hospitäler; Waisenhäuser; Pestalozzis erste Jugendhöfe	Vorformen einer Individualisierung von Armenpflege; Erziehungsmaßnahmen; Erziehungsideen durch die Aufklärung; Theorien zur Abschaffung von Armut (Malthus; Smith) 1794 Allgemeines Landrecht für die preußischen Staaten; Kommunen ziehen nur Bürger mit Wahlrecht zur Armenpflege heran Armeninspectoren/ Revierdeputierte/ Polizeidiener
19.Jhdt. "Soziale Frage" des 19.Jhdts.; Auflösung merkantilistischer Wirtschaftsprinzipien; Industrialisierung; Absinken von Handwerkern zu Lohnarbeitern; Epidemien; Gewerbefreiheit; Agrarreform; Bauernbefreiung; Bevölkerungsexplosion; Massenpauperismus; Bürgerliche Revolution; Frauenbewegung; Arbeiterbewegung; Sozialistengesetze; Sozialgesetzgebung	Arbeitshäuser/Asyle; Krankenhäuser; Erholungsstätten;erste Altersheime; Vaterländische Frauenvereine; Behindertenanstalten (Bodelschwingh); Erziehungsanstalten (Wichern/ Innere Mission); Kindergärten (Fröbel); Katholische Jünglingsvereine (Kolping); erste Heimerzieherschulen; Entstehung caritativer Verbände(Innere Mission; Caritas); Wanderarbeitsstätten, Volksküchen; Arbeiterbildungsvereine; "Mädchen- und Frauengruppen für soziale Hilfsarbeit" Berlin, Arbeiterinnenvereine	Ausdifferenzierung staatlicher Arbeiterpolitik und kommunaler Armenfürsorge ; Individualisierung der Armenpflege ("Elberfelder Quatiersystem"von 1852 durch Daniel von der Heydt); unterschiedliche Vorstellungen zur Überwindung sozialer Notstände von Kirchen, Bürgertum, Philosophie, Sozialismus, Erziehungstheorien; Reformen; Sozialgesetzgebung; Privatinitiativen/ Vereinsgründungen; Erste Tendenzen einer Professionalisierung für die Armenpflege durch die Frauenbewegung ArmenpflegerInnen/ Armenpflege-Kommissionen

20. Jhdt. Erster Weltkrieg; Räterepublik; Inflation; Weimarer Republik; Wirtschaftskrise; Faschismus; Zweiter Weltkrieg; Währungsreform; Gründung der Bundesrepublik Deutschland	Vereine; Heime; Wohlfahrtsorganisationen; Wohlfahrtsverbände; Sozialbehörden;	Einführung des "Strassburger Bezirkssystems" (1906 durch Rudolf Schwander); "Kriegswohlfahrtspflege"/Nationaler Frauendienst; Abschaffung der alten polizeilichen Armenpflege durch die Sozialreform zum Beginn der 20er Jahre (Sozialgesetzgebung); Fürsorgetheorien und erste Methodenkonzeptionen durch Alice Salomon, Siddy Wronsky u.a.; Entwicklung einer Sozialpädagogik. Faschistische Bevölkerungs- und Rassenpolitik; Fürsorge wird zur Volkspflege; Gesundheitsämter; Zwangssterilisierung; / Euthanasieprogramm; Konzentrationslager mit physischer Vernichtung von wehrlosen und hilfsbedürftigen Menschen Nach dem Zweiten Weltkrieg Novellierungen in der Sozialgesetzgebung; Theorien und Methoden sozialer Berufsarbeit; sich änderndes Professionalisierungsverständnis der Sozialarbeit; Verwissenschaftlichung sozialer Berufsausbildung ArmenpflegerInnen/WohlfahrtspflegerInnen/FürsorgerInnen/ Diplom-SozialarbeiterInnen/SozialpädagogInnen/Diplom-PädagogInnen

(vgl. Scherpner 1962; Sachße/Tennstedt 1980;1983;1988; Landwehr/Baron 1983; Peters 1984; Riemann 1985; Zeller 1987)

Bibliographie

(Monographien/ Zeitschriftenartikel)

80 Jahre kirchliche Sozialarbeiterausbildung, 1904 – 1984 (1984): Festschrift Evangelische Fachhochschule für Sozialarbeit und Sozialpädagogik Berlin, Berlin/Bonn

Adam, U.D. (1972): Judenpolitik im Dritten Reich, Düsseldorf

Apoland, J. (1913): Die Armenpflegerin, In: Soden 1913, Band 1

Baron, R. (Hrsg.) (1983a): Sozialarbeit und soziale Reform, Weinheim

— (1983 b): Die Entwicklung der Armenpflege in Deutschland vom Beginn des 19. Jahrhunderts bis zum 1. Weltkrieg. In: Landwehr/Baron 1983a

— (1986): Eine Profession wird gleichgeschaltet – Fürsorgeausbildung unter dem Nationalsozialismus. In: Otto/Sünker 1986

Baron, R., Landwehr, R. (Hrsg.) (1983a): Alice Salomon. Charakter ist Schicksal. Lebenserinnerungen, Weinheim

— (1983b): Von der Berufung zum Beruf. In: Baron 1983a

Bauer, R. (1978): Wohlfahrtsverbände in der BRD, Weinheim

Baum, M. (1927): Familienfürsorge, Karlsruhe

Bäumer, G. (1930): Die Fürsorgerin in der öffentlichen Meinung. In: Soziale Berufsarbeit 10, H. 3

Beerensson, A. (1920): Zum Anstellungsproblem der Sozialbeamtin bei den städtischen Behörden, In: Die Frau in der Gemeinde 55, H. 7/8

— (1926): 10 Jahre soziale Berufsarbeit, In: Soziale Praxis 35, H. 33

— (1926): 10 Jahre deutscher Verband der Sozialbeamtinnen, In: Deutscher Verband der Sozialbeamtinnen, (Hrsg.), 10 Jahre Soziale Berufsarbeit, Berlin

Bentzien, H. (1990): Elisabeth. Landgräfin von Thüringen, Biografie, Berlin

Beiträge zur Methodenfrage der Wohlfahrtsschulen (1931): (Hrsg.) Preußisches Ministerium für Volkswohlfahrt, Berlin

Bericht des 39. deutschen Fürsorgetages des Deutschen Vereins für öffentliche und private Fürsorge, 16.10.1925 (1926): In: Schriften des deutschen Vereins für öffentliche und private Fürsorge, H. 7, Karlsruhe

Bernays, M. (1920): Deutsche Fauenbewegung, Leipzig

Bessel, R. (1983): »Eine nichtallzugroße Beunruhigung des Arbeitsmarktes«. In: Geschichte und Gesellschaft 9, H. 2

Binding,K., Hoche A. (1920): Die Freigabe der Vernichtung lebensunwerten Lebens, Leipzig

Biographisches Handbuch der deutschsprachigen Emigration nach 1933 (1980): München, Band 1

Bock, G. (1983): Historische Fragen nach Frauen. In: Hausen,K. (Hrsg.) Frauen suchen ihre Geschichte, München 1983

— (1986): Zwangssterilisation im Nationalsozialismus, Opladen

Boehmert, V. (1886): Das Armenwesen in 77 deutschen Städten und einigen Landarmenverbänden, Dresden

Braun-Schwarzenstein, G. (1984): Minna Cauer. Dilemma einer bürgerlichen Radikalen. In: Feministische Studien 3, Nr. 1

Brehmer, I. (Hrsg.) (1990): Mütterlichkeit als Profession? Lebensläufe deutscher Pädagoginnen in der ersten Hälfte dieses Jahrhunderts, Bd. 1, Pfaffenweiler

Broecker, A. (1934): Neue Wege in der Ausbildung der Wohlfahrtspflegerin. In: Nationalsozialistischer Volksdienst 1, H. 10

Czarnowski, G. (1986): Familienpolitik als Geschlechterpolitik. In: Otto/ Sünker 1986

Chronik der Sozialen Frauenschule 1899 – 1929 (1929): (Hrsg.) Verein ehemaliger Schülerinnen der Sozialen Frauenschule Berlin, Berlin (Archiv der Fachhochschule für Sozialarbeit und Sozialpädagogik Berlin)

Cogoy, R., Kluge,I., Meckler, B. (Hrsg.) (1989): Erinnerung einer Profession. Erziehungsberatung, Jugendhilfe und Nationalsozialismus, München

Cordemann, M. (1963): Wie es wirklich gewesen ist. Lebenserinnerungen einer Sozialarbeiterin, Gladbeck

Dammer, S. (1986): Nationalsozialistische Frauenpolitik und soziale Arbeit. In: Otto/ Sünker 1986

Dick, J., Sassenberg, M. (Hrsg.) (1993): Jüdische Frauen im 19. und 20. Jahrhundert, Reinbek

Die Zentralwohlfahrtsstelle (1987): Jüdische Wohlfahrtspflege in Deutschland 1917 – 1987. (Hrsg.) Zentralwohlfahrtsstelle der Juden in Deutschland e.V., Frankfurt/M.

Dinghaus, A. (Hrsg.) (1993): Frauenwelten. Biographisch-historische Skizzen aus Niedersachsen, Hildesheim

Denkschrift der Mädchen- und Frauengruppen für soziale Hilfsarbeit zu Berlin 1893 – 1903 (1904): Berlin

Duenner, J. (Hrsg.) (1929): Handwörterbuch der Wohlfahrtspflege, Berlin

Duerkop, M. (1983): Alice Salomon und die feministische Sozialarbeit, In: Baron 1983a

Dyck, M., Stieve, H. (1926): Ein Tag aus dem Leben der Wohlfahrtspflegerin, Berlin

Ebbinghaus, A. (Hrsg.) (1987): Opfer und Täterinnen. Frauenbiographien des Nationalsozialismus, Nördlingen

Eifert, Chr., Rouette, S. (Hrsg.) (1986): Unter allen Umständen. Frauengeschichte(n) in Berlin, Berlin

Eugenik im Dienste der Volkswohlfahrt (1932): Verhandlungen des preußischen Landesgesundheitsrates Nr. 24. In: Veröffentlichungen aus dem Gebiete der Medizinalverwaltung, Berlin, Bd. 38, H. 5

Fassmann, M.I. (1986): Die Mutter der Volksküchen. Lina Morgenstern und die jüdische Wohltätigkeit. In: Eifert/ Rouette 1986

Feidel-Mertz, M. (1990): Pädagogik im Exil nach 1933. Erziehung zum Überleben, Frankfurt/M.

Fünfundzwanzig Jahre Sozialer Frauenberufsverband, 1903 – 1928 (1928): (Hrsg.), Verband der evangelischen Wohlfahrtspflegerinnen Deutschlands, Berlin

Fünfzig Jahre Gilde Soziale Arbeit 1925 – 1975 (1975): In: Sonderheft des Rundbriefs der Gilde Soziale Arbeit 30, H. 2

Gerhard, U. (1992): Unerhört. Die Geschichte der deutschen Frauenbewegung, Reinbek

Geschwendtner, L. (1928): Frauenberufstätigkeit, Geburtenrückgang und Verpöbelung des Volkes. In: Zeitschrift für Sexualwissenschaften 14, H. 12

Geisel, B., Leschmann, G. (1984): Handlungsansätze sozialer Arbeit. In: Sozialmagazin, H. 1/2/3

Grundsätzliche Fragen zur Ausgestaltung der staatlich anerkannten Wohlfahrtsschulen (1926): (Hrsg.) Preußisches Ministerium für Volkswohlfahrt (1924), Berlin

Hansen, E. (1991): Wohlfahrtspolitik im NS-Staat, Augsburg

Hecker, M. (1984): Sozialpädagogische Forschung: Der Beitrag der Deutschen Akademie für soziale und pädagogische Frauenarbeit. In: Soziale Arbeit 33, H. 4

Heine, F. (1988): Die Nationalsozialistische Volkswohlfahrt, (Hrsg.) Arbeiterwohlfahrt Bundesverband Bonn 1988

Heitz, G. (1988): Siddy Wronsky. Pionierin sozialer Arbeit. In: Bulletin des Leo Baeck Instituts New York 80

Hering, S., Kramer, E., (Hrsg.) (1984): Aus der Pionierzeit der Sozialarbeit, Weinheim

Hering, S. (1990): Die Kriegsgewinnlerinnen. Praxis und Ideologie der deutschen Frauenbewegung im Ersten Weltkrieg, Pfaffenweiler

Hering-Zalfen, S. (1983): Der Sündenfall der Sozialarbeit, In: Extra Sozialarbeit, H. 7/8

Heynacher, N. (1925): Die Berufslage der Fürsorgerinnen, Karlsruhe

Hirschfeld, D. (1909): Die Frauen in der Armen- und Wohlfahrtspflege Deutschlands, Berlin

Hoffmann,J. (1990): Die verratene Heilige. Roman um Elisabeth von Thüringen, Rudolstadt 1966, 2. Aufl.

Hofstätter, R. L. (1929): Die arbeitende Frau, Wien

Israel, G. (1926): 10 Jahre sozialer Berufsverband, In: Die Frau 33, H. 9

Juchacz, M., Heymann, J. (1924): Die Arbeiterwohlfahrt, Berlin

Kall, A. (1983): Katholische Frauenbewegung in Deutschland- Eine Untersuchung zur Gründung katholischer Frauenvereine im 19. Jahrhundert, Paderborn

Kaplan, M. (1981): Die jüdische Frauenbewegung in Deutschland, Organisation und Ziele des jüdischen Frauenbundes 1904 – 1938, Hamburg

Kaufmann, D. (1988): Frauen zwischen Aufbruch und Reaktion. Protestantische Frauenbewegung in der ersten Hälfte des 20. Jahrhunderts, München

Kaupen-Haas, H. (Hrsg.) (1986): Der Griff nach der Bevölkerung. Aktualität und Kontinuität nazistischer Bevölkerungspolitik, Nördlingen

Kickbusch, I. (1979): Frauen und Sozialarbeit. Kritischer Begriff: Beziehungsarbeit. In: Sozialmagazin 4, H. 3

Klemperer, V. (1990): LT I, Leipzig

Knüppel-Dähne, H., Mitrovic, E. (1986): Helfen und Dienen – Die Arbeit von Fürsorgerinnen im Hamburger öffentlichen Dienst während des Hitlerfaschismus. In: Otto/Sünker 1986

Kogon, E. (1993): Der SS-Staat, München

Konrad, F.-M. (1987): Paradigmen sozialpädagogischer Reform in Deutschland und Palästina. Zur Erinnerung an Siddy Wronsky (1883 – 1947). In: Soziale Arbeit 36, H. 6

Koonz, C. (1986): Das »zweite« Geschlecht im »Dritten Reich«. In: Feministische Studien 2

— (1990):Reaktionen katholischer und protestantischer Frauen in Deutschland auf die nationalsozialistische Sterilisationspolitik 1933 – 1937. In: Siegele-Wenschkewitz, L., Stuchlik, G. (Hrsg.), Frauen und Faschismus in Europa, Pfaffenweiler

Kramer, D. (1983a): Wohlfahrtspflege im Dritten Reich: Frauen in Beruf und Ausbildung. In: Baron 1983a

— (1983 b): Das Fürsorgesystem im Dritten Reich. In: Landwehr/Baron 1983

— (1986): Volkspflegerische Aspekte eines weiblichen Berufes im Dritten Reich. In: Otto/Sünker 1986

Kranz, I. (1941): Die sozialen Frauenberufe, Dissertation Köln

Laarmann, M. (1931): Die Wohlfahrtsschule als Ziel, Aufgabe und Methode. In: Beiträge zur Methodenfrage

Landenberger, M. (Hrsg.) (1993): Die historische Rolle der Sozialversicherungsträger bei der Durchsetzung politischer Ziele im Nationalsozialismus. Tagungsdokumentation, München

Landwehr, R. (1981): Alice Salomon und ihre Bedeutung für die soziale Arbeit, Berlin

— (1983): Funktionswandel der Fürsorge vom ersten Weltkrieg bis zum Ende der Weimarer Republik. In: Landwehr/Baron 1983

Landwehr, R., Baron, R., (Hrsg.) (1983): Geschichte der Sozialarbeit, Weinheim

Lange, H., Bäumer, G., (Hrsg.) (1901): Handbuch der Frauenbewegung, Band 1,

Leschmann, G. (1988): Identität durch Aneignung von Geschichte. Untersuchung zur Entwicklung sozialer Dienste und professioneller sozialer Arbeit in Mannheim. Report 29. Projekte der Studienkommission für Hochschuldidaktik an den Fachhochschulen Baden Württembergs, Karlsruhe

Lixl-Purcell, A. (1992): Erinnerungen deutsch-jüdischer Frauen 1900–1990, Leipzig

Lubinski, G. (1935): Die »alten« und die »neuen« Kräfte in der jüdischen Sozialarbeit. In: Jüdische Wohlfahrtspflege und Sozialpolitik 5

Major, H. (1985): »... ein Genie der Nächstenliebe – Dr. jur. Frieda Duensing, Bahnbrecherin und Begründerin der Jugendfürsorge in Deutschland, Diepholz

Mann, U., Reidegeld, E. (1988): Die nationalsozialistische »Volkswohlfahrtspflege« – Dimensionen ihrer Ideologie und Praxis. In: Theorie und Praxis der sozialen Arbeit Nr. 11, Sonderdruck

Mason, T. (1977): Sozialpolitik im Dritten Reich, Arbeiterklasse und Volksgemeinschaft, Opladen

— (1976): Zur Lage der Frauen in Deutschland 1930 – 1940. In: Wohlfahrt, Arbeit und Familie in Gesellschaft. Beiträge zur Marxschen Theorie 6, Hamburg

Memelsdorff, F. (1926): Der Aufbau des Wohlfahrtsamtes in einer größeren Stadt, Berlin

Methodenfragen (1930): Beiträge zu Methodenfragen der Wohlfahrtsschulen, (Hrsg.) Preußisches Ministerium für Volkswohlfahrt, Berlin 1931

Mosse, G.L. (1978): Die Geschichte des Rassismus in Europa, Frankfurt/Mn.

Motrovic, E. (1987): Fürsorgerinnen im Nationalsozialismus: Hilfe zur Aussonderung, In: Ebbinghaus 1987

— (1989): Mütterlichkeit und Repression – Zur Funktion der Fürsorge im Faschismus. In: Cogoy u.a. 1989

Mueller, C.W. (1983a): Alice Salomon und die methodische Frage. In: Baron 1983a

— (1983b): Methodisches Arbeiten und Professionalität in den sozialen Berufen am Beispiel des Werkes von Alice Salomon, Berlin [unveröffentlichtes Manuskript]

— (1988): Wie Helfen zum Beruf wurde, Weinheim, Band 1

Münchmeier, R. (1981): Zugänge zur Geschichte der Sozialarbeit, München

Münsterberg, L. (1898): Ziele der weiblichen Hilfstätigkeit. In: Die Frau 5, H. 7

— (1909): Handbuch der Staatswissenschaften, Band 2, Jena

Muthesius, H. (1925): Zur Frage der Ausbildung männlicher Kräfte für die Wohlfahrtspflege. In: Soziale Berufsarbeit 5, H. 1/2

Neue Deutsche Biographie (1972): Band 9, Berlin

Neuffer, M. (1990): Die Kunst des Helfens, Weinheim

Nikles, B.W. (1989): Machtergreifung am Bahnhof. Nationaloszialistische Volkswohlfahrt und kirchliche Bahnhofsmission 1933 – 1945. In: Neue Praxis 19

Nohl, H. (1926): Die Sozialpädagogik in der Wohlfahrtspflege. In: Soziale Arbeit 3, H. 21

Offenberg, M. (1928): Wohlfahrtsschule und deutsches Volkstum. In: Richtlinien für die Lehrpläne 1930

Orthbandt, E. (1980): Der Deutsche Verein in der Geschichte der deutschen Fürsorge 1880–1980, Frankfurt/Mn.

Otto, H.-U., Sünker, H. (Hrsg.) (1986): Soziale Arbeit und Faschismus, Bielefeld

Peters, D. (1984): Mütterlichkeit im Kaiserreich. Die bürgerliche Frauenbewegung und der soziale Beruf der Frau, Bielefeld

Pregardier, E., Mohr, A. (1990): Politik als Aufgabe. Engagement christlicher Frauen in der Weimarer Republik, Essen

Peukert, D. (1986): Zur Erforschung der Sozialpolitk im Dritten Reich. In: Otto/Sünker 1986

Peyser, D. (1934): Hilfe als soziales Problem. Dissertation Berlin

— (1958): Alice Salomon. Ein Lebensbild. In: Schriften des deutschen Vereins für öffentliche und private Fürsorge, (Hrsg.), Muthesius, H., Alice Salomon. Die Begründerin des sozialen Frauenberufs in Deutschland, Köln

Plothow, A. (1907): Die Begründerinnen der deutschen Frauenbewegung, Leipzig

Preller, L. (1949): Sozialpolitik in der Weimarer Republik, Neuauflage Düsseldorf 1978

Preußer, N. (1925): Fürsorge zwischen Massennot und Opfergang. In: Stieve, H., Tagebuch einer Fürsorgerin, Berlin, Neuauflage Weinheim 1983

Radomski, H. (1917): Die Frau in der öffentlichen Armenfürsorge, Berlin

Rauschenbach, Th. (1991): Sozialpädagogik – eine akademische Disziplin ohne Vorbild? Notizen zur Entwicklung der Sozialpädagogik als Ausbildung und Beruf. In: Neue Praxis 1

Reese-Nübel, D. (1986): Kontinuitäten und Brüche in der Weiblichkeitskonstruktionen im Übergang von der Weimarer Republik zum Nationalsozialismus. In: Otto/Sünker 1986

Reichshandbuch der deutschen Gesellschaft, 2 Bände, Berlin 1930/31

Reinicke, P. (1984a): Die Berufsverbände der Sozialarbeit und ihre Geschichte. Eigenverlag des deutschen Vereins für öffentliche und private Fürsorge, Frankfurt/M.

— (1984b): Ehemalige Ausbildungsstätten der Sozialarbeit in Berlin. Entstehung, Entwicklung, Ausbildung. In: Soziale Arbeit 33, H. 10

— (1988): Tuberkulosenfürsorge. Der Kampf gegen eine Geißel der Menschheit, Weinheim

— (1990): Arbeiterinnen und Sozialarbeit – Sonderlehrgang 1920 in Berlin. In: Theorie und Praxis der sozialen Arbeit, 41, H. 8

Reyer, J, (1991): Alte Eugenik und Wohlfahrtspflege, Freiburg

Richtlinien für die Lehrpläne der Wohlfahrtsschulen, 1928 (1930): (Hrsg.) Preußisches Ministerium für Volkswohlfahrt, Berlin

Rieden, Ch. (1983): Helene Weber als Gründerin der katholischen Schule für Sozialarbeit in Köln und als Sozialpolitikerin. In: Baron, 1983a

Riemann, I. (1985): Soziale Arbeit als Hausarbeit. Von der Suppendame zur Sozialpädagogin, Frankfurt/M.

Roehl, F. (1981): Marie Juchacz und die Arbeiterwohlfahrt, Hannover

Roestel, G. (1939): Wann kommt die Reform der Volkspflegerinnen – Ausbildung? In: Nationalsozialistischer Volksdienst 6, H. 7

Roon, G. v. (1979): Widerstand im Dritten Reich, München

Ruehland, L. (1919): Freie Bahn der Tüchtigen. In: Die Frauenfachschule, 1, H. 10

Sachse, C. (1982): Hausarbeit im Betrieb. Betriebliche Sozialarbeit unter dem Nationalsozialismus. In: Sachse, C. u.a., Angst, Belohnung, Zucht und Ordnung, Opladen

Sachße, Chr. (1982): Zur Entstehung sozialer Arbeit in Deutschland. In: Zeitschrift für Sozialreform, 28, H. 5

— (1983): Fremdhilfe als Selbsthilfe – Die bürgerliche Frauenbewegung und die Entstehung beruflicher Sozialarbeit. In: Neue Praxis 13, H. 1

— (1986): Mütterlichkeit als Beruf, Frankfurt/M.

Sachße, Chr., Tennstedt, F. (Hrsg.) (1981): Jahrbuch der Sozialarbeit 4, Hamburg

— (1980, 1988): Geschichte der Armenfürsorge in Deutschland, 2 Bände, Stuttgart

— (1983): Bettler, Gauner und Proleten, Reinbek

Salomon, A. (1901): Die Frau in der sozialen Arbeit. In: Lange/Bäumer 1901

— (1905a): Soziale Arbeit und persönliches Glück. In: dies., 1912b

— (1905b): Die Entfaltung der Persönlichkeit und die sozialen Pflichten der Frau. In: Die Frau 12, H. 12

— (1906): Die Ursachen der ungleichen Entlohnung von Männer/und Frauenarbeit, Dissertation, Berlin

— (1908): Zur Eröffnung der Sozialen Frauenschule in Berlin. In: Wronsky 1925

— (1909): Einführung in die Volkswirtschaftslehre, Leipzig

— (1912a): Die Frau und die Arbeit. In: Westermanns Monatshefte, Band 113, Nr. 1, Braunschweig

— (1912b): Was wir uns und anderen schuldig sind. Gesammelte Aufsätze, Berlin

— (1912c): Was unser Leben an Pflichten fordert und an Glück verheißt. In: dies., 1912b

— (1913): Zwanzig Jahre Soziale Hilfsarbeit, Karlsruhe

— (1917), Soziale Frauenbildung und soziale Berufsarbeit, Leipzig

— (1919): Soziale Arbeit und Sozialismus. In: Die Frau 26, H. 9

— (1920a): Soziale Berufsausbildung für Arbeiterinnen. In: Soziale Praxis 29, H. 15

— (1920b): Schulung von Arbeiterinnen für Berufsarbeit in der Wohlfahrtspflege. In: Concordia 27, H. 3

— (1921a): Die sittlichen Grundlagen und Ziele der Wohlfahrtspflege. In: Soziale Berufsarbeit 1/1921/22, H. 11

— (1921b): Leitfaden der Wohlfahrtspflege, Leipzig, dritte Aufl. 1928

— (1925): Amerikanische Methoden der Ausbildung für die Wohlfahrtspflege. In: Die Fürsorge 2, H. 2

— (1926): Soziale Diagnose, Berlin

— (1927): Die Ausbildung zum sozialen Beruf, Leipzig

— (1928a): Leitfaden der Wohlfahrtspflege, Leipzig

— (1928b): Die Deutsche Akademie für soziale und pädagogische Frauenarbeit und die Geistesschulung der Wohlfahrtspflegerinnen. In: Soziale Berufsarbeit 8, H. 11/12

— (1983): Charakter ist Schicksal. Lebenserinnerungen (Hrsg.) Baron, R., Landwehr, R., Weinheim

— (1989): Salomon, A. in ihren Schriften, eine Bibliographie (Hrsg.) Fachhochschule für Sozialarbeit und Sozialpädagogik Berlin

Sauer, B. (1986): Den Zusammenhang zwischen der Frauenfrage und der sozialen Frage begreifen. Die Frauen- und Mädchengruppen für soziale Hilfsarbeit (1893 – 1908). In: Eifert/Rouette 1986

Scherpner, H. (1962): Theorie der Fürsorge, Göttingen

Scherer, K. (1990): »Asozial« Im Dritten Reich. Die vergessenen Verfolgten, Münster

Schmidt, L. (1925): Der Unterricht in Gesundheitsfürsorge auf den Sozialen Frauenschulen. In: Zeitschrift für Schulgesundheitspflege und soziale Hygiene 38, H. 10

Schoen, P. (1985): Armenfürsorge im Nationalsozialismus. Die Wohlfahrtspflege in Preußen zwischen 1933 und 1939 am Beispiel der Wirtschaftsfürsorge, Weinheim

Schriften des deutschen Verbandes der Sozialbeamtinnen (1924 – 1932): Berlin

Schriften des deutschen Vereins für öffentliche und private Fürsorge (1958): (Hrsg.) Muthesius, H., Alice Salomon. Die Begründerin des sozialen Frauenberufs in Deutschland, Köln

Simmel, M. (1979): In der Hauptsache ist der Sozialpädagoge eine Frau. Historische Überlegungen zum Selbstverständnis der Weiblichkeit als Beruf. In: Jahrbuch der Sozialarbeit 3, Reinbek

— (1981): Alice Salomon. Vom Dienst der bürgerlichen Tochter am Volksganzen. In: Sachße/Tennstedt

— (1983): Die Sozialbeamtin gegen den männlichen Behördenapparat. In: Extra Sozialarbeit 7, H. 7/8

— (1988): Frauen in der sozialen Arbeit – eine Mehrheit als Minderheit. In: Widersprüche, H. 28

Soden, E.v. (1911 – 1914): Das Frauenbuch, 3 Bände, Stuttgart

Solltmann, I. (1926): Zum Tagebuch einer Fürsorgerin. In: Soziale Berufsarbeit 6, H. 1/2

— (1930): Die Frau in der Verwaltung. In: Soziale Arbeit 7, H. 1/2, Ausgabe A

Stephenson, J. (1975): Woman in Nazi Society, New York

Suhr, S. (1930): Die weiblichen Angestellten, Berlin

Staewen-Ordemann, G. (Hrsg.) (1936): Kameradin. Junge Frauen im deutschen Schicksal 1910 – 1930, Berlin

Stieve, H. (1925): Tagebuch einer Fürsorgerin, Berlin

Thalmann, R. (1987): Frausein im Dritten Reich, Frankfurt/M.

Tarrasch, St. M. (1931): Die weiblichen Angestellten. Das Problem ihrer Organisation, Dissertation Heidelberg

Tetzlaff, W. (1982): Zweitausend Kurzbiographien bedeutender deutscher Juden des 20. Jahrhunderts, Lindhorst

Vorländer, H. (1988): Die NS – Volkswohlfahrt. Darstellung und Dokumentation einer nationalsozialistischen Organisation, Boppard/Rh.

Wachenheim, H. (1916): Die Berufsorganisation der sozialen Hilfsarbeiterin. In: Blätter für soziale Arbeit 8, H. 4

— (1917): Die Lage der Groß-Berliner Sozialbeamtinnen. In: Die Frau 26/1918, H. 3

— (1931): Die Wohlfahrtsschule des Hauptausschusses für Arbeiterwohlfahrt. In: Jahrbuch der Arbeiterwohlfahrt 1930, Berlin

— (1973): Vom Großbürgertum zur Sozialbürokratie, Berlin

Walk, J.(Hrsg.) (1981): Das Sonderrecht für die Juden im NS-Staat, Heidelberg

Walser, K. (1976): Frauenrolle und soziale Berufe – am Beispiel von Sozialarbeit und Sozialpädagogik. In: Neue Praxis 6

Weber, D. P. (1984): Evangelische Fachhochschule Berlin. 80 Jahre kirchliche Ausbildung für soziale Arbeit. In: Soziale Arbeit 33, H. 10

Weiland, D. (1983): Geschichte der Frauenemanzipation, Hermes Handlexikon, Düsseldorf

Weinreich, F. (1929): Soziale Arbeit als Beruf. In: Blätter des jüdischen Frauenbundes 5, H. 11

Wense, I. v. (1933): Die Fürsorgerin im neuen Staat. In: Soziale Praxis 42, H. 47

Wickert, Chr. (1986): Unsere Erwählten. Sozialdemokratische Frauen im deutschen Reichstag und im preußischen Landtag 1919 – 1933, 2 Bände, Göttingen

— (1991): Helene Stöcker 1869-1943. Frauenrechtlerin, Sexualreformerin und Pazifistin, Bonn

Windaus-Walser, K. (1988): Gnade der weiblichen Geburt. Zum Umgang der Frauenforschung mit Nationalsozialismus und Antisemitismus. In: Feministische Studien 6, H. 1

Wieler, J. (1987): Er-Innerung eines zerstörten Lebensabends. Alice Salomon während der NS-Zeit (1933 – 1937) und während des Exils (1938 – 1948), Darmstadt

Winkler, D. (1987) Frauenarbeit im Dritten Reich, Dissertation Hamburg

Wolf, M. (1919): Die Frau in der Armenpflege. In: Jahrbuch des Bundes Deutscher Frauenvereine, Leipzig/ Berlin

Wronsky, S. (1925): Quellenbuch zur Geschichte der Wohlfahrtspflege, Berlin

— (1930): Methoden der Fürsorge, Berlin

Wronsky, S., Muthesius, H. (1928): Methoden individualisierender Fürsorge in Deutschland, Berlin

Wronsky, S., Kronfeld (1932): Sozialtherapie und Psychotherapie in den Methoden der Fürsorge, Berlin

Wronsky, S., Salomon, A. (1926): Soziale Therapie. Ausgewählte Akten aus der Fürsorgearbeit, Berlin

Zehn Jahre soziale Berufsarbeit (1926): (Hrsg.) Deutscher Verband der Sozialbeamtinnen, Berlin

Zeiss, W. (1923): Entstehung und Entwicklung der Sozialen Frauenschulen in Deutschland, Dissertation Heidelberg

Zeller, S. (1984): Frauen und Beruf(ung?). Zur sozialen und beruflichen Lage der Wohlfahrtspflegerinnen in der Weimarer Republik. In: Wiener Historikerinnen (Hrsg.), Die ungeschriebene Geschichte. Historische Frauenforschung. Dokumentation 5, Band 3, Wien

— (1985a): Die »Staatsgesinnung« der Fürsorgerin nach dem ersten Weltkrieg zwischen Sozialismus und Weiblichkeitsideologie. In: Beiträge zur feministischen Theorie und Praxis 8, H. 13

— (1985b): Vom »Gotteslohn« zum »Frauenlohn«. Die Bezahlung von Fürsorgerinnen unter der preußischen Besoldungsordnung nach dem ersten Weltkrieg. In: Beiträge zur feministischen Theorie und Praxis 8, H. 15/16

— (1986a): Demobilmachung und geschlechtsspezifische Arbeitsteilung im Fürsorgewesen nach dem ersten Weltkrieg. In: Dalhoff, J. u.a. (Hrsg.), Frauenmacht in der Geschichte. Beiträge des Historikerinnentreffens 1985 zur Frauengeschichtsforschung, Düsseldorf

— (1986b): Die Personalabbauverordnung von 1923 – Vertreibung von Frauen aus dem öffentlichen Dienst. In: Streit. Feministische Rechtszeitschrift 4, H. 3 und In: Ariadne. Almanach des Archivs der deutschen Frauenbewegung, H. 6

— (1987a): Die Stellung der Frau in der Weimarer Reichsverfassung, im bürgerlichen Gesetzbuch und in der Personalabbauverordnung. In: Geschichtsdidaktik 12, H. 4

— (1987b): Volksmütter. Frauen im Wohlfahrtswesen der zwanziger Jahre, Düsseldorf

— (1987c): Die »Volksmütter« im »Tausendjährigen Reich« – Neue Lehrpläne an nationalsozialistischen Frauenschulen für Volkspflege nach 1933. In: Sozial extra 11, H. 2/3

— (1987d): Das Beratungsgespräch in der sozialen Arbeit. Eine Einführung für Studierende sozialpädagogischer Studiengänge an Fachhochschulen, Universitäten und Weiterbildungsinstitutionen, Bielefeld

— (1987e): Die soziale Ausbildung von männlichen Fürsorgern in Preußen nach dem Ersten Weltkrieg. In: Der Sozialarbeiter. Zeitschrift des deutschen Verbandes der Sozialpädagogen und Sozialarbeiter e.V., H. 6

— (1988a): Zur Lage der behinderten Frauen in Europa. In: Sonderpädagogik 17/1987, H. 4 und In: Behindertenpädagogik, H. 1

— (1988b): Philibert Graf von Graimberg-Belleau (1832 – 1895) – Sohn des Retters der Heidelberger Schloßruine. In: Eberbacher Geschichtsblatt

— (1988c): Der Dank der Republik. Zur Entlassung von Frauen unter der Personalabbauverordnung. In: Soden, K. v. (Hrsg.), Neue Frauen. Die zwanziger Jahre, Berlin

— (1988d): Volksmütter. Fürsorgerinnen in der Weimarer Sozialbürokratie. In: Soden, K. v. (Hrsg.), Neue Frauen. Die zwanziger Jahre, Berlin

— (1988e): »Weibliche« Verhaltensweisen – für soziale Arbeit unverzichtbar?. In: Pro familia-Magazin 18, H. 3

— (1989a): Maria von Graimberg – Vierzig Jahre Sozialarbeiterinnen – Ausbildung in Heidelberg, Freiburg

— (1989b): Volkspflegerinnen der NS-Zeit 1933 – 1945. In: Theorie und Praxis der sozialen Arbeit 40, H. 9

— (1989c): Sind Frauen für soziale Berufe »besser« geeignet als ihre männlichen Kollegen? In: Neue Praxis 19, H. 6

— (1990a): Alice Salomon, die Gründerin der Sozialen Frauenschule. In: Brehmer, I. (Hrsg.), Mütterlichkeit als Profession? Lebensläufe von deutschen Pädagoginnen in der ersten Hälfte dieses Jahrhunderts, Bd. 1, Pfaffenweiler

- (1990b): Frieda Duensing und die deutsche Zentrale für Jugendfürsorge Berlin. In: Brehmer, I. (Hrsg.), Mütterlichkeit als Profession? Lebensläufe von deutschen Pädagoginnen in der ersten Hälfte dieses Jahrhunderts, Bd. 1, Pfaffenweiler
- (1990c): Erziehung zur »Weiblichkeit« für die Sozialarbeit. Ein Beitrag zur (Berufs-)Erziehung junger Mädchen in den zwanziger Jahren. In: Soziale Arbeit 39, H. 4
- (1990d): Die »Volksmütter« im Wohlfahrtswesen der zwanziger Jahre. In: Theorie und Praxis der sozialen Arbeit 41, H. 8
- (1990e): Die Ausbildungsstätte der Arbeiterwohlfahrt in Berlin zwischen 1928 und 1933. In: Theorie und Praxis der sozialen Arbeit 41, H. 8
- (1992a): Zum Geschlecherverhältnis zwischen Fürsorgerinnen und Sozialbeamten in Wohlfahrtsämtern der zwanziger Jahre: In: Fesel, V. u.a. (Hrsg.), Sozialarbeit – ein deutscher Frauenberuf, Pfaffenweiler
- (1992b): Hedwig Wachenheim – Mitbegründerin der AWO. In: Theorie und Praxis der sozialen Arbeit 43, H. 2
- (1992c): »... so sollst Du Dein Herz nicht verhärten und Deine Hand nicht zuhalten ...« Jüdische Frauen und die Sozialarbeit seit der Jahrhundertwende. In Kontrapunkt GEDOK gestern – heute. Dokumentation der GEDOK Rhein-Main-Taunus zum 50. Todesjahr der GEDOK-Gründerin Ida Dehmel. Ausstellungskatalog hrsg. von Sorg-Rose, M., Wiesbaden
- (1993a): Von den »Sozialen Frauenschulen« zu den »Nationalsozialistischen Frauen für Volkspflege«. In: Landenberger, M. (Hrsg.), Die historische Rolle der Sozialversicherungsträger bei der Durchsetzung politischer Ziele im Nationalsozialismus. Tagungsdokumentation, München
- (1993b): Frieda Duensing (1864 – 1921). Leiterin der »Deutschen Zentrale für Jugendfürsorge« in Berlin. In: Dinghaus, A. (Hrsg.), Frauenwelten. Biographisch-historische Skizzen aus Niedersachsen, Hildesheim
- (1993c): Hedwig Wachenheim. Stadt ohne Frauen? Frauen in der Geschichte Mannheims. Hrsg. von der Frauenbeauftragten der Stadt Mannheim und den Autorinnen, Mannheim

Zentralblatt für die gesamte Unterrichtsverwaltung in Preußen 46/1934, H. 16

Zeitschriften/Jahrbücher/Periodika/ Gesetzessammlungen

Allgemeines Landrecht für die preußischen Staaten

Arbeiterwohlfahrt

Blätter für Soziale Arbeit

Blätter des jüdischen Frauenbundes

Berliner Jüdische Zeitung

Bundesgesetzblatt des Norddeutschen Bundes

Die christliche Frau

Die Frau

Die Frauenfachschule

Die Fürsorge

Die Genossin

Der Sozialarbeiter

Deutsche Zeitschrift für Wohlfahrtspflege

Extra Sozialarbeit

Freie Wohlfahrtspflege

Geschichtsblätter

Gesetz-Sammlung für die königlich preußischen Staaten

Historische Zeitschrift

Illustrierte Zeitung

Jahrbuch der Arbeiterwohlfahrt

Jahrbuch der Sozialarbeit

Jüdische Wohlfahrtspflege und Sozialpolitik

Nachrichtendienst des deutschen Vereins für öffentliche und private Fürsorge

Nachrichtendienst des evangelischen Hauptwohlfahrtsamtes Berlin

NS-Frauenwarte

Nationalsozialistischer Volksdienst

Neue Praxis

Reichsgesetzblatt

Soziale Arbeit

Soziale Berufsarbeit

Soziale Praxis

Statistisches Jahrbuch für das Deutsche Reich

Statistisches Jahrbuch für den Freistaat Preußen

Westermanns Monatshefte

Widersprüche

Zeitschrift für jüdische Wohlfahrtspflege

Zeitschrift für Schulgesundheitspflege und soziale Hygiene

Zeitschrift für Sozialreform

Zentralblatt für die gesamte Unterrichtsverwaltung in Preußen

Abbildungsnachweis

(1, 2) Bentzien, H. Elisabeth. Landgräfin von Thüringen. Biografie, Berlin 1990, S. 185, 244; (3) Journal für Geschichte, Jg. 1987, H. 5, S. 18; (4) Staatliche Museen zu Berlin, Nationalgalerie; (5) Denkwürdigkeiten aus dem Leben von Amalie Sieveking in deren Auftrage von einer Freundin (Emma Poel) derselben verfaßt, Hamburg 1860. Bildarchiv Staatsbibliothek Berlin preußischer Kulturbesitz; (6, 7) Illustrierte Zeitung 1868, Nr. 1316, Bd. 51, S. 212; (8) Plothow, A. Die Begründerinnen der deutschen Frauenbewegung, Leipzig 1907, S. 192/93. Städtische Bibliothek München; (9) Lexikon der Frau, Zürich 1954, Bd. 1; (10, 12, 22, 23, 31, 33, 36, 60, 64) Staatsbibliothek Berlin preußischer Kulturbesitz; (11) Zentralblatt des Bundes Deutscher Frauenvereine 1905, Nr. 16, Staatsbibliothek Berlin preußischer Kulturbesitz; (13) Westermanns Monatshefte 1911, Bd. 110, Staatsbibliothek Berlin preußischer Kulturbesitz; (14, 15, 37, 47, 48, 50, 68, 72, 78) Archiv der Fachhochschule für Sozialarbeit und Sozialpädagogik Berlin-Schöneberg; (16) 80 Jahre kirchliche Sozialarbeiterausbildung 1904 – 1984. (Hrsg.) Evangelische Fachhochschule für Sozialarbeit und Sozialpädagogik Berlin, Berlin/Bonn 1984, S. 91. (17, 35) Stadtarchiv Heidelberg, zentrale Fotostelle, Bildarchiv; (18, 29) Archiv Deutscher Caritasverband Freiburg; (19) Westermanns Monatshefte Bd. 113, 2, 1913, S. 963; (20) Illustrierte Zeitung v. 29.9.1910, Leipzig, Nr. 3509, Bd. 135 (Bildabzug: Frau Ulla Wischermann); (21) Medienarchiv der städtischen Fachakademie für Sozialpädagogik München (mit freundlicher Genehmigung des Direktors Dr. P. Sterzer); (24) Soden, E. von (Hrsg.) Das Frauenbuch Bd. 1, Stuttgart 1912, Staatsbibliothek Berlin preußischer Kulturbesitz; (25) Fotoarchiv der Landesbildstelle Berlin; (26) Blätter für soziale Arbeit 8/1916, Nr. 4, Staatsbibliothek Berlin preußischer Kulturbesitz; (27) Geheimes Staatsarchiv Berlin, XVI. Hauptabtl. Rep. 30, (Akten der Regierung Bromberg, Bezirk Polen), 732, allgem. Akten zur Demobilmachung Bd. 1; (28) Die Frau in der Gemeinde 55/1920, Nr. 5, Staatsbibliothek preußischer Kulturbesitz; (30) Stadtarchiv Düsseldorf III 3039, Bd. 1, S. 13f.; (32) »Unsere Zeit in 77 Frauen – Bildnissen«, Niels Kampmann Verlag Leipzig o. Jg. (Privatbesitz); (34) Reproduktion aus: Müller, C.W., Wie helfen zum Beruf wurde, Weinheim 1988, Bd. 1, S. 177; (38) Die christliche Frau 73/1984, H. 4, S. 15; (39) Soziale Berufsarbeit 6/1927, H. 9/10, Titelblatt; (40) Soziale Berufsarbeit 4/1925, H. 5, S. 3; (41, 42, 86) Archiv der sozialen Demokratie, Friedrich Ebert Stiftung Bonn; (43) Jahrbuch der Arbeiterwohlfahrt 1930; (44) Arbeiterwohlfahrt 2/1927, H. 15, S. 454; (45) Soziale Berufsarbeit 5/1925, H. 7, S. 5 und 9/1929, H. 1, S. 8; (46) Geheimes Staatsarchiv Berlin, Rep. 191, Nr. 12; (49) Memelsdorff 1926, S. 135 ff.; (51) Soziale Berufsarbeit 1/1921/22, H. 8/9; (52) Israel, G., Die Sozialbeamtin als Glied der Volksgemeinschaft. In: Schriften des Deutschen Verbandes der Sozialbeamtinnen, Berlin 1919, H. 1; (53) Heynacher, M., Die Berufslage der Fürsorgerinnen, Karlsruhe 1925, S. 63; (54) Deutsche Zeitschrift für Wohlfahrtspflege 1/1925, S. 323; (55) Handbuch der Frauenarbeit in Österreich, (Hrsg.) Kammer für Arbeiter und Angestellte in Wien, Wien 1930, S. 421 f., Institut für Wissenschaft und Kunst Wien/Dokumentationsstelle Frauenforschung; (56) Soziale Berufsarbeit 5/1926, H. 9/10; (57) Soziale Berufsarbeit 7/1927, H. 6/7, S. 8; (58) Deutsche Zeitschrift für Wohlfahrtspflege 5/1929; Nr. 3; (59) Soziale Berufsarbeit 13/1933, H. 3, S. 28; (61) Soziale Berufsarbeit 13/1933, H. 4, S. 37; (62) Soziale Berufsarbeit 13/1933, H. 7, S. 1; (63, 66, 82) Abschriften aus: Vorländer 1988, S. 374 ff.; (65) Richtlinien für die Lehrpläne der Wohlfahrtsschulen 1928, (Hrsg.) Preußisches Ministerium für Volkswohlfahrt, Berlin 1930; (67, 75) Zentralblatt für die gesamte Unterrichtsverwaltung in Preußen 76/1934, H. 16, S. 46 f.; (69, 81, 83) © Ullstein Bilderdienst Berlin; (70) Soziale Berufsarbeit 15/1934, H. 8, S. 129; (73, 74) Privatbesitz; (76) Soziale Praxis 42/1933, H. 47, S. 1374; (77) Bundesarchiv Koblenz R 36/1388. Deutscher Gemeindetag. Akten betr. Mitwirkung der öffentlichen Fürsorge bei der Durchführung des Gesetzes zur Verhütung erbkranken Nachwuchses und des Ehegesundheitsgesetzes 1940 – 1942; (79) NS-Frauenschule der Provinz Pommern, Stettin 1937, S. 3; (80) Nationalsozialistischer Volksdienst 6/1939, H. 4; (84) Reichsgesetzblatt 1938, S. 1649; (85) Deutsche Bundespost. (86) Plakat. Hrsg. v. Arbeitsgemeinschaft sozialdemokratischer Frauen. Frauen in der SPD, Bonn.